VOL. 8

Dados Internacionais de Catalogação na Publicação (CIP)
(Câmara Brasileira do Livro, SP, Brasil)

> Lima, Lauro de Oliveira, 1921-
> L698p   Piaget para principiantes / Lauro de Oliveira Lima [direção da coleção de Fanny Abramovich]. – São Paulo: Summus, 1980. (Novas Buscas em Educação, v. 8)
>
> Bibliografia.
> ISBN-10   85-323-0122-3
> ISBN-13   978-85-323-0122-2
>
> 1. Piaget, Jean, 1896   I. Título

	CDD-155
	-155.413
	-301.01
80-1020	-370.1

Índices para catálogo sistemático:

1. Educação piagetiana   370.1
2. Epistemologia genética : Teoria de Piaget : Psicologia infantil   155.413
3. Pedagogia piagetiana   370.1
4. Psicologia genética   155
5. Psicologia piagetiana : Psicologia genética   155
6. Sociologia piagetiana   301.01

Compre em lugar de fotocopiar.
Cada real que você dá por um livro recompensa seus autores
e os convida a produzir mais sobre o tema;
incentiva seus editores a encomendar, traduzir e publicar
outras obras sobre o assunto;
e paga aos livreiros por estocar e levar até você livros
para a sua informação e o seu entretenimento.
Cada real que você dá pela fotocópia não autorizada de um livro
financia o crime
e ajuda a matar a produção intelectual de seu país.

Piaget para principiantes

Lauro de Oliveira Lima

summus
editorial

PIAGET PARA PRINCIPIANTES
Copyright© by Lauro de Oliveira Lima
Direitos desta edição reservados por Summus Editorial

Capa: **Edith Derdyk**
Direção da coleção: **Fanny Abramovich**

Summus Editorial
Departamento editorial:
Rua Itapicuru, 613 – 7º andar
05006-000 – São Paulo – SP
Fone: (11) 3872-3322
Fax: (11) 3872-7476
http://www.summus.com.br
e-mail: summus@summus.com.br

Atendimento ao consumidor:
Summus Editorial
Fone: (11) 3865-9890

Vendas por atacado:
Fone: (11) 3873-8638
Fax: (11) 3873-7085
e-mail: vendas@summus.com.br

Impresso no Brasil

NOVAS BUSCAS EM EDUCAÇÃO

Esta coleção está preocupada fundamentalmente com um aluno vivo, inquieto e participante; com um professor que não tema suas próprias dúvidas; e com uma escola aberta, viva, posta no mundo e ciente de que estamos chegando ao século XXI.

Neste sentido, é preciso repensar o processo educacional. É preciso preparar a pessoa para a vida e não para o mero acúmulo de informações.

A postura acadêmica do professor não está garantindo maior mobilidade à agilidade do aluno (tenha ele a idade que tiver). Assim, é preciso trabalhar o aluno como uma pessoa inteira, com sua afetividade, suas percepções, sua expressão, seus sentidos, sua crítica, sua criatividade...

Algo deve ser feito para que o aluno possa ampliar seus referenciais do mundo e trabalhar, simultaneamente, com todas as linguagens (escrita, sonora, dramática, cinematográfica, corporal, etc.).

A derrubada dos muros da escola poderá integrar a educação ao espaço vivificante do mundo e ajudará o aluno a construir sua própria visão do universo.

É fundamental que se questione mais sobre educação. Para isto, deve-se estar mais aberto, mais inquieto, mais vivo, mais poroso, mais ligado, refletindo sobre o nosso cotidiano pedagógico e se perguntando sobre o seu futuro.

É necessário nos instrumentarmos com os processos vividos pelos outros educadores como contraponto aos nossos, tomarmos contato com experiências mais antigas mas que permanecem inquietantes, pesquisarmos o que vem se propondo em termos de educação (dentro e fora da escola) no Brasil e no mundo.

A coleção *Novas Buscas em Educação* pretende ajudar a repensar velhos problemas ou novas dúvidas, que coloquem num outro prisma, preocupações irresolvidas de todos aqueles envolvidos em educação: pais, educadores, estudantes, comunicadores, psicólogos, fonoaudiólogos, assistentes sociais e, sobretudo, professores... Pretende servir a todos aqueles que saibam que o único compromisso do educador é com a dinâmica e que uma postura estática é a garantia do não-crescimento daquele a quem se propõe educar.

Índice

Prefácio 9
Explicação: Para que mais uma interpretação de Piaget? ... 11
Furacão nas velhas estruturas do estabelecimento acadêmico: J'Accuse! 13
Aprendizagem da democracia: educação moral e cívica 17
Piaget muda o paradigma das ciências do homem 21
Violência como resposta à frustração 30
Possibilidades combinatórias do comportamento 33
Transformação do físico-químico em bioquímico e do neuroquímico em psicossociológico (função semiótica): continuidade construtivista da fenomenologia 38
Marx era piagetiano ou Piaget é marxista? 42
"As rãs que queriam um rei" 45
O desenvolvimento da inteligência tende para uma estruturação lógico-matemática 49
Como se cria um dragão: a criatividade como exercício da inteligência 53
A anormalidade da tromba do elefante e o medo que a mediocridade tem da inteligência 58
A visão "elástica" do mundo topológico das crianças (geometrização) 65
Só se ama o que se conhece 68
Desenvolvimento mental e equilíbrio afetivo 72

A consciência moral e o espírito cívico segundo Jean Piaget 77

O coelho que virou repolho 89

De Rousseau a Piaget, tudo o que é a criança 100

Axiomática de uma pedagogia piagetiana 106

O lúdico e o utilitário (o jogo e a técnica) 114

Piaget, mal-amado dos psicólogos (brasileiros) 120

Uma escola piagetiana 128

De Skinner a Piaget 134

O homem que enganou o cão 145

"O homem que calculava" 153

A violência institucional e a aprendizagem da agressão 163

Inteligência sensório-motora 198

O pensamento simbólico: nascimento da imagem e da representação mental 202

Inteligência intuitiva: A inteligência geral ou natural da humanidade 209

Construção e organização das coisas e do universo 213

Pensamento abstrato: libertação para as hipóteses e para todos os possíveis 220

Interdisciplinaridade — Epistemologia genética 232

Você fala porque pensa (não pensa porque fala) — a aprendizagem da linguagem e a linguagem como instrumento de aprendizagem 257

APÊNDICE

Inteligência, assunto ainda cheio de dúvidas (J. Reis) 273

Piaget — Revolução intelectual talvez comparável à de Freud (J. Reis) 279

Prefácio

Apresentar Lauro de Oliveira Lima é um desafio, um exercício dialético. De um lado, Lauro é um dos grandes nomes da pedagogia brasileira, um abridor constante de caminhos, um educador posto em ação e refletindo permanentemente sobre ela. Junto com Anésio Teixeira, Paulo Freire e Darci Ribeiro, forma o quarteto mais fecundo, fértil e injustiçado da história da educação em nosso país. Por outro lado, Lauro é um ser polemizador, cutucador, contundente, irônico, debochado, avassalador em suas críticas e cobranças, um vendaval que sempre exige do seu aluno/leitor uma nova postura perante o que pensa e faz. Portanto, para ler o Lauro, é necessário sempre uma visão aberta e porosa, um estar disposto a ser incomodado de maneira saudável e rica, sem perder de vista que ele sempre foi vanguarda em tudo que propôs na sua trajetória bonita pelo processo educacional.

Neste importante "Piaget para principiantes", Lauro já desfaz aquele velho incômodo acadêmico de que Piaget é inacessível, é difícil, é chato de ser lido... É, coisíssima nenhuma. Em artigos curtos e vários, de modo didático e apaixonado, Lauro coloca suas posições sobre o ensino calcado nas suas leituras piagetianas: "o verdadeiro educador não ensina fórmulas: cria situações graduais e seriadas que levam a criança a inventar respostas. Cuida até para que a criança não fixe a resposta para ter que inventar de novo, quando a situação voltar a apresentar-se". Demonstra de modo vigoroso que é o desenvolvimento da inteligência e não a idade cronológica (como ocorre como rumo de raciocínio de nossos educadores) é que deve determinar os conteúdos e os métodos pedagógicos, daí toda a concentração necessária na fundamental descoberta piagetiana dos estágios de desenvolvimento, prá não ficar propondo coisas inadequadas a alunos, sejam quem forem... E se posiciona deste modo incrível e movente: "Educar é provocar desequilíbrios adequados ao nível de desenvolvimento".

Lauro sempre pensa grande, como um ser político e atuante. Sua explicação de educação é também sua explicação de mundo, a exigir sempre uma tomada de consciência e atuação simultâneas e paralelas. E tudo é corrente em Lauro: sua figura, suas colocações, suas buscas, suas respostas, seu trabalho.

E é assim que explica inteligentemente o que é inteligência. "A inteligência não se preocupa propriamente, com os conteúdos, preocupada que está com as estratégias, que tornam o comportamento eficiente na busca do objetivo." E propõe infindos e infinitos deslocamentos da criança, para que exercite sua inteligência de modo variado e coerente.

De modo brilhante mostra os 100 axiomas para uma pedagogia piagetiana, e de modo contundente e ampliador detecta as formas de aprendizagem através de "A violência institucional e a agressão". Sua propositura de ensino é colocar abaixo as fórmulas, os hábitos, as repetições, pois "a inteligência vai se construindo na medida que vai descobrindo e inventando. Para a criança, o mundo deve ser *reinventado* e..." (não é a toa que sua escola se chama a "A chave do tamanho").

Como a explicação que Lauro dá sobre a adolescência é lindíssima, ampla, histórica, atuante: "O jovem abandona os *aqui* e *agora* das operações concretas para ingressar no *futuro*, nos *possíveis* e nas hipóteses." Como mostra o quanto se enganaram aqueles que cobraram de Piaget o não ter se atado à importância da afetividade, pois ele sempre defendeu a revelação saudável, igual, sem posse e sem dominação entre os indivíduos, que advém de uma verdadeira dinâmica de grupo, e que, portanto, sempre falou (e como!) de afetividade, com clareza e sem pieguismos.

Lauro é, em todos estes artigos, sempre enfático, reclamador, exigente, demolidor. Mas, nem por isso, fecha os caminhos de procura de cada educador/leitor. Ele sabe que há um tempo para cada um encontrar as suas respostas e — como pedagogo lúcido — não as dá. Aponta atalhos, possibilidades, fundamenta descobertas, mas deixa todo um espaço para cada educador se posicionar. É ele mesmo quem diz: "Para manter interesse em torno de uma pessoa, é preciso que esta pessoa seja sempre uma fonte de "desequilibração", isto é, que ela continue a ser, de alguma forma *"interessante"* (e é exatamente isto que Lauro faz com a gente o tempo todo: nos desequilibra e nos devolve a nossa vitalidade perdida e desencantada).

E é ainda dele esta afirmação: "Se os homens inventivos são incômodos para a mediocridade, são contudo, os únicos que ficam na memória da humanidade". E é exatamente por sua inventividade arrojada e incansável, sua incômoda e permanente postura questionadora perante tudo e todos, sua atuação tão rica nos caminhos educacionais, que Lauro de Oliveira Lima, com certeza, é dos poucos e raros educadores brasileiros, que já entrou na nossa história da educação!

Fanny Abramovich
Agosto/1980

Explicação: Para que Mais uma Interpretação de Piaget?

Mil vezes, em entrevistas individuais a estudantes e pós-graduandos, em cursos, em conferências e em conversas, temos ouvido a frase: "Professor, qual um livro para a gente começar a estudar Piaget?" *Desafio quem possa responder a esta pergunta... Nenhum dos livros de Piaget é uma "introdução". Quase todas as "interpretações" publicadas sobre a obra de Piaget, no Brasil e no estrangeiro, são meras compilações do próprio Piaget, espécie de antologias, esta pitoresca maneira de fazer livros sem ter que escrever nada...*

Há mais de vinte anos, estudo Piaget e dou cursos sobre suas teorias. Escrevi diversos livros tentando transformar a epistemologia e a psicologia genéticas de Piaget em pededagogia ("método psicogenético"). Lentamente, com grande e solitário esforço, fui penetrando o cerne do seu pensamento (mas, pelo que sinto, ainda terei de levar muitos anos para compreendê-lo, integralmente, se é que chegarei lá). Em cada momento de minha "compreensão" de Piaget, escrevia uma monografia. Sempre que se apresentava um problema, tentava encará-lo à luz das teorias piagetianas. E, assim, foram-se acumulando os trabalhos nestes longos anos de estudo, pesquisa e experimentação. Alguns foram publicados. A maioria não encontrou quem os quisesse divulgar. Ainda hoje, tento descobrir o que é que torna um trabalho publicável. Cada suplemento, cada revista, cada órgão de divulgação tem secretos critérios que não divulga para os não-iniciados. Tenho mandado centenas de trabalhos para tudo quanto é órgão de divulgação e sequer recebo explicação porque não podem ser publicados.

Nas vésperas do Primeiro Congresso Brasileiro Piagetiano (21/26 de setembro de 1980), resolvi dar um balanço no meu arquivo e de lá tirar meus trabalhos de interpretação de Piaget. Tendo sido escritos ao longo de muitos anos de estudo de suas obras, não podem ter o mesmo nível, o que não me causa preocupação: meu próprio acesso, lento e progressivo, às teorias de

Piaget, talvez, seja a "introdução" que todos desejam. Não tive a mínima preocupação de organização. O propósito é uma visão sincrética, mas global, das teorias de Piaget (Piaget aconselha que toda abordagem inicial seja feita através da "totalidade", para só depois entrar-se nos detalhes e toda totalidade é, inicialmente, sincrética). Tendo lido, praticamente, quase toda obra de Piaget (seus trabalhos esgotados, obtive-os nos Arquivos Piagetianos de Genebra, que os fornece a quem desejar), procuro, em cada "interpretação", mostrar as linhas fundamentais de seu pensamento (existem muitos Piaget: o biólogo, o psicólogo, o lógico, o epistemólogo, o matemático, o sociólogo, etc.). Não tenho interesse "acadêmico" pela obra de Piaget. Como educador, Piaget para mim é a fonte onde busco elementos para a revolução pedagógica que todos esperam (todos concordam que o atual sistema escolar está falido) e não sabem de onde virá. Não só os educadores estão preocupados com reformulação fundamental de sua prática profissional. Os "discípulos de Freud, também, estão cansados"... diz a manchete de uma publicação prestigiosa da França. As teorias antropológicas envelheceram. Busca-se, angustiadamente, a terceira solução entre o capitalismo e o socialismo burocrático e totalitário. Estamos no limiar de uma revisão geral nas teorias que vêm sendo divulgadas nas escolas há quase cem anos! Piaget gerou um processo sísmico na ciência oficial e, sobretudo, escolar. Se as soluções que propõe não são as teorias do próximo século... pelo menos, obrigou os maîtres penseurs a defenderem-se e quando uma teoria precisa de defesa... está no fim. Piaget pode não ser um novo Aristóteles ou um novo Tomás de Aquino, mas, certamente, é heterodoxo (tanto assim que não se transformou em "plano de curso" ou "plano de aula", a maneira de arquivar uma teoria). Para mim Piaget é um desafio. E é de desafios que o estabelecimento científico está precisando. Ou examinamos as propostas de Piaget ou caímos nas facilidades da contracultura e da anticiência — o despertar dos mágicos!

Esperamos prestar um serviço aos que querem penetrar neste labirinto epistemológico.

O AUTOR

Furacão nas Velhas Estruturas do Estabelecimento Acadêmico: J'Accuse!

1. — Há trinta anos procuro divulgar, no Brasil, através de cursos, livros (14), conferências (e, há oito anos, da *escolinha*) as revolucionárias contribuições de Jean Piaget na área das Ciências humanas. Como se sabe, apesar de uma obra vastíssima (o primeiro livro foi editado em 1921), J. Piaget não é ainda, no Brasil, um autor "acadêmico": milhares de "psicólogos" e "educadores" saem de nossa universidade sem ter nunca ouvido referência séria à obra de J. Piaget. Nossas escolas superiores, por influência norte-americana, limitaram-se a ensinar o *condutismo* (behaviorismo) e a *psicanálise*, ignorando, sobranceiramente, o vasto movimento internacional provocado pela chamada Escola de Genebra (Centro de Epistemologia Genética), movimento que subverte, fundamente, todas as concepções vigentes sobre o *comportamento* dos seres vivos, em geral, e do ser humano, em particular.

2 — Para J. Piaget, o comportamento dos seres vivos nem é inato (Chomsky, Lorenz, gestaltismo, etc.), nem é resultado de condicionamentos (behaviorismo, condutismo). O comportamento para ele é *construído* numa interação (cibernética) entre o organismo e o meio: quanto mais complexa é esta interação, mais "inteligente" é o animal (homem).

3 — Ora, esta posição teórica revoluciona, profundamente, todas as *ciências do homem* (sem falar na revolução provocada nas ciências experimentais, como a física, a química, a geologia, etc.). Existe, pois, hoje, uma biologia, uma psicologia, uma antropologia, uma sociologia, uma etologia, uma economia, uma política... "piagetiana" (se estas novas concepções estão certas ou erradas é o que se procura verificar no *debate* e na *experimentação*, processos que a ciência usa para progredir).

4 — J. Piaget, por exemplo, nega, frontalmente, que a evolução seja resultado de mutações casuais e seleção natural (neodarwinismo); nega, peremptoriamente, que os comportamen-

tos superiores dos animais e dos seres humanos resultem de meros reflexos condicionados (behaviorismo norte-americano); nega que exista um depósito de lembranças inconscientes diferente dos processos mentais conscientes e que as lembranças sejam estáticas (psicanálise); nega que os "primitivos" (povos atrasados sobreviventes) tenham pensamento lógico típico do homem civilizado (estruturalismo de Lévi-Strauss); nega que os processos superiores do pensamento humano tenham características gestálticas (gestaltismo); afirma, contra toda a sociologia contemporânea, que os fatos sociológicos (regras, valores e símbolos) variam, de grupo para grupo, segundo o nível mental médio das pessoas que o constituem...

5 — J. Piaget pretende que provou, experimental e especulativamente, suas posições (sua obra tem mais páginas que a Enciclopédia Britânica) e, até hoje, nem em livro, nem em congresso, nem em laboratório... as teses de J. Piaget foram refutadas, limitando-se seus opositores a rumores, alusões equívocas, omissões, aparentemente, casuais... sobretudo, a omissões que chegam à deslealdade intelectual (omissão completa da informação: há tratados de psicologia que não fazem alusão à obra de J. Piaget).

6 — Einstein (para quem J. Piaget fez uma pesquisa sobre velocidade, simultaneidade, tempo e espaço) disse, certa vez, a J. Piaget: "Como a psicologia é mais difícil que a física!" Realmente, J. Piaget é um autor, extremamente complexo, de modo que não se presta para *baixa divulgação* (como ocorre com certas teorias populares do comportamento). É que, com J. Piaget, as ciências humanas alcançaram um grau de desenvolvimento que as torna incompatíveis com as seções de *consulta sentimental* dos jornais e revistas...

7 — Todas as ciências humanas, até agora, por preconceito neopositivista, limitam-se a aplicar, na pesquisa, o *método estatístico* (que J. Piaget utiliza, segundo um professor de psicologia da Sorbonne, para satisfazer os "mais obtusos de seus leitores"), Piaget criou o *método clínico* que penetra em profundidade, nos meandros do comportamento, e aplicou à pesquisa da conduta humana os *modelos matemáticos* (J. Piaget descobriu que o pensamento humano aproxima-se, extremamente, dos processos matemáticos). Os neopositivistas recusam validade científica a outros métodos que não sejam estatísticos, ignorando, por resistência emocional, a teoria dos sistemas, os modelos cibernéticos, as explicações estruturalistas (J. Piaget quase inventa, antes de seus inventores, a cibernética).

8 — Como os mestres de nossa universidade foram formados, ou nos EUA, ou por outros doutores formados nos EUA, enquanto a universidade norte-americana não aceitar J. Piaget, nós também não aceitaremos... o que ocorreu também com Freud que foi um autor europeu até que os EUA o oficializassem! Felizmente,

cada vez mais, são produzidas obras nos EUA sobre J. Piaget, de modo que os próximos Ph.D. que de lá vierem para nossas universidades poderão trazer-nos, na bagagem, um autor que é popular na Europa há mais de trinta anos (J. Piaget recebeu o prêmio Roterdam, que é o prêmio Nobel das Ciências Humanas).

9 — Nosso trabalho tem sido, simplesmente, expor as teorias piagetianas, no desejo de que sofram o impacto das *refutações* e *comprovações*: mas, nossa intelectualidade, não se arrisca ao *debate*. Possivelmente, numa vasta obra como a de J. Piaget e seus colaboradores da Escola de Genebra, deve haver muitos "furos", falhas que só podem vir à luz no debate e na pesquisa de laboratório. Mas, para debater é preciso, primeiro, conhecer a teoria que desejamos refutar (e, fazê-la conhecida, é precisamente, o que não tem sido possível).

10 — Ora, as posições teóricas têm profunda influência nos rumos das pesquisas e nos comportamentos profissionais: uma "educação piagetiana", por exemplo, nada tem a ver com uma "educação skinneriana", como uma psicanálise freudiana nada tem com uma terapia adleriana, etc., etc., etc.

11 — Os estudantes brasileiros de ciências humanas estão sendo, desonestamente, ludibriados por muitos professores que sonegam informações sobre a crítica contundente e irrefutável que Jean Piaget faz às doutrinas que são divulgadas nas nossas universidades. Recentemente, houve um encontro memorável (em termos acadêmicos) entre dois gigantes: Chomsky e Piaget, o primeiro defendendo o inatismo das estruturas lingüísticas e o segundo, sua tese antiga, segundo a qual a linguagem é, apenas, dublagem (função semiótica) da ação e, como tal, ligada aos processos operativos da atividade (daí aparecer na criança tão tardiamente: não aparece antes de a criança organizar as primeiras estruturas de sua motricidade). É honesto, cientificamente, que os estudantes desconheçam estas duas posições antagônicas (apriorismo e construtivismo)?!...

12 — J. Piaget forneceu elementos, inteiramente, novos à lingüística através das pesquisas das ligações do pensamento com a linguagem (psicolingüística), confirmando, parcialmente, a "gramática generativa" de Chomsky, mas refutando seu inatismo. Mostrou que o pensamento não está, fundamentalmente, ligado à linguagem (surdos-mudos), invalidando, em pedagogia, a mera transmissão por processos verbais (a inteligência está ligada à ação).

13 — J. Piaget mostrou que o organismo (a mente) só recebe uma mensagem se estiver "sensibilizado" (preparado) para recebê-la, de modo que é inteiramente suspeita a "teoria das comunicações", em voga (os *mídia* não têm a influência que se pretende).

14 — J. Piaget mostrou que os fatos sociológicos não são fatos puros: dependem do nível do desenvolvimento dos indivíduos

15

que os produzem (regras, valores e símbolos): as sociedades, portanto, têm níveis diferentes de desenvolvimento (uma sociedade baseada em leis morais está mais atrasada que outra baseada em leis jurídicas, por exemplo). Não se pode transpor, de uma sociedade para outra, as interpretações sociológicas (as sociedades se diferenciam, também, por seu grau de operatividade, pela forma como são produzidas as regras, os valores e os símbolos).
Portanto:

a) Jean Piaget refuta muitas teorias sobre o comportamento dos seres vivos e dos homens em particular, o que equivale a *pôr em questão* as ciências do homem. Se ele tem razão ou não, só a discussão e a pesquisa dirão. O mundo acadêmico não quer tomar conhecimento deste desafio. Mas, cedo ou tarde, terá de fazê-lo: ou refuta J. Piaget ou aceita suas interpretações...

b) O método científico exige que cada estudioso tente refutar as teorias em curso (é a permanente tentativa de refutação que faz a ciência progredir). Jean Piaget tem, por hábito (e nisto é, extremamente, minucioso), antes de propor nova interpretação, examinar todas as teorias vigentes a respeito do tema que está tratando (só depois de pretender ter refutado as interpretações vigentes, avança sua própria interpretação).

c) Não existe este costume acadêmico em nosso ensino. Ninguém refuta ninguém, ninguém examina, criticamente, as doutrinas e teorias. Fazê-lo é de mau gosto e denuncia uma certa paranóia... É que somos uma cultura transplantada e o colonizado não ousa pôr em questão a cultura recebida...

d) Em psicologia, por exemplo, o behaviorismo foi refutado mil vezes, mas continua a ser ensinado como ciência incontestável em nossas faculdades (ver *O Cavalo Morto*, de A. Kostler). As teorias de Lévi-Strauss sobre nossos indígenas são facilmente refutáveis, (ver *Estruturalismo* de Jean Piaget), mas ninguém toca no problema, continuando a ser ensinado aos futuros antropólogos como se fosse verdade incontestável...

e) Em nossas faculdades não se ensina ciência (a ciência é extremamente polêmica e está em permanente reformulação): ensinam-se *crenças*. A adesão aos autores e às teorias não resulta de confrontos críticos, mas de decisões emocionais. A meu ver, mesmo que Jean Piaget não tenha suas teorias confirmadas (parcial ou integralmente, isto não tem a mínima importância), pelo menos, forçou o estabelecimento científico (científico e não meramente acadêmico) a reexaminar velhas doutrinas, tranqüilamente passadas de geração em geração. Neste momento mesmo, por causa de Jean Piaget, os biólogos estão sendo forçados a reexaminar o neodarwinismo (retomando as velhas teorias de Lamarck). Em física, as coisas se passam de maneira inteiramente diferente. Agora mesmo, Cesar Lattes anuncia a refutação de Einstein...

Aprendizagem da Democracia: Educação Moral e Cívica

É estranho que as pessoas, em geral, estejam convictas de que a inteligência é inata, mas a moral é adquirida. Ninguém pensa em "ensinar inteligência", mas todos se preocupam em "ensinar moral". Esta maneira de ver as coisas não tem a mínima base científica. Tanto a inteligência quanto a *moral* dependem de situações estimulantes do meio (equilibração). Tecnicamente, a inteligência se desenvolve através de *situações-problema* e a moral resulta da *dinâmica de grupo*. É difícil tratar de maneira objetiva destes tabus, pois todas as pessoas têm convicções "inabaláveis" sobre estes assuntos e não os consideram problemas científicos. Em geral, quando se fala de moral, o que se quer dizer é doutrinação das crianças nas crenças sociais do adulto: trata-se de pura inculcação de regras, preconceitos, tabus, mandamentos, de tudo que o grupo social adulto considera a melhor forma de agir. J. Piaget, pesquisando como aparecem na criança as noções de moral, de justiça, de lealdade, etc., chegou à conclusão de que há estreita relação entre moral e inteligência. A criança menor, por exemplo, aceita com entusiasmo *regras impostas* (heteronomia), achando natural que adultos ou entidades místicas estabeleçam regras de conduta e julguem o que é justo ou injusto. Quando se desenvolvem mais, começam a questionar certas regras (que J. Piaget chama de *moral do dever*: moral imposta) e a perceber que as regras não são entidades "eternas", mas *contratos sociais*, isto é, convenções estabelecidas, livremente, pelas partes (*moral da autonomia* ou *moral do bem*: autonomia). No princípio, por exemplo, a criança considera muito mais grave dizer que viu um elefante voando ("porque isto é impossível", diz ela) que, por exemplo, roubar algo do colega. Os adultos imaturos reproduzem, também, tipos de julgamentos morais deste teor. A criança, por exemplo, não tem noção de divisão eqüitativa de um todo (fracionamento): qualquer parte dada, para ela, representa uma forma justa de agir (é neste tipo de moral infantil que a sociedade se constituiu). A criança, até cerca de nove anos, não acha "feio" denunciar o companheiro. Para ela o que valem são as normas estabelecidas (legalismo moral). Na adolescência, entende o que é lealdade ao colega. E assim por diante. A moral é uma construção que caminha das regras impostas para o contrato social. Moral, para o adulto maduro, é o que as partes convencionaram, livremente, na convicção de que se vive dentro de um contexto social em que há outras pessoas interessadas em nosso comportamento. Para que haja outro tipo de moral é necessário admitir-se a "revelação", isto é, admitir-se que um ser superior revelou ao homem como deve ser seu comportamento (fora disto toda moral é um fenômeno antropológico, cujas origens podem ser buscadas na filogênese). A hipótese do *contrato social* é supor que cada um, em deliberação coletiva livre, defenderá seus interesses, de tal forma que o contrato venha a ser uma fórmula conciliatória que apresente "o máximo de lucros e o mínimo de perdas" para os contratantes.

Como, pois, se deve ensinar moral? Permitindo-se que as crianças, progressivamente, deliberem, umas com as outras (dinâmica de grupo), as regras de seus jogos e de seu *comportamento*, fazendo-as tomar consciência (grupoanálise) dos efeitos e falhas destas regras. Assim, vão aprendendo o respeito mútuo, a lealdade, a solidariedade, o amor uns para com os outros. É evidente que essas regras e essa análise vão depender do seu nível de desenvolvimento mental. Só um débil mental receberia regras impostas sem espírito crítico, renunciando à deliberação (livre arbítrio).

Quem pensa em educação moral como a "propaganda" de certos "mandamentos", como inculcação de determinados "princípios"... realmente, não acredita na *liberdade humana* (livre arbítrio), nem na capacidade de os homens reunidos, deliberando livremente, estabelecerem normas dignas e superiores. As únicas pessoas que podem transmitir normas pré-elaboradas são as que supõem que receberam estas normas por "revelações" de entidades divinas ou supraterrestres. Todas as demais regras são produtos antropológicos, valendo tanto quanto a razão, na deliberação coletiva, determinar que são razoáveis.

Educação moral, portanto, é a *tomada de consciência* (grupoanálise) grupal do comportamento próprio e do dos companheiros. A deliberação de grupo evita que interesses subalternos egocêntricos predominem na decisão (lei do máximo de ganhos e mínimo de perdas: equilibração). Na juventude, só há uma força que as crianças e adolescentes respeitam: *seu grupo*. Os adolescentes delinquentes, por exemplo, não vivem em grupo (segundo o significado técnico deste termo), mas bandos dominados por um *caudilho*. Se a deliberação fosse coletiva e não imposta, possivelmente, superariam a delinquência, pois não seria possível que houvesse unanimidade para o mal (alguma consciência, havendo liberdade, terminaria por rebelar-se). Uma moral deliberada coletivamente passa a ser um compromisso público e integra-se na personalidade (aspecto social do indivíduo): a única forma de superação dos interesses individuais e anti-sociais (egocentrismo). A democratização da convivência, portanto, é a condição da verdadeira moral. A imposição de uma moral é descrédito fundamental da liberdade e da capacidade do homem de construir relações dignas e estabelecer respeito mútuo. A grande imoralidade, pois, é a presença do caudilho que impede a deliberação, mesmo que o caudilho seja um "santo" que só impõe virtudes...

Quanto ao civismo, é a mesma coisa. Há um civismo de laudação à pátria, ao povo, aos heróis, ao nacionalismo (contingência histórica do estado atual da civilização em que os povos são divididos em nações com interesses conflitantes). Este civismo leva, muita vez, à deturpação dos fatos históricos. Se compararmos a história da guerra do Paraguai contada pelo "civismo" brasileiro com a narração pelo "civismo" paraguaio, veremos até onde pode chegar este tipo de educação cívica...

Todos sabem como as nacionalidades criam tabus em torno de seus heróis, proibindo que os historiadores façam análise fria e objetiva de suas personalidades (por isto a Igreja adota longo, rigoroso e complicado processo para canonização dos santos e revê, periodicamente, as lendas que se formam em torno deles, como foi o caso recente de São Jorge, para só citar um santo de nossa tradição).

Mas, há, também, um civismo "internacional" (que é pregado pela UNESCO, por exemplo) promovendo o entendimento entre os povos, segundo o qual a *humanidade é uma só* e o homem o habitante do planeta Terra. Os grandes humanistas, diante das guerras fratricidas e da insensata corrida ao armamentismo, sonham com um *civismo planetário* (quando Gagarin gritou do espaço "a Terra é azul!"... criou nova nação — a humanidade e um novo país — a Terra). Se aparecessem, finalmente, os marcianos deixaríamos de ser "racistas" e nos transformaríamos em "terráqueos". São as histórias em quadrinhos que estão ensinando às crianças a unidade da raça humana (nas histórias em quadrinhos não há "pátrias": há "terráqueos"...).

Mas, não é só: o verdadeiro civismo é o compromisso do indivíduo com os interesses da *sua comunidade*. Este civismo chama-se *democracia* (participação de todos em tudo). Para se aprender democracia, também, não adianta usar textos, sobretudo quando os textos são brutalmente contrariados pelos fatos. A democracia tem-se que praticá-la desde a infância. É a isto que os pedagogos chamam de *autogoverno (self-government)* ou *república escolar*, sistema usado nas escolas primárias e médias dos EUA. Se uma criança é criada numa família patriarcal, dominada pela autoridade irretorquível de pai arbitrário e daí sai para uma escola autoritária, onde nunca tem oportunidade de participar das deliberações, por que, ao ficar adulta, terá *comportamentos democráticos*? Só porque leu textos cívicos ou recebeu exortações patrióticas? Mas, todos sabem que as exortações não mudam o comportamento... Neste sentido, não se ensina, nem moral, nem civismo, assim como não se aprende a nadar lendo um manual à beira da piscina...

O homem é, naturalmente, *egocêntrico*, de modo que só se socializa a duras penas, num longo tirocínio, que começa na família e termina na comunidade. Sem esse tirocínio, sua moral é mera imposição da vigilância policial ou resultado do temor das "penas eternas" (moral do terror)... Com os fracos de espírito, esta atemoração funciona, razoavelmente. Mas os bem-dotados não-socializados, logo percebem que estes temores podem ser ludibriados, passando a exercer delinqüência sofisticada (é por isto que nunca se encontram os verdadeiros delinqüentes nos presídios: só os débeis mentais são pegados em flagrante, salvo exceções raras). A moral e o civismo são atitudes que devem ser cultivadas na forma de organizar a família e a escola. É longa e difícil aprendizagem, mesmo porque o contrato social e a democracia são as formas mais difíceis de se viverem. Este tipo de comportamento é um estado superior que supera o egocentrismo básico do homem (é uma *hominização*, como diria T. de Chardin), sobretudo, porque não há moral e civismo estáticos e definitivos, da mesma forma como não há conhecimento da realidade ultimada. É permanente reequilibração cujo mecanismo é a discussão, a deliberação e a renovação dos compromissos anteriores. Quem acredita em democracia tem que admitir o permanente choque de interesses e viver o conflito: a *permanente negociação*. Só os indivíduos limitados e autoritários acreditam numa *sociedade monolítica* em que não haja contínuos conflitos individuais e grupais a conciliar através das deliberações coletivas. O monolitismo das condutas e da vida nacional é que se chama *totalitarismo*. Democracia é a eterna tentativa de conciliar dentro do possível: por isto é tão difícil e por isto impacienta os indivíduos simplistas que desejam a uniformidade sem conflito...

O mais impressionante é que a moral e o civismo evoluem de acordo com o nível de desenvolvimento mental dos indivíduos que os produzem. A "lei do talião", por exemplo, corresponde a uma relação de indivíduos pré-operatórios (por não operacionarem o fato), com *dirimentes atenuantes*, que dão nova configuração ao delito (para J. Piaget, o perdão corresponde ao mais alto nível de desenvolvimento mental por corresponder à compreensão absoluta do "erro" do outro.). Os sociólogos e politicólogos não compreenderam ainda que o fato social tem por infra-estrutura o nível mental dos membros do grupo que o produzem...

Piaget Muda o Paradigma das Ciências do Homem

UMA REVOLUÇÃO COPERNICANA

Uma pessoa desprevenida, encontrando na livraria livros com títulos como *A Formação da Noção de Força* (Piaget, vol. XXIX, Estudos de Epistemologia Genética), *A Transmissão dos Movimentos* (Id. ibid., vol. XXVII), *A Direção dos Móveis* (Id. ibid., vol. XXVIII), *Percepção e Noção do Tempo* (Id. ibid., vol. XXI), dificilmente imaginará que estas obras (como inúmeras outras com títulos semelhantes) sejam resultantes de pesquisas, estritamente, psicológicas. É que, na fronteira do conhecimento, as explicações dos fenômenos tanto têm de "objetivas", quanto de psicológicas, pois, afinal, é a mente que concebe a *causalidade*. Até Piaget, apesar da função do "espírito" ser *pensar*, a única coisa que a psicologia não pesquisara era o *pensamento*! Os behavioristas, por exemplo, chamam o pensamento de "caixa negra", a seu ver inacessível à pesquisa (sic!). Piaget quebrou este tabu e dedicou-se, precisamente, a descobrir *como o ser humano pensa*, por que uns são lógicos e outros não, por que a criança pensa diferente do adulto evoluído (os "primitivos" pensam como crianças), por que a *causalidade*, por exemplo, era tão diferente para Aristóteles e para Galileu, como nasce a noção do tempo, espaço, objeto, na criança e na humanidade, etc., etc., etc., todos os temas que invadem todas as disciplinas científicas, sobretudo, a física e a matemática (aliás, estas duas disciplinas sintetizam, em última análise, o conhecimento humano).

Só para ficarmos nas ciências experimentais, Piaget descobriu que existem, pelo menos, dezesseis tipos diferentes de explicações para os fenômenos causais ao longo do desenvolvimento da criança: em cada nível de desenvolvimento, a criança concebe a casualidade de forma diferente, o que é suficiente para medir o desenvolvimento de um indivíduo de qualquer idade pois estes modelos podem ficar estacionários ("primitivos"). Dificilmente, um professor sem conhecimentos da psicologia infantil suspeita de que forma as crianças de cada idade (a partir de três anos até chegar ao pensamento indutivo e hipotético-dedutivo na adolescência, aos dezesseis anos) concebem as *causas* dos fenômenos. Por coincidência, as explicações causais que a humanidade vem dando dos fenômenos, através dos tempos (ver a "física de Aristóteles", a causalidade linear de Galileu, a moderna causação circular, etc.), coincidem, passo a passo, com as explicações que as crianças vão dando, sucessivamente, idade por idade, aos fenômenos que observam, de tal forma que Piaget propôs inverter (sem anular) a famosa *lei biogenética*: "a filogênese é uma recapitulação da ontogênese", isto é, a humanidade (os cientistas como coletividade) progride, nas explicações da realidade, precisamente como uma criança em desenvolvimento (mental). O desenvolvimento da explicação científica imita, estritamente, as explicações que as crianças dão, em cada idade, aos fenômenos que observam, até chegar a idéia do *acaso, probabilidade, lei, necessidade lógica* (a criança explica o homem, segundo Piaget).

Como a ciência burocrática (sobretudo, a ciência ensinada pelos professores de ciências nas escolas pré-universitárias) é, predominantemente, dominada ainda pela explicação causal galilaica (causalidade linear e mecânica). Ainda hoje, nas escolas, as crianças não progridem além deste paradigma explicativo (o desenvolvimento depende da estimulação do meio e, neste nível, o "meio" é o sistema escolar). Mas o mais grave não é esta frenagem: o problema é que a explicação galilaica e baconiana só pode ser assimilada pela criança a partir da construção de certas estruturas. Se os professores se dessem ao trabalho de ler os resultados das pesquisas psicogenéticas de Piaget, veriam que este tipo de explicação só é acessível aos pré-adolescentes de desenvolvimento normal (o que é raridade nos adolescentes dos países subdesenvolvidos). A explicação dos fenômenos tem que acompanhar o desenvolvimento mental da criança sob pena de ou ser inútil, ou provocar confusão mental... Para cada idade (tanto com relação às crianças, quanto com relação aos grupos humanos, sobretudo com relação a grupos que por algum motivo ficaram isolados do contexto planetário da humanidade, como nossos indígenas), para cada idade, a mente tem explicação "causal" diferente da realidade. Para compreender-se esta evolução, basta analisar-se o sistema de explicação mítica usada pelos povos em seus diversos graus de evolução, explicações que a criança reproduz sem aprendizagem, fielmente! A compreensão das "forças" que constituem a fenomenologia é uma construção progressiva do espírito, donde Kuhn afirmar que as *revoluções científicas* são meras "mudanças de paradigma" (a ciência não progride por mera acumulação de dados, como supõem os burocratas dos laboratórios de pesquisa, mas por reelaboração do mecanismo explicativo — sistema geocêntrico *versus* sistema heliocêntrico). Ora, esta concepção da atividade mental é tão "catastrófica" para a psicologia tradicional quanto a teoria da relatividade para a física. A concepção de *tempo, espaço, velocidade, simultaneidade* (conceitos eminentemente físicos) variam, ao longo do desenvolvimento da criança e da evolução da humanidade, de forma radical, como se em cada estágio do desenvolvimento a criança e os cientistas assumissem a posição de um "Einstein" paleontológico.

Certa vez (conta Piaget), Einstein (após ouvir uma conferência sua), pediu-lhe que investigasse como as crianças concebem, sucessivamente (em cada idade), *simultaneidade* e *velocidade*. Quando, em outro encontro, Piaget transmitiu-lhe os resultados (que, por acaso, confirmaram as teorias einstenianas), Einstein, empolgado, comentou: "Como a psicologia é mais difícil que a física!" Ora, esta transitividade da maneira de pensar (esta sucessão de "paradigmas" — na linguagem de Kuhn — com que a mente interpreta a realidade, quer como criança que se desenvolve, quer como humanidade que evolui) não foi, de longe sequer, incorporada pelos psicólogos e educadores, da mesma forma como a maioria dos físicos e dos matemáticos não incorporaram, ainda, a teoria da relatividade em sua maneira rotineira de pensar. O exemplo mais flagrante é o de uma certa antropologia em voga (de fato mera vulgata para uso de país de cultura dependente) que fala em formas de pensar "diferentes, mas idênticas" (ver a discussão sobre os nossos indígenas). Por vezes, nem o defensor deste tipo de explicação atina que está negando o processo evolutivo (da criança, da humanidade, da explicação científica), alguns até, infantilmente, referindo-se ao "anacrônico evolucionismo"...

Não se pode negar que a ciência é um processo coletivo e que uma descoberta ou invenção não pode aparecer senão em seqüência temporal, como é próprio do construtivismo de todos os fenômenos biológicos (é o conhecimento um fenômeno biológico). Mas, por outro lado, não se pode negar que determinado indivíduo pode, por circunstâncias aleatórias, ter progredido sozinho, sintetizando em novo *paradigma* fatos que continuam incompatíveis para a generalidade do agrupamento a que pertence. Um indivíduo que, aleatoriamente, teve oportunidade de estudar biologia, matemática e física pode, só por este fato, sintetizar a concepção da auto-regulação (cibernética) que não ocorrerá a quem não teve estes elementos na mente. Um "gênio" é, simplesmente, alguém que sintetizou *primeiro*, no processo evolutivo, uma série de dados dispersos que continuam fragmentários para os demais. Em termos neurofisiológicos, um "gênio" é um indivíduo que, por estimulações, por vezes incompreensíveis, estabeleceu ligações neurônicas que não ocorreram nos demais indivíduos de seu meio (a infra-estrutura da vida mental são as "redes neurônicas" que se constituem, a partir do atomismo inicial dos neurônicos, por necessidade de reequilibração com o meio, donde a importância de estimular, na criança, desde a mais tenra idade, as conexões neurônicas em que se irá apoiar, mais tarde, a reflexão).

Dizer que o pensamento de determinado agrupamento (negros, indígenas, etc.) é "diferente, mas idêntico" é puro racismo. Ao passo que dizer que este grupo está num *estágio retardatário* é afirmar que alguma circunstância (por exemplo, a ordem social, a miséria, etc.) impediu que evoluísse no mesmo ritmo do grosso da humanidade (o animal humano continua a evoluir, mentalmente, à semelhança da evolução biológica que parece ter-se exaurido em suas possibilidades de novas combinações úteis, de tal forma que a história pode ser considerada um fenômeno biológico, num plano infinitamente mais complexo). As conseqüências destas concepções piagetianas são gravíssimas do ponto de vista sociológico e político. Compreende-se agora que se pode paralisar o desenvolvimento das crianças e de determinados grupos ou classes sociais retirando-se-lhes certos fatores essenciais para seu desenvolvimento. No caso das crianças, por exemplo, a alimentação nos primeiros anos de vida é o fator mais catastrófico e todos sabem como são alimentadas as crianças das "classes inferiores". No plano sociológico, a pobreza cultural do ambiente funciona como frenagem do descobrimento geral do agrupamento, de modo que o pedido de "justiça social" hoje se faz em nome da "hominização de todos os homens"...

Todo mundo sabe que, nas guerras, os membros dos agrupamentos em conflito tornam-se, extremamente, criativos, produzindo "mutações" mentais e tecnológicas que levariam décadas para aparecer em clima de tranqüilidade, o que confirma a opinião de Piaget, segundo a qual a evolução se faz por necessidade de sobrevivência (adaptação ao meio), jamais por mero acaso. As concepções de Piaget revolucionaram, como as de Einstein, todo o estabelecimento científico atual, em tudo que se refere à biologia, psicologia e sociologia (ciências do homem). Em duas obras suas recentes (*Adaptation Vitale et Psychologie de L'intelligence*, Hermann, Paris, 1974 e *Le Comportement Moteur de l'Évolution*, Gallimard, Paris, 1976), Piaget desmonta, literalmente, o neodarwinismo (concepção internacional *oficial* da evolução biológica), mostrando que a evolução é iniciativa do organismo, jamais o resultado do acaso das "mutações" e da "seleção natural" (mesmo porque as "mutações" devem ter uma causa — reequilibração — e todo mundo sabe que os animais emigram para fugir à pressão do meio). Há um amigo meu biólogo renomado (inclusive conferencista na Sorbonne) que fica, simplesmente, histérico ao ouvir isto, sem se dar ao trabalho de ler estas obras de Piaget. É que, fixado um paradigma, só os "gênios" são capazes de escapar de sua pregnância (para fazer-se, por exemplo, quatro triângulos com seis palitos de fósforo, o indivíduo só resolve o problema se escapar da *pregnância* do conceito de "superfície" para pensar em termos de "volume": passar do plano da "superfície" para o de "volume" é uma mudança de *paradigma* ou uma "mutação" em termos, estritamente, biológicos, isto é, uma *reorganização*).

É o problema dos psicólogos e educadores com relação a Piaget. Desde Aristóteles, por exemplo, todo mundo supõe que a vida mental procede da percepção e Piaget mostrou, exaustivamente, que não é verdade: a vida mental é uma *dublagem da ação*, o que dá suporte experimental à doutrina de super e infra-estrutura e põe em dúvida o efeito dinamogênico dos meios de comunicação de massa. Esta concepção de Piaget põe em termos psicológicos o problema do "idealismo", sobre o qual a humanidade discutiu durante séculos.

Por outro lado, Piaget repele o empirismo que produziu a psicologia behaviorista. A maioria dos psicólogos ensina, nas faculdades, que a linguagem das crianças, por exemplo, é mero *reflexo condicionado* (imitação-reforço) e todo mundo sabe que as crianças, sem nunca terem ouvido esta forma pronunciada, dizem *fazi*, seguindo, rigorosamente, o paradigma regular dos verbos em *er*, como *comi, bebi*, etc. Segundo os behavioristas, ouvindo, apenas, *fiz*, a criança, por imitação e reforço (reflexo condicionado), não poderia dizer, senão, *fiz*, observação com que Chomsky e Piaget concordam, integralmente. A mente não está, assim, tão à disposição das influências do meio (estímulo) como supõem, ingenuamente, os comportamentalistas: o estímulo só "estimula" se o organismo (mente) estiver preparado (necessidade) para recebê-lo (o organismo é que procura o "estímulo": "no começo está a resposta").

A topologia é a disciplina matemática mais recente no desenvolvimento histórico da matemática e, contudo, Piaget mostrou que é a primeira forma de a criança conceber o espaço ("o que é primeiro na ordem da gênese, é o último na ordem de análise" ou da descoberta). Os matemáticos, por exemplo, consideram o número e as chamadas "intuições geométricas" como dados elementares *a priori* sobre os quais se constrói o pensamento matemático. Piaget mostrou que estas noções são, absolutamente, *tardias* na evolução do pensamento das crianças (e da humanidade), sendo precedidas, nas crianças, de cinco/seis anos de complexas elaborações que as geram (categorias, funções, classificações, seriações, etc.).

Todas as crianças da humanidade (a experiência foi feita em inúmeros países) supõem, por exemplo, que se transvasarmos a água de um copo num prato, "aparece" mais água no prato (truque que as mães pobres usam para enganar as crianças, espalhando a comida no prato). Ora, a conservação da substância é o que há de mais elementar em todo processo de explicação científica da realidade, de modo que o adulto que pensa desta

25

maneira é, apenas, psicologicamente, uma criança (como os "primitivos").

O fato de Piaget ter descoberto que a inteligência não é inata, dependendo da riqueza de estimulação do meio, muda toda a base das castas e classes sociais ("o indivíduo é pobre porque é burro ou é burro porque é pobre"?). As classes dominantes tem toda a probabilidade de evoluir cada vez mais, deixando para trás as classes dominadas, de modo que não é mera fantasia o *Admirável Mundo Novo*, de Huxley...

Piaget mostrou que não existe "autonomia" da afetividade como postulam os psicanalistas, de modo que todo problema afetivo é, também, problema intelectual e vice-versa. Na medida em que o indivíduo não dispõe de mecanismos mentais autênticos de adaptação ao meio, fá-la (a adaptação) mediante *processos substitutivos* que exigem tremendo dispêndio energético (neurose), podendo a "loucura" vir a ser um destes processos (o organismo e a mente farão qualquer "coisa" para sobreviver, pois esta é a "essência" do mecanismo mental).

Mostrou, ainda, desmontando as bases da psicanálise, que a memória é operativa, modificando as lembranças de acordo com o nível de desenvolvimento mental do indivíduo, não existindo este "depósito esclerótico de lembranças" (inconsciente) a que se referem os freudianos. Se a memória influencia o comportamento atual, o contrário também é verdadeiro: o nível atual dos processos operativos modifica a memória que, por sinal, é, apenas o aspecto *figurativo* dos esquemas de ação, pouco tendo a ver com o comportamento, propriamente. A psicanálise dá demasiada importância ao representativo (superestrutura), pouco ligando para o procedural (infra-estrutura), tal qual os "idealistas" fazem com referência às relações entre "discurso" e "atividade".

Para Piaget, o pensamento simbólico ou *presentativo* (cinema, televisão, sonhos, imaginação, etc.) não têm efeito procedural (não leva à ação) como afirmam os "comunicólogos" das agências de propaganda e os moralistas da censura, como se pode ver na pouca influência que o "discurso religioso" tem no comportamento real dos indivíduos (a estrutura da sociedade chamada cristã, realmente, nada tem de cristã). Provavelmente, a televisão e o cinema nada influem nas decisões que os indivíduos tomam, salvo, talvez, como informações (aumento dos elementos entre os quais os indivíduos fazem opções).

Como se vê, é o *estabelecimento* cultural todo que está em jogo, em suas concepções ancestrais, diferenciando-se das concepções einsteinianas porque as de Piaget exigem reformulações no comportamento, ao passo que as de Einstein podem limitar-se à mudança tecnológica, como no caso da fórmula $E = mc^2$ que levou à descoberta de um tipo de energia que revolucionou toda tradição da humanidade, em suas relações com a natureza (a humanidade está sempre mais disposta a adotar uma tecnologia que sua maneira de pensar: os núcleos do pensamento não se submetem à fissão com a facilidade com que se submeteu o átomo!).

Ora, todo mundo sabe que 90% da humanidade não incorporou ainda o *paradigma galilaico* (a terra não é o centro do universo) e mesmo a maioria dos físicos não incorporou o *paradigma einsteiniano*. A mente, como as estruturas biológicas, é, fundamentalmente, "reacionária": se seus recursos produzem o mínimo de *adaptação*, não há porque mudar, daí o homem aprender a viver até em campos de concentração. Einstein é, apenas, um herói mítico da humanidade que falou em coisas misteriosas como Nostradamus. Serão precisos séculos para a humanidade aprender a pensar segundo suas explicações, mesmo porque ninguém ensina suas teorias nas escolas... O mesmo acontecerá, nas ciências humanas, com Jean Piaget, cujo centenário ocorrerá às vésperas do ano 2000 (nasceu a 9 de agosto de 1896, em Neuchâtel, Suíça). O inatismo popular e bíblico, o behaviorismo dos empiristas, o "idealismo nominalista" dos freudianos (presentes todos eles nos *provérbios* que o povo usa como suprema sabedoria do senso comum) perdurarão ainda por dezenas de anos, talvez séculos. Quanto à explicação do universo, da vida, da organização social chegam a este nível operatório... só pequena elite da humanidade a ela tem acesso. O problema já não é optar por este ou aquele "mito", mas desenvolver a mente para entender processos altamente abstratos, muitos deles só *possíveis* de expressar através de complicadas expressões matemáticas. Era preciso que as crianças começassem a refletir sobre estas explicações desde pequenas, o que é impossível, com o atual professorado ainda impregnado de explicações mágicas ou, quando muito avançado, de explicações causais lineares.

As concepções de Piaget sobre biologia, psicologia e sociologia são a própria teoria da relatividade em matéria de ciências humanas. A evolução dos seres vivos, o comportamento humano e a história do homem são processos dialético-probabilísticos resultantes da interação entre o "organismo" (animal, homem, sociedade) e o meio: nada é *inato* (tudo está em construção) e nada é imposto, de fora, fatalmente, ao organismo sem que este reaja (assimilação possível). O "inato" de cada momento (*a priori* funcional de Piaget) é o resultado de longa elaboração (interação) que tem suas raízes na bioquímica do organismo. Foi preciso o transplante de órgão para os cientistas compreenderem que a estrutura do organismo (portanto, as estruturas mentais) são mais inclinadas à *rejeição* que à *assimilação* (é tremendamente difícil introduzir-se algo novo numa "construção" em que cada estágio posterior resulta de uma complexificação do anterior proveniente de uma interação entre o "embrião" e o meio).

A construção do processo vital (biológico, psicológico, sociológico) é um mecanismo dialético-probabilístico, o que equivale ao relativismo einsteiniano. A evolução da vida, em geral, e o desenvolvimento da criança, em particular (regidos pela equilibração que progride a *organização* interna e a *adaptação* ao meio), é o resultado de permanente *interação* (sistema aberto), em que o organismo escolhe do meio os elementos que, incorporados, garantem sua sobrevivência, a iniciativa partindo, sempre, do organismo (da mente, da sociedade).

As descobertas de Piaget mostram que a criança é, a princípio, einsteiniana (concepção topológica da realidade) para só depois, por necessidade prática de medir e contar, tornar-se newtoniana (precisamente, o que fazem os cientistas quando vão construir uma represa). Tudo se passa como se, operativamente, o organismo reduzisse a *escala*, como se só existisse ele e o meio próximo que o circunda, tal qual procede o engenheiro (a escola einsteiniana refere-se, como se sabe, ao Universo). A criança pequena é einsteiniana porque não tem ainda consciência de seu *microcosmo* (adualismo* do sujeito × objeto), vivendo na inteira dependência dos adultos. Ao ganhar autonomia, produz-se total amnésia destes primeiros momentos, a tal ponto que, só nos mais altos estágios da evolução, redescobre-se a *topologia*.

É tão difícil para o homem (para a criança, também) mudar um *paradigma* de pensamento (a terra é o centro do universo, a inteligência é inata, etc.) quanto um animal mudar um órgão ou função para adaptar-se ao meio (para Piaget as estruturas do pensamento são verdadeiros órgãos). Mas, como os animais tiveram de transformar-se para sobreviver, a mente humana, também, pouco a pouco (como acontece na criança) irá adaptando-se a uma visão (paradigma) nova da sociedade e do universo. Esta é a grande função da educação no futuro... Todos os pioneiros (todos que propõem mudança de *paradigma*) são, em geral, massacrados pelo *estabelecimento* (mentalidade coletiva) para depois serem considerados "heróis" e receberem consagrações *post mortem* (ver biografias dos inovadores e seu martírio: quase todos os inovadores foram perseguidos antes de suas idéias serem aceitas, salvo quando a inovação é tecnológica com vantagens óbvias — não se devendo esquecer, por exemplo a resistência ao trem e a quebra dos teares no começo da Revolução Industrial).

Pode-se dizer, por exemplo, que nenhum estudante brasileiro, nas faculdades de engenharia, recebe informações sobre a teoria da relatividade. As professoras do primário não ensinam às crianças a teoria da evolução dos seres vivos. Raro é o político, por exemplo, que percebe que a democracia baseia-se na "teoria do

---

* O fato de o indivíduo não ter consciência nem do próprio *eu*, nem do *objeto*, segundo J. Piaget.

conflito" e na lei "do máximo de lucros e mínimo de perdas" (relatividade)... As mais sólidas teorias (objeto de prêmio Nobel, por exemplo) não foram ainda incorporadas aos currículos escolares e não se vê o dia em que isto venha a acontecer...

Piaget, por exemplo, descobriu que a pressão da gerontocracia sobre a juventude impede que ela desenvolva as etapas finais do pensamento lógico-matemático. O pensamento hipotético-dedutivo só se desenvolve, dialeticamente, se as *crenças* forem submetidas à discussão, isto é, se forem contraditadas. A discussão é o relativismo das crenças, dos paradigmas aceitos, dos "órgãos" já constituídos (a discussão é a *crise* que produz a evolução). Sem discussão a mente fixa-se em determinadas crenças (boas ou más) e paralisa sua evolução por absoluta falta de necessidade de reequilibrar-se... Basta proibir a discussão para paralisar o desenvolvimento, precisamente o que se faz nas universidades! A partir de certos estágios superiores do desenvolvimento, o homem e a humanidade só progridem com a *liberdade*.

Violência como Resposta à Frustração

A imitação, no ser humano, só funciona quando o modelo a ser imitado corresponde a uma boa solução para a necessidade presente do imitador, isto mesmo se o modelo a ser imitado não é dissonante da estrutura global do comportamento do provável imitador. A propaganda de cigarros não atinge o não-fumante, salvo se fumar tornar-se boa solução (não discrepante) para problema que o não-fumante está enfrentando na ocasião. Aliás, esta forma de reação é geral: só assimilamos ou incorporamos do meio ambiente aquilo que corresponde a necessidades do organismo, isto mesmo, segundo a forma de agir do próprio organismo. Os "estímulos" que não correspondem à nossa estrutura de comportamento não "existem". Doutra forma, seríamos como massa plástica nas mãos das crianças: os estímulos fariam de nós o que bem quisessem... Não existiria o próprio organismo (organização prévia). É por isto que "só imitamos o que compreendemos" (J. Piaget). O classe-média não presta atenção a propaganda de automóveis de luxo, ao passo que é, extremamente, sensível ao Fiat e ao Volkswagen: só os "estímulos" que correspondem às nossas necessidades nos atingem. Assim é o organismo ou a mente que decide se determinado objeto ou mensagem é um "estímulo"...

Nenhum animal, inclusive o homem, é violento, salvo se, profundamente, frustrado em seus objetivos. É a frustração que gera a violência (a falta de *status*, por exemplo, pode ser profunda frustração para o ser humano). Depois de aprendida a violência (ou melhor, depois de *descoberta* ou *inventada*), segue curso multiplicador, reação em cadeia, na medida em que parece resolver problemas, podendo, então, tornar-se gratuita (violência pela violência). A violência implica em risco também para seu utilizador. Ora, a tendência geral é a "lei do menor esforço" para obter resultados doutra forma, a violência inicial do selvagem não seria jamais superada. Seria modelo permanente para as novas gerações. As profundas diferenças de distribuição da renda e o aumento das possibilidades de conforto devem ser estímulo brutal ao uso da violência. Na medida em que sobem, exponencialmente, os crimes de roubo, diminui, em toda parte, a violência "de sangue" que predominava, anteriormente...

Deste modo, os meios imagéticos (meios de comunicação de massa) só têm influência quando correspondem à solução já buscada pelo espectador. O cinema e a televisão são recebidos por todos como ficção, como escape, como *faz-de-conta*, podendo, inclusive ter função de *catarse* (purgação, liqüidação de um desejo). Todos sabem como a pornografia diminui a violência sexual. É possível que os "brinquedos de guerra" representem uma "liqüidação" da atividade "guerreira", aliás, tipicamente infantil. O adulto não gosta de brincadeiras típicas de crianças: é possível que, se caracterizarmos as atividades "guerreiras" como infantis, os adultos venham a envergonhar-se de ser "guerreiros"...

As crianças vêem no cinema e na televisão *modelos de jogo* e o jogo é sempre a *anti-realidade*. O futebol deve representar para a "segurança nacional" muito mais que os órgãos de repressão: todo órgão de repressão sugere confronto, ao passo que o jogo é uma forma simbólica de realização plena...

Se quisermos acabar com a violência ativa ou latente (a frustração pode aniquilar o indivíduo carente a tal ponto que não possa assumir a violência: é este o papel do "salário-mínimo"), devemos organizar a sociedade de tal forma que haja possibilidade de cada um, mediante meios pacíficos, realizar seus desejos razoáveis. Discutir se é a televisão e o cinema que geram a violência é mera diversão para não se ter que enfrentar o problema verdadeiro. A diferença progressiva entre a extrema riqueza e a extrema pobreza é que é a fonte verdadeira de violência, salvo se a pobreza é tanta que inabilita o pobre para a reação. Por que a classe-média é a mais pacífica? Precisamente, porque tem a sensação confirmada, diariamente, de que está conquistando posições, sucessivamente, mais altas. A mudança de tipo de carro e do tipo de apartamento é o sinal concreto da eficiência do processo em que está envolvida. Por que, então, ser violenta? O cinema e a televisão não funcionam como modelo, mas como referência do poço que se cava, diariamente, entre uma classe privilegiada e outra condenada a não ter oportunidade. Mas, mesmo assim, temos visto, através da história, profundas diferenças sócio-econômicas que não produzem revolta e, portanto, violência. É que a dominação pode ser psicológica. A doutrinação pode gerar definitiva conformação interna (fatalismo das condições materiais). O animal humano é capaz de sobreviver conformado até num campo de concentração (ver o conformismo das prisões: sem conformação o processo carcerário seria inviável). O aumento da violência, pois, pode resultar da ineficiência do processo de doutrinação para a conformação (a perda de prestígio sócio-cul-

31

tural da religião, pois, pode ser um dissipador eficiente da violência, na medida em que as perspectivas *post-mortem* deixam de existir: se não há justiça depois da morte, temos que obter justiça aqui e agora). O fato é que todo homem violento alega, sempre, que *está fazendo justiça*, a começar pela violência oficial. Todo ato de violência responde a uma ameaça, real ou fictícia, ao *espaço-vital* (mínimo de condições de sobrevivência física ou psicológica).

Possibilidades Combinatórias do Comportamento

(NÍVEIS DE COMPORTAMENTO)

Jean Piaget tomou emprestado de Poincaré a noção de "grupo de deslocamento" para explicar as possibilidades do comportamento motor do animal e do homem. Realmente, o animal (e o homem) — do ponto de vista da física — é, apenas, um objeto como outro qualquer entre todos os objetos existentes no espaço. Como tal desloca-se segundo as leis gerais, da mecânica e da geometria. O fato de o impulso que movimenta o animal vir de dentro e o que movimenta o objeto vir de fora não muda em nada o problema. O físico, ao observar um corpo em deslocamento, pode avaliar as "operações" (deslocamentos) que o objeto realiza no espaço. Pode, por exemplo, verificar se o deslocamento do corpo produz movimento inverso e se os movimentos se combinam para produzir um terceiro (resultante). Entregues a um matemático, estes deslocamentos podem ser *formalizados*, podendo-se deduzir as possibilidades matemáticas de novos deslocamentos (a matemática não se interessa pelo real, mas pelo possível). Um matemático, por exemplo, pode planejar um balé que nenhuma bailarina possa dançar por conter movimentos incompatíveis com as limitações anatômicas das articulações da bailarina. É como se ele dissesse: "O movimento que planejei é este; o problema, agora, é da bailarina." O projeto do balé deve baixar de nível operacional para que possa ser dançado pela bailarina, sem que fiquem movimentos omissos. É um novo conjunto harmônico de deslocamentos. Neste caso, o nível operacional do balé é inferior ao imaginado pelo matemático.

Assim se pode compreender que o comportamento humano, também, tem níveis reais ou possíveis, uns mais complexos e outros mais simples. Com este esquema tão simples, e objetivo, Piaget passou a analisar o nível operacional de comportamento das crianças.

Quanto mais os movimentos que as crianças realizam (para atingir um objetivo) se aproximam do *grupo de deslocamentos*, de Poincaré, mais alto é o nível de seu comportamento: *inteligência é, apenas, esta operacionalização do comportamento*. Observou, por exemplo, que a criança leva tempo enorme para fazer o *movimento inverso* (andar de costas, por exemplo) e mais tempo ainda para entender que combinando movimentos obterá resultados novos (grupo matemático). Nunca ocorreu a um comportamentalista que as reações (R) que um animal apresenta a determinado estímulo pudessem ter níveis matemáticos diferentes de operacionalidade. Para ele, a reação é um dado bruto sem qualidades operacionais intrínsecas a serem analisadas. Se Piaget fosse um behaviorista, ainda assim estaria a milhares de quilômetros de distância dos skinnerianos, por dispor de uma medida matemática para avaliar a operacionalidade da resposta, considerando-se que para uma mesma situação há níveis diferentes de solução. Ora, como o impulso do movimento do organismo é interno, pode-se buscar a origem das formas de deslocamento no próprio organismo (começando pela anatomia do animal), o que mostra que, medindo-se, matematicamente, o comportamento, estamos também analisando a "consciência", da mesma forma que as operações que um computador realiza denunciam os mecanismos (internos) de sua construção. Foi assim que Piaget superou o impasse "consciência" e "comportamento". Inteligência, para Piaget, é a flexibilidade que permite formas variadas no comportamento (isto é, de combinações). Quanto mais variados e coerentes forem os deslocamentos da criança, mais inteligente ela é, para Piaget. Comparando-se a maneira como a galinha se movimenta para sair de um cercado com a forma com que o cão realiza o mesmo objetivo, pode-se afirmar, matematicamente, que o cão é muito mais inteligente que a galinha. Este assunto não interessa a um comportamentalista: para ele, o que interessa é verificar se a galinha *aprende a sair* do cercado, mesmo que utilize para sair os movimentos mais obtusamente incoerentes e perdulários. A inteligência caminha para obter soluções cada vez mais lógicas, mais rápidas e mais eficientes, uma vez que a função dela, em última análise, é organizar o comportamento e manter o animal vivo (pode, contudo, "brincar de resolver problemas", por pura exercitação, caso em que complica, tremendamente, a solução só para se autodesafiar: esta atitude é que se chama *jogo*). Por aí se vê que "inteligência" não é um privilégio do homem: todo animal que não esteja agindo (automaticamente) por *instinto* (o instinto é uma inteligência inata), de uma forma ou de outra, está utilizando a inteligência. O problema, então, é medir a operacionalidade de seu comportamento. Observando-se os movimentos de uma criança de dois anos, pode-se afirmar que, apesar de sua idade, *é, ainda assim, o animal mais inteligente da natureza*: o conjunto de seus deslocamentos é, matematicamente, superior ao conjunto dos deslocamentos de qualquer outro animal. É por isto que Piaget abriu imenso campo para os educadores. Pode-se criar (diretivismo) situações extremamente interessantes para levar as crianças a inventarem (combinarem) novos comportamentos (deslocamentos), a fim de superar a dificuldade proposta, desenvolvendo, assim, a inteligência. Um técnico de futebol pode ensinar aos jogadores a deslocar-se de maneira diferente e a provocar deslocamento diferente da bola. Fazendo isto, está ensinando o jogador a *jogar inteligentemente*. Mas, no caso, quem é inteligente é o técnico: o jogador está adquirindo "reflexos condicionados" ou "respostas aprendidas". O que faz um ensino ser inteligente não é o conteúdo, mas a maneira de ensinar. O pensamento simbólico (fantasia) não é operacional e não visa a eficiência de ação. Rege-se por leis pré-lógicas, não se podendo denominá-lo, propriamente, "inteligência", embora venha a ser, ao longo do desenvolvimento — nas últimas etapas — a condição necessária (mas não suficiente) do desenvolvimento do pensamento abstrato. O pensamento simbólico tem como função a adaptação e a representação dos *aspectos vivenciais* (no sentido fenomenológico) do comportamento. A inteligência não se preocupa, propriamente, com os "conteúdos", preocupada que está com as "estratégias", que tornam o comportamento eficiente na busca do objetivo (embora, em sua abrangência termine por operacionalizar, também os interesses, desejos e valores).

Desenvolver, apenas, a fantasia (educação artística) é paralisar, perigosamente, o desenvolvimento operacional (que visa à adaptação global do indivíduo ao meio) em benefício de um aspecto particular de caráter vivencial. O ideal pedagógico é um equilíbrio sábio entre o operacional e o vivencial, entre o desenvolvimento e a vivência, entre a diacronia e a sincronia, em outras palavras, é procurar levar a criança a viver intensamente (afetividade) cada etapa de seu desenvolvimento.

Na criança, a primeira forma de "criatividade" é, apenas, o mecanismo geral do desenvolvimento que consiste em coordenar, combinar e equilibrar as "acomodações" resultantes do esforço de adaptação. A primeira forma de "criatividade" consiste em organizar o deslocamento do próprio corpo em vista da manipulação dos objetos que a rodeiam. Como se vê, Piaget é um comportamentalista muito original: em vez de se preocupar com a *fixação da resposta* (reflexo condicionado), preocupa-se com a *flexibilidade operacional da resposta*; o que não deixa de ser uma forma de "condutismo". Para medir esta flexibilidade, põe em sua frente, a princípio — quando mede a motricidade — o "grupo de deslocamento" de Poincaré (este instrumento matemático substitui os testes clássicos de Binet). Quando o comportamento passa a depender das estratégias elaboradas pelo pensamento, substitui o "grupo de deslocamento" pelo "grupo algébrico", com todas as suas etapas de construção, e de variação (como se vê, estes instrumentos, como é próprio da matemática, tem por objetivo medir o nível estratégico do comportamento independentemente de seu conteúdo). Ninguém (nem a mais acrobática das dançarinas) até hoje, conseguiu fazer deslocamentos que não estejam previstos como possíveis neste modelo matemático (mesmo porque a matemática é a "ciência dos possíveis"). Logo, este modelo pode medir o máximo e o mínimo de inteligência que o homem consegue em matéria de deslocamento sensório-motor. Se a matemática vier a descobrir deslocamentos que não são previstos no modelo de Poincaré, os pedagogos se esforçarão por criar situações nas quais as crianças tenham que inventar estes novos deslocamentos (diretivismo). Não é muito provável que o homem venha a inventar deslocamentos novos, mesmo porque com estes deslocamentos básicos uma "bailarina pode dançar qualquer balé" (com exceção dos passos cujos movimentos sejam incompatíveis com suas articulações). Ora, o mais surpreendente é que um indivíduo que reinventou, através de seu desenvolvimento, o "grupo de deslocamento" está preparado para enfrentar qualquer problema de deslocamento necessário para resolver um problema em que o deslocamento motor seja a estratégia adequada. Assim, não precisa *fixar a aprendizagem* de nenhum comportamento particular, como querem os behavioristas. Com isto, vai de água abaixo toda a teoria dos reflexos condicionados, pois o reflexo condicionado é, precisamente, aprender um *deslocamento particular*. Poder-se-ia, talvez imaginar a acumulação da aprendizagem de tantos deslocamentos quantos necessários para compor um "grupo de deslocamento" — o que daria razão aos behavioristas. Teríamos, então, um elenco de hábitos (Hull) correspondente a um grupo. Mas, um grupo é um grupo, precisamente, na medida em que é um esquema de aplicação generalizada. O grupo, portanto, é o *anti-hábito*, na medida em que um hábito é um caso particular. A inteligência, por sua natureza, é incompatível com o particular (Matemática). O mais grave é que o behaviorista (desconhecendo as possibilidades operacionais das respostas) "ensina", apenas, "certos deslocamentos"; com o que impede a inteligência de se desenvolver, pois a inteligência é a capacidade de operacionalizações dos comportamentos singulares. O indivíduo que possui resposta aprendida (reflexos condicionados) tende a só fazer o deslocamento que aprendeu. Vira um autômato. Se, pelo contrário, conquistou — através de sucessivas invenções e descobertas — o "grupo" todo, dispõe de todos os deslocamentos possíveis, não precisando aprender nenhum comportamento em particular. Só este detalhe produz violento turbilhão na pedagogia e mostra o perigo que a "instrução programada" representa para a humanidade. Uma máquina possui, apenas, movimentos que seu inventor previa que ela tivesse: age como se tivesse adquirido reflexos condicionados. Por isto, a máquina nunca pode ser inteligente. Já o homem inteligente dispõe de todos os movimentos possíveis (mesmo que não possa realizar alguns deles). Se o ambiente é estereotipado e não exige a variação experimental dos movimentos... o homem termina parecendo-se com uma máquina (dizem os humoristas que, sempre que o homem se parece com a rigidez da máquina, produz o riso). Daí ser preciso que o ambiente humano seja desafiador (diretivismo). O jogo é uma saída operacional para a estereotipia do trabalho padronizado (é por isso que o jogo se opõe ao trabalho). No jogo, prcura-se, precisamente, explorar todas as possibilidades do grupo. O êxito do filme *Tempos Modernos* de Carlitos baseia-se, precisamente, nesta mecanização do homem que, na esteira de produção, deixa de ser inteligente para ser autômato. É isto que desejam os behavioristas com seus reflexos condicionados. Fixar um reflexo condicionado, como se vê, é aprender um deslocamento com exclusão de todos os demais. Infelizmente, o homem pode fixar reflexos condicionados. O homem pode virar máquina. Estamos quase conseguindo... Existe, no mundo atual, um complô contra a inteligência na medida em que a educação (nas escolas) e o treinamento (nas empresas), visa a, exclusivamente, fixar *know-how*. O que se pergunta, em toda parte, é se o indivíduo "*sabe* fazer" e nunca "se é *capaz* de". A renovação pedagógica, portanto, arca com o tremendo peso da inércia sócio-cultural. Os pais (como as empresas) valorizam (e compram) *know-how*, pouco valor atribuindo à inteligência. É por isso que Ortega y Gasset afirmou que "pedagogia é a arte de reformar a sociedade"...

Transformação do Físico-químico em Bioquímico e do Neuroquímico em Psicossociológico (Função Semiótica): Continuidade Construtivista da Fenomenologia[*]

Com *Biologia e Conhecimento*, Jean Piaget retorna às suas origens intelectuais, sintetizando os estudos de *biologia*, feitos na *infância e na mocidade* e os de *epistemologia e de psicologia*, a que se dedicou em sua maturidade. Jean Piaget é um destes casos anormais em matéria de precocidade, com a diferença insólita de que sua genialidade temporã não se manifestou na área da *arte* (atividade, filogenética e ontogeneticamente, arcaica, portanto, fácil de ser explicada com relação a primitivos, a selvagens e a crianças), mas nas *ciências*, cujo método indutivo, psicogeneticamente, é a formação mental que por último aparece na psicogênese (lá pelos 14-15 anos, segundo pesquisas em curso, ainda não conclusivas).

Jean Piaget nasceu em Côte-Aux Fées, Neuchâtel (Suíça), em 9 de agosto de 1896. Está, pois, com 83 anos, aposentado pela Sorbonne, mas em plena atividade, em Genebra, no Centro Internacional de Epistemologia Genética (que ele fundou e impulsionou) e no Instituto Jean-Jacques Rousseau (onde pontificou Claparède, seu amigo e inspirador. É doutor em Ciências Naturais, (Ph.D.), professor de Psicologia (teoria da assimilação ou da equilibração), de Sociologia (Étude sociologique) e de Filosofia das Ciências e do Pensamento Científico (Epistemologia Genética e Sabedoria e as ilusões da Filosofia).

Publicou, remetendo por correspondência à editora, seu primeiro estudo científico, fruto de pesquisas de campo, sobre *Biologia dos Lagos Suíços*, em 1907, portanto, com 10/11 anos de idade (*sic!*), utilizando-se de uma das revistas de maior prestígio científico da Europa, privativa de grandes luminares, já consagrados pela fama, fato que provocou verdadeiro escândalo, quando foi descoberta a identidade e a idade do autor...

---

[*] O *Nautillus* é o símbolo do construtivismo seqüencial de Jean Piaget.

Entre 1907 e 1920 (durante cerca de treze anos) fez editar vinte e cinco trabalhos de biologia, quase todos sobre moluscos. Mas, já então, começou a preocupar-se com as relações (epistemologia genética) entre genótipo e fenótipo, portanto, com os fenômenos da aprendizagem e da evolução dos *seres* vivos. Embora já atento à epistemologia (teve sua fase de "rubéola filosófica"!), considerava-se, basicamente, biólogo e, como biólogo, tratou de organizar sua carreira de pesquisador. Logo, porém, enveredou (dada sua inclinação para a teorização) a epistemologia da biologia, vindo a fundar, anos depois, nova ciência: *Epistemologia Genética*, com isso, retirando — para irritação dos filósofos — a gnoseologia da área da do autismo da reflexão metafísica. Levou-a para o laboratório, tendo que inventar, para isso, novo método de observação e de experimentação, que denominou *"método clínico"*, técnica de investigação que permitiu abordar e sondar a caixa preta ou caixa vazia de que os behavioristas e os reflexiologistas têm tanta ojeriza...

Só aos 25 anos, publicou seu primeiro trabalho de *psicologia* que, por ironia do acaso, denominava-se *Psicanálise e suas Relações com a Psicologia Infantil* (1921). Todos sabem que Jean Piaget, evitando a linha psicoterapêutica de S. Freud (o psicólogo da afetividade), concentrou-se exclusivamente na pesquisa da origem da inteligência, considerando a psicanálise mera "literatura", embora de um pensador genial... tanto é assim que se subdividiu em grande diversidade de "igrejinhas" conflitantes, o que jamais ocorreria, se fosse uma ciência experimental. Com sua formação pragmática de biólogo, J. Piaget não podia aprovar o simbolismo das elucubrações fantasiosas do freudismo...

Levado pelos escrúpulos de pesquisador extremamente preciso e meticuloso em suas afirmações (pelo treinamento que recebera do método científico), submeteu-se, pessoalmente, a "tratamento" psicanalítico, só pela curiosidade de verificar, *in loco et in vivo*, os procedimentos terapêuticos dos psicanalistas. Recentemente, interrogado pelo repórter de *L'Express*, sobre o que achava da psicanálise, respondeu, com a verve que o caracteriza: *"para pessoas normais não há perigo nenhum..."*! (ver "Plus Loin Avec Jean Piaget", *L'Express*). Quando descobriu que não era possível construir uma teoria do conhecimento senão estudando na criança, desde a mais tenra idade, o nascimento da inteligência e seu desdobramento embriológico até a equilibração das operações hipotético-dedutivas (lógico-formais), abandonou, provisoriamente, *a biologia* e a *lógica* (os dois extremos da fenomenologia humana) e dedicou-se, de corpo e alma, a pesquisar cada desdobramento genético da função semiótica, a partir da fase sensório-motora da criança que ainda não tem "representação mental" (a criança age através de *índices* e *sinais*) até chegar — *de estádio em estádio* ao *equilíbrio operacional* da "inteligência" a que se refe-

39

rem os epistemólogos, os lógicos e os cientistas e onde os *filósofos* iam, até então, pesquisar a *teoria do conhecimento* (desprezando toda a sua psicogênese), como se a inteligência (mecanismo básico do conhecer, de *compreender* e de *explicar*) — já nascesse concluída, mesmo no recém-nascido...

Cada categoria do pensamento (tempo, espaço, número, julgamento, acaso, quantidade, qualidade, permanência, constância, etc.) foi estudada, minuciosamente, produzindo volumosos tratados ultra-especializados. Até hoje J. Piaget já publicou mais de trezentas obras sobre o assunto, entre tratados, monografias, verbetes, conferências, comunicações, artigos para revistas, prefácios, etc. Chegou à conclusão de que "*a psicologia é a ciência da qual a lógica é a axiomatização*", donde a epistemologia só poder ser *genética*. Mas, o mais notável foi a conclusão de que, a partir da biologia, a criança refaz, em seu desenvolvimento, o processo filogenético de construção histórica do conhecimento da humanidade ou, melhor dizendo: "*A humanidade reproduz a ontogênese do desenvolvimento infantil*". A biologia, pois, é a infraestrutura de toda teoria do conhecimento, podendo se falar até numa "lógica imanente" ou de uma "lógica do organismo". Daí ter voltado, aos 71 anos (fechando um ciclo epistêmico) à fonte de suas preocupações juvenis com este estudo sobre "*a base física do espírito*", como Farias Brito chamava os fatores biológicos do psiquismo.

Depois desta obra, nenhum cientista da área das ciências sociais ousará pronunciar-se sobre o "fenômeno humano" sem conhecimento sólido de biologia, pista, aliás, já profeticamente aberta por Teilhard de Chardin. *Biologia e Conhecimento* é a grande síntese que todos esperavam de Jean Piaget como conclusão de centenas de estudos esparsos: "*A inteligência humana com seus diversos tipos de conhecimento constitui, simplesmente, adaptações biológicas, no sentido mais largo do termo*". A própria matemática — a ciência formal por excelência — é também processo de adaptação ao meio, donde sua surpreendente aplicabilidade aos fenômenos concretos. *Biologia e Conhecimento* é a *história natural do salto abissal entre o biológico e o psicológico e entre o psicológico e o sociológico*, até chegar à teoria do conhecimento...

É estranho que os psicólogos jamais tenham perguntado qual o "suporte" dos fenômenos psicológicos (da mesma forma como os sociólogos não perguntam qual o "suporte" dos fenômenos sociológicos), como se os fatos psicológicos (e sociológicos) saíssem da cartola do mágico... Assim como o biológico tem suas raízes no bioquímico (e o bioquímico, no biofísico-químico, etc.), o psicológico provém, por complexificação (sem reducionismo, evidentemente), do biológico (e o sociológico, do psicológico: as regras, valores e símbolos do *fato social* são, primeiramente na criança, por exemplo, meros fatos psicológicos). O magno problema do fato psicológico (e sociológico) é explicar a transformação do comportamento biológico (sensório-motor) em fenômeno mental (não se devendo esquecer que não há fenômeno mental sem atividade neuroquímica do cérebro: pode-se até imaginar que a vida mental é uma atividade neuroquímica, com ausência total ou parcial do comportamento sensório-motor, conclusão que se tira do estudo dos movimentos dos órgãos durante o sono). No futuro, provavelmente, a obra *Biologia e Conhecimento* virá a ser a *summa* da explicação das ligações do biológico como o psicológico (e o sociológico). No fundo, o matemático puro é um biólogo, não tendo importância que a atividade biológica (comportamento, atividade, operações) apresente-se nele como *virtual* (dublagem das atividades através de processos semióticos). A grande característica do "ser humano" é a capacidade de *dublar* sua atividade (função semiótica), apresentando-a como atividade substitutiva, o que permite "manipulá-la" ao infinito (formalização, probabilidade, teoria dos jogos, etc.): a atividade motora, quando dublada em modelos semióticos, ganha total mobilidade (combinatória).

Marx era Piagetiano ou Piaget é Marxista?

A propósito da "Epistemologia de Louis Althusser", de Tomaso Cavazzuti, publicada em *Vozes*, n.° 5, 1977, Texto/Filosofia, pág. 408 e seguintes, é interessante notar-se a semelhança entre a epistemologia que Althusser extrai da releitura de Marx e a epistemologia (genética) de Jean Piaget. L. Goldmann já havia assinalado nítidas semelhanças entre o pensamento piagetiano e a dialética marxista em geral sem, contudo, atribuir isto a uma filiação.
  J. Piaget distingue o *conhecimento a partir da ação* (de que resulta a "teoria" com a qual o sujeito aborda a realidade) e o *conhecimento a partir do objeto* (que identifica as "regularidades" do mundo físico), assinalando que, como não se pode tomar posse do objeto senão mediante a "ação", assim também não se pode "conhecer" a realidade senão mediante um quadro teórico (no que se afasta, radicalmente, do neopositivismo que pretende haver numa *leitura direta da experiência*). A frase de Althusser "uma pesquisa ou observação nunca é passiva" pode ser tranqüilamente atribuída a J. Piaget, sem que se queira ver nisto uma filiação histórica do pensamento de Althusser (L. Goldman fala em "caminhos diferentes que chegam ao mesmo fim"). J. Piaget distingue o dado perceptivo bruto (quase de caráter fisiológico) da *atividade perceptiva*, o que equivale à observação de Althusser segundo a qual "uma pesquisa, uma observação, uma experiência não fornecem inicialmente mais do que *materiais*, que depois serão transformados em *matéria-prima*, etc."
  A distinção entre conceitos teóricos e empíricos é a mesma que J. Piaget faz entre pensamento a partir da ação e pensamento e partir do objeto. Como Althusser, J. Piaget reconhece que o conhecimento dos objetos concretos depende de quadros lógico — matemáticos (*teóricos*, portanto) que lhes dêem "significação" (em termos de atividade sensório-motora, toda abordagem do objeto implica em prévio esquema de assimilação). É ilusão, tanto para Piaget, como para Althusser, opor teoria à prática,

embora a explicação da primeira seja diferente da da segunda: para Piaget a teoria é, apenas, a *interiorização da ação*, como tal, dela não difere essencialmente, salvo em termos de generalidade (formal). Althusser afirma que não existe *prática geral*, preferindo ver "diversas práticas" entre as quais estaria a teórica, ao passo que Piaget vê na teoria reconstrução simbólica (semiótica) de prática, reconstrução que, por tornar-se puramente formal, permite a generalização. Desta forma, falar em "prática teórica" seria quase tautológico, algo como falar em "atividade ativa"... da mesma forma como é tautológica a afirmação de François Watil segundo a qual para Althusser "a articulação provável" última de toda atividade humana é a prática.

Para explicar o sistema de *relações reais* do sistema de *relações imaginárias* (corte epistemológico), Piaget dispõe de instrumento interpretativo muito mais preciso que Althusser. Piaget já havia notado (não é sem razão que sua epistemologia é *genética*) que desde cedo, na criança, o sistema de explicação simbólica afasta-se da objetividade da ação prática, como se seu pensamento nada tivesse a ver com sua ação, salvo quando — ludicamente (dramatização) —, a ação está a serviço da imaginação (algo parecido com a falta de conexão e coerência entre as crenças religiosas e a prática social efetiva dos adultos que as professam). O grande passo do desenvolvimento da criança é a aclopagem do sistema simbólico (semiótica) à atividade real (pôr o pensamento a serviço da ação e não a ação a serviço do pensamento), fenômeno que ocorre durante o estádio das operações concretas que preparam o pensamento hipotético-dedutivo (libertação do pensamento, agora, operacional, da ação sensório-motora). É evidente que esta aclopagem nunca se conclui, permanecendo o pensamento simbólico como único veículo da singularidade do vivencial (o pensamento formal, por ser geral não "exprime" o singular do vivencial). Com isto Piaget prepara a explicação para a *ideologia*, noção que sempre foi confusa nos marxistas: "Como pode o pensamento, ao mesmo tempo, servir à objetividade do real e à subjetividade dos mitos, fábulas e ideologias"?! Para Piaget, trata-se de duas ordens de fenômenos mentais, de modo que, para ele, o desenvolvimento da criança (e, portanto, a saturação do pensamento científico, com relação aos mitos) não é simples desdobramento unilinear, mas síntese dificílima entre o subjetivo do pensamento simbólico e a objetividade do pensamento posta a serviço da ação (ciência).

O vivencial é "natural" (próprio) no funcionamento do organismo. O teórico é um esforço de superação do vivencial (da singularidade) em benefício do formal e do geral. Assim, é admissível que, como diz Althusser, "a visão imediata da realidade seja deturpada pelo diafragma da ideologia", da mesma forma como a criança impõe ao real as formas simbólicas resultantes de

43

seus desejos (vivência). Estas coincidências são notáveis pelo fato de o pensamento de J. Piaget provir da *prática do laboratório*, fornecendo assim aos filósofos dados com que jamais tinham contado antes para justificar a "cientificidade" de suas teorias. Ora, para J. Piaget, a superação do pensamento simbólico (fantasia, *faz-de-conta*, intuições) só é possível mediante confronto dele com a *realidade prática*, no sentido de pôr o pensamento (originariamente egocêntrico e uma reprodução do singular vivencial = desejos) *a serviço da ação* (previsão, pensamento hipotético, operacionalização, formalização etc.). Neste confronto com o real, o *objeto privilegiado* é o *outro* (interação): mútua assimilação e tentativas de ação em conjunto (co+ação) a partir da relação sexual forçada. As tentativas de *ação em conjunto* (sexo, medo, caça, festa, etc.) culminarão ontogenética e filogeneticamente na *cooperação*, o que equivale a dizer que o objetivo fundamental da *práxis* é a *socialização*.

"As Rãs que Queriam um Rei"

(DEMOCRACIA, TIRANIA E ANARQUIA)

1. Só são conhecidas, até hoje, três formas de os seres humanos viverem em *conjunto*: 1) *anarquia* — ninguém obedece a ninguém e cada um faz o que bem deseja, mesmo que seus atos prejudiquem os demais; 2) *tirania* — todos obedecem a um chefete e fazem o que ele quer, mesmo que para isto o chefete tenha que empregar o terror e a violência física; 3) *democracia* — os indivíduos entram num acordo (contrato social) sobre as regras a que todos devem obedecer, o grupo punindo os que quebrarem o pacto estabelecido (bem comum).

2. As crianças pequenas, evidentemente, são incapazes de estabelecer um pacto democrático baseado no *respeito mútuo* e nas *regras livremente deliberadas*. Só no início da adolescência e se a criança estiver atingindo as primeiras operações abstratas, um agrupamento de crianças torna-se capaz de compreender o que seja *respeito mútuo* e a *validade das regras*, livremente, estabelecidas pelo grupo (democracia). Como se vê, o pacto democrático corresponde a um nível bem nítido de desenvolvimento mental (operações abstratas). É a doutrina de Jean Piaget.

3. O agrupamento de crianças pré-adolescentes oscila, portanto, entre a *anomia* (anarquia-ausência de regras) e a *heteronomia* (regras impostas por um colega mais forte e por adultos (pais, mestres, instrutores, etc.). No fiz desta fase, o educador inicia o treinamento para a *democracia*, treinamento que corre sempre o perigo (por falta de nível mental das crianças) de cair na anomia (anarquia). Mas, o risco deve ser corrido, senão jamais a criança aprende o uso da liberdade.

4. Sem a consciência de que cada um deve respeitar os demais (respeito mútuo) e sem a confiança de que regras livremente deliberadas devem ser respeitadas (até nova deliberação do grupo), toda tentativa de democracia (liberdade) cai na anarquia.

5. Muitas pessoas, ingenuamente, confundem *anarquia* (fazer o que se quer, mesmo prejudicando os demais) com *liberdade*, só tomando consciência do engodo, quando a "liberdade" (anarquia) do outro as prejudica (se o outro, por anarquia, puxa seus cabelos, você logo percebe que deve haver uma regra respeitada por todos: "ninguém pode puxar os cabelos do outro").

6. A história mostra que, invariavelmente, depois de um período de *anarquia* estabelece-se uma *ditadura* (o candidato a ditador conclama todos a voltar à ordem e, em geral, todos concordam que é necessário o mínimo de ordem para haver convívio mútuo). O escritor romano ilustrou esta situação com a fábula "Júpiter e as rãs"...

7. E a história dos homens (a história dos agrupamentos infantis) oscila entre anarquia-ditadura-tentativa de democracia frustrada (por falta de nível mental) anarquia-ditadura...

8. Não sabemos qual a mentalidade mais perigosa: a) a que prega a *ditadura* ou b) a que prega a *anarquia* (falso conceito de liberdade: liberdade sem regras). A anarquia dá ao candidato a tirano motivo razoável, geralmente, aceito por todos, de implantar a ditadura: conseguir o mínimo de ordem que permita o trabalho e o convívio coletivo...

9. Este problema de caráter político-sociológico aparece, também, nitidamente, nas escolas: nelas, a) ou impera a mais *rígida disciplina*, sufocando toda liberdade; b) ou implanta-se *total anarquia* — as crianças fazem o que querem, entram e saem das classes quando bem desejam, agridem-se mutuamente, agridem os mestres (clima totalmente impróprio para a aprendizagem). É a oscilação zebrada dos espíritos primários que só conhecem uma alternativa: preto ou branco...

10. É muito mais fácil chegar à *democracia* a partir da heteronomia (disciplina rígida), que da anarquia (ninguém respeita ninguém). A opressão contrasta, tão vivamente, com a liberdade que todos entendem o que ela representa. Na anarquia, os que estão levando vantagem impedem que se organize a democracia, até que o candidato a tirano levante os que estão em desvantagem, *em nome da ordem*...

11. Qualquer pessoa de bom senso (nível das operações abstratas) sabe que é assim que as coisas acontecem: sem respeito mútuo e obediência às leis, livremente, deliberadas pelo grupo, é impossível o exercício da liberdade.

12. É facílimo e cômodo, optar ou pela *disciplina rígida* (tirania, ditadura), ou pela *anarquia* (bagunça, disputa, vingança, etc.). *Difícil é ensinar a liberdade*, sobretudo porque, nos primeiros momentos, a democracia oscila entre a anomia e a heteronomia (entre a anarquia e a ditadura). Precisamente, este é o problema

de *A Chave do Tamanho*[*] que luta para ensinar às crianças a *democracia* (livre deliberação das regras e respeito mútuo).

13. Se as famílias criam os filhos na mais *rígida disciplina*, as crianças não entendem a ordem senão imposta pelo adulto, estranhando que haja *deliberação de normas*. Se o modelo familiar é a *anomia* (anarquia, ausência de respeito entre as crianças e os adultos, a criança tornando-se um tiranete a quem se fazem todas as vontades), a criança interpreta a *deliberação das normas* como falta de força do mestre, tentando reproduzir na classe o clima familiar.

14. Estabelecido esse clima, cria-se um impasse: a) as crianças vindas de um *clima familiar rígido* interpretam a atitude do mestre como "falta de moral" (como eles chamam): o professor não "domina" a turma... b) a criança vinda de um *clima familiar sem normas*, simplesmente, supõe que a "política" da escola é a mesma de sua casa...

15. Por parte do mestre, outro dilema apresenta-se: a) permite o estado de anomia, já que não pode partir para uma rígida heteronomia (medidas disciplinares drásticas, expulsão, retenção, etc.); b) ou arrisca-se (mesmo com o perigo de sofrer repressão da sociedade) a impor ordem, por cima de pau ou pedra? Aceitando a primeira hipótese, terá de desistir de qualquer trabalho pedagógico sistemático; optando pelo segundo, cria clima de tensão na classe e corre o risco de ser martirizado pela opinião pública.

16. Em síntese: sem a colaboração dos pais é impossível *ensinar a democracia*, optando-se ou por uma anarquia permanente que exclui qualquer trabalho pedagógico sistemático, ou por um lento e prolongado treinamento disciplinar que chega a sufocar qualquer espontaneidade, mesmo que jamais seja necessário usar de medidas drásticas desaprovadas pela sociedade (as escolas deste tipo, lentamente, conseguem criar um clima de terror que aparenta tranqüila disciplina aceita).

17. Ora, está na moda, por influência de doutrinas norte-americanas (aliás, já superadas totalmente nos EUA), os pais adotarem total anomia (que chamam "espontaneísmo") nas relações com as crianças, chegando alguns a estimular permanente atitude de *protesto* (vindita), a título de cultivarem a "autonomia". Noutras crianças, o estado de anomia provém da total ou parcial ausência de vida familiar. O fato é que a criança chega à escola preparada para não aceitar qualquer *norma* ou *imposição*, atitude apoiada pelos pais.

18. Com crianças assim, torna-se totalmente impossível trabalho escolar organizado, criando-se situações insuperáveis, levando por vezes os mestres a reações impróprias (fato que ocorre,

---

[*] Obs.: "A Chave do Tamanho" é a escola de 1.º grau, criada e dirigida pelo autor. (N.E.).

também com os pais que, em certo momento, perdem a paciência frente à impertinência da criança).

19. Se os pais e mestres não entrarem num acordo para superar esta situação, o problema provavelmente não terá solução e reinará ou a anarquia (o medo da censura da opinião pública), ou terá de adotar-se sistemático processo de disciplinação que "domestique" a criança.

20. Ora, nosso objetivo é a liberdade com respeito mútuo e com normas livremente deliberadas. Os pais devem esclarecer os filhos que a liberdade não é fazer o que se quer, mas participar ativamente da elaboração das normas comuns (democracia).

O Desenvolvimento da Inteligência Tende Para uma Estruturação Lógico-Matemática

(CONSTRUÇÃO DAS ESTRUTURAS MENTAIS A PARTIR DAS AÇÕES SENSÓRIO-MOTORAS)

Num artigo inserido em *L'enseignement des Mathématiques*, T. I., *Nouvelles Perspectives*, Délachaux et Niestlé, 1965, Jean Piaget lembra que as estruturas-mães (Bourbarki) que os matemáticos consideram fundamentais, primitivas e irredutíveis (hoje, os matemáticos encontram "estruturas" ainda mais primitivas, como os morfismos, categorias e funções, presentes, também, no desenvolvimento das crianças) são, também, as estruturas básicas que iniciam o desenvolvimento da inteligência da criança, apresentando-se, nos dois primeiros anos, como atividades ainda sensório-motoras. Deste modo, a matemática pode ser apresentada como a sistematização (no plano hipotético-dedutivo) dos processos operativos usados pela inteligência humana desde a mais tenra idade da criança, podendo-se dizer que, também, a matemática, nos seus inícios não, é senão a "coordenação das ações" (juntar, separar, incluir, etc.).

Como a inteligência é, fundamentalmente, um processo *combinatório*, é evidente que, desde os primeiros momentos desta construção, as estruturas se combinam entre si, sem, contudo, perder sua identidade. Só agora os matemáticos estão compreendendo (reorganização) que certas construções matemáticas aparecidas, historicamente, em primeiro lugar, são, de fato, muito anteriores, na ordem genética da construção ("o que é primeiro na ordem da construção aparece por último na ordem da análise ou de tomada de consciência"). Assim é que, só recentemente, os matemáticos admitiram que as chamadas "intuições geométricas" (base das geometrias projetivas e euclidianas) não são "intuições e muito menos "entes" *a priori*, mas resultado de longa e complexa construção a partir de "intuições" topológicas (vizinhança, fechamento, fronteira, etc.). Ora, a topologia, como disciplina matemática, só aparece, historicamente, recentemente.

Esta descoberta é de importância excepcional para a pedagogia da matemática. Todo o estudo de geometria projetiva e euclidiana, desta forma, deixa de partir de certas constâncias ou *invariâncias* tidas como *a priori* (linha, contínuo, distância, comprimento, correspondência, "intuições geométricas", etc.) para começar pelas "intuições" topológicas. A construção das chamadas "intuições geométricas" exige um período de cerca de cinco anos no desenvolvimento da criança, precisamente, o período que vai de dois a sete/oito anos, quando se inicia o curso primário. Assim, a "matemática" do pré-primário (para não falar na "matemática" do sensório-motor) é, de fato, uma *pré-matemática* ou uma lógica embrionária, donde a dificuldade de os matemáticos (que acreditam nas "intuições", inclusive na do número: "Deus fez os números inteiros: o resto todo é obra dos homens", Kronecker) de sugerirem atividades "matemáticas" para este longo e laborioso período do desenvolvimento da criança. Mas, não é só. De sete/oito a onze/doze anos, a criança constrói, lentamente, uma série de estruturas (classificação, seriação, substituição, simetria, tábua de dupla entrada, árvore genealógica) que serão indispensáveis para a aquisição das mais elementares noções da matemática (tudo isto que os matemáticos supõem que as crianças possuem, intuitivamente, ou de forma apriorística).

A matemática hipotético-dedutiva (abstrata) dos matemáticos, portanto, é antecedida: a) de *dois anos* de atividades sensório-motoras (encaixes, ordenações e correspondências concluídas com a síntese do grupo dos deslocamentos); b) de *cinco anos* de construções mentais (função semiótica) de alinhamentos (ordenações), classificação (arranjos figurais), correspondências e cópia de modelos (concluídas com a síntese das noções de função e de identidade); c) de *quatro anos* de construção dos chamados "entes" matemáticos gerados pelas noções de *seriação, classificação, partição* (noções de número e deslocamento, medida, matrizes multiplicativas, quantificações de inclusões e de grandezas e conservações fundamentais).

Existe, portanto, do ponto de vista pedagógico, uma *pré-matemática* (de fato, uma lógica elementar) correspondente: a) ao período *sensório-motor*; b) ao período *simbólico* e c) ao período das *operações concretas* (agrupamentos de seriação, classificação, simetria, substituição, tábua de dupla entrada e árvore genealógica). Só após dominar estes elementos infra-estruturais, pode a matemática hipotético-dedutiva (a matemática é definida como uma ciência hipotético-dedutiva) ser apresentada à criança (nas vésperas de sua entrada na adolescência). A chamada matemática intuitiva, de fato, consta de longa elaboração operativa de coordenações de atividades e de estruturas elementares (estruturas de rede, de grupo e estruturas topológicas). Em todos os chamados "entes" matemáticos (número, medida, constâncias, linhas, contínuo, etc.) estão *latentes* combinações de três estruturas-mães que são comuns à matemática e à inteligência em geral: a) *estru-*

turas algébricas (cujo modelo são os diversos tipos de grupos); b) *estruturas de ordem* (cujo modelo são as redes, lattices ou malhas) e c) as *estruturas topológicas finitas* elementares (cujo modelo são as vizinhanças, fronteiras, contínuo, donde surgem as chamadas "intuições geométricas", isto, tanto no desenvolvimento da criança, como na reconstrução teórica das matemáticas modernas, segundo os Bourbarki).

Para orientar uma proposta "curricular" destinada ao pré-primário (de dois e onze/doze anos), pode o pedagogo tomar como ponto de referência estas estruturas e suas combinações, de modo que possa ter certeza de que a criança construiu, mentalmente (depois de construir sensório-motormente), a estrutura de que se vai servir a matemática dos tratados elementares destinados às crianças. Ora, depois de dominadas estas pré-noções matemáticas, a criança está habilitada a enfrentar com êxito os processos hipotético-dedutivos da matemática, de modo que os processos "pedagógicos" se tornam irrelevantes (o método hipotético-dedutivo já é a "pedagogia" da própria matemática).

A grande novidade, portanto, em matéria de "didática da matemática", é a descoberta de que as "noções elementares" da matemática não têm nada de "elementares", precisando de longo período de construção que vai do nascimento da criança aos onze/doze anos. É mesmo provável que as dificuldades históricas, no aprendizado da matemática, decorram de se considerarem "intuitivas" noções que demandam longa elaboração operativa. Kantor sugeriu que as noções de "conjunto" deviam ser ensinadas às crianças por serem, geneticamente (reconstrução da arquitetura da matemática), noções elementares (como as noções de correspondência que aparecem muito cedo no desenvolvimento das crianças). J. Piaget, concordando com Kantor, afirma que, mais que as noções de "conjunto", devem ser "ensinadas" (desenvolvidas), nas crianças, as noções topológicas elementares de onde derivam, geneticamente (reconstrução da arquitetura da matemática), as "intuições geométricas" (das geometrias projetiva e euclidiana), com a agravante de estes mecanismos estarem, estreitamente, ligados à "construção do real" (representação do mundo) onde procedem os processos semióticos (dentre os quais a *linguagem* é o mais relevante). Tradicionalmente, a matemática inicia-se por operações elementares com *número* e *medida* (a ponto de os matemáticos suporem que estas noções eram formas *a priori* ou intuições básicas). Ora, não se pode operar sobre algo que não existe ainda, mentalmente: sem a combinação das noções de classe, série e correspondência não existe o *número* (salvo como uma palavra sem sentido) e sem as noções de contínuo, partição e deslocamento não existe a *medida*. J. Piaget demonstra, por exemplo, que a noção de conservação (entre outras) deriva do grupo dos deslocamentos e a conservação é a noção mínima para se poder contar e medir... Quando a criança domina, operativamente, as noções de número e medida, está a ponto de alcançar as operações abstratas que predominam nos processos matemáticos. O grande problema, portanto, é a pré-história da matemática. É difícil discutir-se com um matemático este problema, pois as noções pré-históricas de matemática não aparecem nos tratados elementares de matemática (e os matemáticos não se dão ao trabalho de estudar, por exemplo, a "gênese do número"). J. Piaget dedica dois volumes de quinhentas páginas cada um para descrever a embriologia das "intuições geométricas", mostrando como das "homeomorfias" topológicas nascem as noções projetivas e a métrica euclidiana (o que corresponde, de maneira notável, às explicações teóricas da construção das geometrias). O grande trabalho do pedagogo, pois, não é descobrir uma "didática da matemática" (e didática da matemática é o próprio método hipotético-dedutivo), mas planejar atividades didáticas que contribuam para a tomada de consciência da "embriologia das noções elementares da matemática" (atividade que ocupará um período de nove anos na vida da criança). A teoria de J. Piaget caracteriza-se pelo *construtivismo* (que por sinal é a forma de inventar a matemática), de modo que, a partir das atividades sensório-motoras, o pedagogo tem que encontrar processos didáticos que levam à construção das "noções elementares" da matemática. Quase nada se pode obter para isto dos matemáticos que partem de "intuições" que só aparecem no final deste longo período. O mesmo se pode dizer dos lógicos (os lógicos, também, não se dão ao trabalho de estudar a embriologia das noções elementares da lógica). O pedagogo, pois, tem que aprender um mínimo de matemática (teórica) para conduzir o desenvolvimento das crianças até o limiar das noções elementares usadas pelos matemáticos...

Como se Cria um Dragão: A Criatividade como Exercício da Inteligência

ão há, em J. Piaget, um capítulo à parte sobre "criatividade". Para Piaget a inteligência é *compreender* (uma espécie de criatividade interna da mente face ao real) e *inventar* (uma espécie de criatividade de novos comportamentos para enfrentar a realidade). Como a teoria piagetiana é baseada num *construtivismo* (seqüencial), logo se percebe que a teoria de Piaget é a própria *teoria da criatividade*, pois, sem criatividade não há "construção". Sendo seu pensamento, fundamentalmente, biológico, o fato que marca sua teoria, profundamente, é a *evolução* e a evolução é, simplesmente, a criatividade como processo vital permanente. Para J. Piaget, o organismo age, fundamentalmente, para "assimilar", isto é, para permanecer como tal — sem modificações —, o que seria a própria anticriatividade. Mas, as próprias exigências de sobrevivência fazem-no adaptar-se ao meio (fato que J. Piaget chama "acomodação"). A acomodação (ou aprendizagem) é a própria criatividade, pois acomodar, no sentido piagetiano, é *reestruturar* (reorganizar) o comportamento para enfrentar os constrangimentos do meio (toda criatividade é funcional: só se cria para "sobreviver", no sentido mais amplo da palavra). Se algo não desestimula as reorganizações, o animal (e, principalmente, o homem) passa a, sobretudo, *criar* (inventar), como uma *precorreção* de futuras possíveis desadaptações. Se o meio é muito uniforme ou a repressão é grande, a criatividade desaparece. O estado natural do homem, pois, é inventar (criar). Por isto o homem alarga, continuamente, seu "espaço vital", como que se prevenindo contra futuras "carências" (precorreção). Mas, em que consiste para Piaget a criatividade? Como ele pensa em termos de "construção", pode-se daí deduzir o que seja "criar" para Piaget. Construir é complexificar as estruturas do comportamento (motor-verbal e mental) de modo que se tornem, progressivamente, mais amplas, mais complexas, mais móveis e mais estáveis. Neste sentido, a disciplina, essencialmente criativa, é a matemática. A matemática é toda "inventada": não é o estudo da realidade, como a física que se preocupa em "descobrir", um tipo particular de "criatividade" baseado na observação dos fatos. Logo, não se cria a partir de nada (*ex nihilo, nihil*), como pensam em geral as pessoas. Criar é sempre "complexificar", coordenar, combinar de forma nova. Os esquemas de assimilação coordenam-se e se auto-assimilam, complexificando-se, criando novas estruturas de comportamento. Assim como, a partir do óvulo fecundado, a biologia *constrói o embrião*, mediante diversificações de estruturas anatômicas, assim, o desenvolvimento psicológico de uma criança, também é uma *embriologia*: um processo criativo (construtivo). Não se deve dissociar o termo "criatividade" de embriologia e de evolução. A embriologia é a evolução com referência ao indivíduo e a evolução é a embriologia com relação à espécie. Pode-se, por exemplo, rastrear o desenvolvimento das *criações científicas* (epistemologia genética) como se se estivesse observando um embrião, cada estrutura explicativa anterior explicando — por complexificação e por ampliação —, a posterior. Da mesma forma, pode-se rastrear o desenvolvimento mental de uma criança: a criança tem que reinventar (agirá sob pressão acelerante do meio) todo o processo racional da humanidade. Muito indivíduo que "fala bem" pode ser, intelectualmente, subdesenvolvido: pode sua fala ser toda *aprendida* (decorada), sem que haja pensamentos inteligentes a ela correspondentes. É notável — diz Piaget — que as invenções do pensamento se apliquem à realidade, como, por exemplo, a matemática. É que há uma homogeneidade geral na realidade, de vez que os mecanismos mentais são também parte da realidade. Portanto, não podem ser, essencialmente, diferentes dela. No fundo, estes processos físicos, químicos, bioquímicos, psicológicos e sociológicos seguem as mesmas leis gerais (funcionais: *a priori funcional*) de equilibração, diferenciando-se entre si pela complexidade das estruturas, apenas. A criatividade (invenção) pode ser sensório-motora (inteligência prática), verbal ou mental. O artesanato e a tecnologia podem ser explicados, em grande parte, pela criatividade sensível-motora. Quanto à criatividade mental, podemos distinguir dois tipos de mecanismos: a) o *pensamento simbólico* e b) o *pensamento operacional*. É referindo-se ao pensamento simbólico que as pessoas, em geral, falam em criatividade, pois, quase todas as pessoas confundem criatividade com algo parecido com arte. O pensamento simbólico não trabalha com a realidade em si (concretude): trabalha com os *significantes*, exclusivamente, ao passo que o pensamento operacional trabalha com os dois. A princípio, é exclusivamente *concreto* (só na abstração o pensamento operacional passa a trabalhar com *signos*). O pensamento simbólico (com toda a sua fantástica criatividade) aparece, tipicamente, na criança, no *jogo simbólico* (*faz-de-conta*, de que a arte é o correspondente "adulto" e culturalizado). Nos adultos, que não são artistas, o pensamento simbólico só aparece no sonho (todo sonhador é um poeta e todo poeta é um sonhador). Mas, este tipo de criatividade não tem efeitos pragmáticos (procedurais). Cria poemas, esculturas, lendas, estórias, romances, filmes... O amor romântico, segundo sua manifestação nos poemas, romances, canções, etc., é todo baseado no pensamento simbólico, mesmo porque só o pensamento simbólico tem recursos para a expressão vivencial motivada (o pensamento operatório trabalha com convenções socializadas e é, sobretudo, lógico).

É por isto que o fenômeno do amor é sempre "equívoco": não se expressando por um código comum, aceito por todos, utilizando símbolos individuais, não convencionais, carregados de emoções (desejos, aspirações, projetos, etc.), nunca é totalmente compreendido pelo "outro". O pensamento simbólico não é próprio para a comunicação, de vez que a comunicação supõe um código convencional aceito pelos interlocutores: as manifestações do pensamento simbólico (criatividade) são mais *expressão* que comunicação (o receptor não dispõe de uma escala de significados para decodificar a mensagem, embora possa haver símbolos coletivos (de um povo, de um grupo, etc.). A "beleza" da cultura e da vida é resultado do pensamento simbólico, mas não se usa o pensamento simbólico para coisas práticas (ninguém vai deixar de andar num avião para andar num *tapete mágico*). Quanto ao pensamento operacional, temos que distinguir dois modelos: a) a *indução* que descobre as regularidades do meio e as leis de causalidade física (antes de ter pensamento operacional, o indivíduo explica a causalidade através de mecanismos simbólicos, como animismo, finalismo, artificialismo, etc.); b) a *dedução* ou pensamento hipotético-dedutivo, que é a invenção de mecanismos explicativos para compreender a realidade (a matemática é o exemplo mais claro da invenção sistematizada pelo processo hipotético-dedutivo).

O pensamento hipotético-dedutivo trabalha sempre no sentido de inventar teorias para explicar a realidade (a teoria pode ser, no começo, um simples diagrama ou desenho). Quando a inteligência cria novos mecanismos explicativos, a observação (indução) dá um grande avanço, pois estes modelos permitem ver na realidade fenômenos que antes eram "invisíveis". Pensava-se que só o método indutivo fazia a ciência progredir (positivismo). Mas, agora se sabe que são os modelos (hipotético-dedutivos) que permitem a observação dos fatos por novos ângulos que não sejam os do senso comum. Também, a tecnologia beneficiou-se com as invenções do pensamento hipotético-dedutivo (assim como já se beneficiara com a indução); a tecnologia, hoje, é uma espécie de aplicação das descobertas científicas (assim como a ciência é o resultado das invenções do modelo da observação da realidade). Pode-se dizer até que o pensamento simbólico, hoje, está conectado com o pensamento operacional na medida em que a indução, a dedução e a tecnologia influenciam na criação artística (ver, por exemplo, o caso do cinema). Como se vê, a criatividade não é algo misterioso (salvo no campo simbólico, onde, apesar dos extensos e profundos estudos de Freud sobre o simbolismo, resta muita coisa a explicar).

A criatividade, portanto, é o próprio exercício da inteligência e dela em nada difere. Como a inteligência, a criatividade consiste em fazer *combinatórias* (*ex nihilo, nihil* = do nada não se cria nada). O "animal" mais fantástico (criativo) inventado pela humanidade foi o *dragão*... e um dragão é uma combinatória de partes de outros animais (cabeça de touro, língua de cobra, garras de leão, corpo de javará ou dinossauro, etc., naturalmente, de acordo com o "dragão" que se deseja). Os chamados "gênios" nada têm de especial (salvo se a "genialidade" é uma habilidade: aqui pensamos nos "gênios" que, por exemplo, recebem Prêmio Nobel). Em geral os indivíduos chamados "gênios", simplesmente, conseguiram *combinar,* de maneira não previsível e de forma muitas vezes casual, idéias, conceitos, teorias, formas que, anteriormente, ninguém supunha poderem ser combinadas (a cibernética, por exemplo, é uma ciência que resulta da síntese entre biologia e matemática). No dia em que se puder determinar, rigorosamente, as possibilidades combinatórias de determinados elementos, teremos inventado a fórmula definitiva de criatividade.

A inteligência, como temos visto, pode ser: a) sensório-motora; b) verbal ou simbólica (pré-linguagens) e c) mental (intuições, configurações e operações). Da mesma forma, a criatividade pode ser: a) sensório-motora ou prática, como ocorre, quase sempre, na *tecnologia* (combinação de movimentos e formas concretas); b) simbólico-verbal, como ocorre na linguagem *literária* e em todas as formas de *arte* e c) mental, como ocorre com a invenção de *fórmulas, algoritmos, teorias, concepções filosóficas,* etc. Em geral, os autores que tratam de "criatividade" limitam-se a uma destas três espécies, quase sempre destacando a criatividade *simbólico-verbal* (criação de formas, de enredos, de objetos significativos). O máximo da criatividade do ser humano é a *invenção da matemática,* pois nada na natureza leva à invenção da matemática (e — diz J. Piaget — é extraordinário que a matemática seja adequada à interpretação da realidade). Cada indivíduo cria dentro do nível alcançado em seu desenvolvimento mental (neste sentido, pode-se dizer que pode haver gênios em todos os níveis mentais: Pelé, por exemplo, deve ser um *gênio sensório-motor,* Chico da Silva (pintor) deve ser um gênio simbólico (inventa "monstros" que ninguém jamais imaginara antes), os grandes organizadores são gênios operatórios concretos e Einstein é um gênio hipotético-dedutivo ou lógico-matemático. E, por aí, se vê

a monumental tolice que é o chamado *Quociente intelectual*, conceito apoiado no monolitismo e uniformidade da inteligência...
A partir da teoria construtivista de J. Piaget, pode-se refazer tudo que se vinha dizendo, até aqui, sobre criatividade, salvo no que se refere a seus aspectos *motivacionais* (todo mundo sabe que, sob pressão — na guerra, por exemplo, o homem torna-se extremamente criativo, prova de que a inteligência — isto é —, a criatividade só funciona como forma de adaptação ao meio). A motivação (quando bem regulada, evidentemente, para não transformar-se em obstrução) é o fator básico da criatividade, mesmo porque motivação (diz J. Piaget) é apenas sintoma de desequilíbrio, necessidade, carência, contradição, desorganização, etc.

A Anormalidade da Tromba do Elefante e o Medo que a Mediocridade Tem da Inteligência...

A conquista da inteligência, tanto pela humanidade (filogênese), como pela criança (ontogênese), é penoso e permanente processo de auto-superação de estados inferiores. A evolução é um processo inteligente. Para muita gente, o ideal seria uma inteligência inata: assim não dava tanto trabalho ser inteligente... O instinto, por exemplo, por mais inteligente que possa parecer (e, às vezes, medido matematicamente, parece muito), é a antiinteligência, pois não varia: o comportamento instintivo é estereotipado. É próprio da inteligência inventar, modificar-se, recombinar. A inteligência é fluida; o instinto é fixo. Explicando melhor: comportamento que não é inventado não é inteligência, é instinto ou hábito (o hábito é uma espécie de instinto "aprendido"). A inteligência só se manifesta em situações novas. Nas situações já conhecidas funciona a memória. A inteligência é a capacidade de resolver problemas novos. A palavra "inteligência" pode ser usada em dois sentidos, inteiramente diversos: o operacional e o criativo.

Pode-se medir o nível operacional de um comportamento, quer esse comportamento seja inteligência, instinto ou hábito (assim como se mede o nível operacional de um computador ou de outra máquina qualquer): é neste sentido que se pode chamar um instinto ou hábito de "inteligente". Exemplificando: se eu ensinar um algoritmo a um débil mental (a um computador, por exemplo), ao utilizá-lo, automaticamente, o débil mental *parece* inteligente. Mas, só o seria, de fato, se ele próprio tivesse inventado o comportamento. Evidentemente, pode-se também inventar um comportamento imbecil. Em outras palavras: um instinto pode ser ultra-inteligente, mas o animal que o utiliza não é inteligente, porque não *inventou* essa maneira de comportar-se. Inteligente, pois, é o animal que *inventa novos comportamentos*, quer ludicamente, quer por necessidade de superar uma dificuldade. Mas, existem graus de inteligência. Entre dois animais que inventam um novo comportamento, é mais inteligente aquele que inventar o comportamento mais complexo ou operacional (pode-se medir, matematicamente, o nível operacional de um comportamento). O professor de matemática que dá ao aluno a fórmula para resolver um problema está ensinando uma operação inteligente, mas não está *ensinando a criança a ser inteligente*. Pelo contrário, está ensinando a ser imbecil. Se a criança é impedida de inventar a solução, aprende a não inventar e se convence de sua incapacidade de resolver o problema se não lhe for dada a "fórmula". Aprender uma fórmula é fixar um hábito, e hábito não é inteligência.

No caso da matemática, na longa cadeia que vai da invenção da fórmula à aplicação desta pelo aluno... só existe inteligência naquele que inventou a fórmula. É certo que, para entender a fórmula (se chegar a entendê-la), a criança usa um tipo de inteligência que se chama "compreensão". Portanto, às vezes, à revelia do mestre, gera-se a invenção. Todo ensino que se baseia na *imitação* (do professor), isto é, que depende da aprendizagem de *fórmulas, definições* e *nomenclaturas* não é ensino inteligente. O ensino inteligente depende de *ensaio e erro*, de pesquisa, da solução de problemas (sem fórmulas prontas). As pessoas comuns não acreditam que se possa aprender, inteligentemente, isto é, sem decorar algo fornecido pelo mestre. Uma *didática piagetiana* consiste, precisamente, em descobrir as técnicas de ensinar através do *ensaio e erro*, da pesquisa e da solução de problemas novos. O instinto (inato) e o hábito (adquirido) são comportamentos adequados a *determinada situação* (seria um absurdo instinto ou hábito adequados a qualquer situação). Ter comportamento adequado a qualquer situação é, precisamente, *ser inteligente*. O hábito e o instinto são como uma máquina que só sabe fazer determinada operação: não pode existir uma máquina que saiba fazer qualquer coisa. Ora, se a inteligência fosse inata... saberia, *agora*, fazer qualquer coisa... inclusive as coisas que ainda vai inventar!

A inteligência, pois, vai-se construindo, na medida que vai descobrindo e inventando. Para a criança, o mundo deve ser *reinventado* e, na medida em que a criança reinventa o mundo, desenvolve sua inteligência. Observa-se que uma criança de tal idade não sabe, por exemplo, classificar e seriar um grupo de objetos. Na medida em que tenta classificá-los e seriá-los, aprende a classificar e a seriar (a psicologia mostra que não se pode poupar a criança do esforço de tentar — ensaio e erro — classificar e seriar, mostrando — imitação — como se classifica e seria. Classificar e seriar são atos da inteligência). Será, então, que a inteligência é um "instinto"? O "instinto de inventar" seria o instinto de não ter instinto... um computador sem operações definidas. Uma forma estereotipada de inventar! Ora, uma forma cinética qualquer, estereotipadamente obtida, não é invenção: é reprodução.

Não adianta jogar com o sentido misterioso da palavra "capacidade": "quem tem capacidade para resolver um problema... sabe resolver este problema ou por instinto (inato) ou por hábito (adquirido), isto é, tem uma "fórmula". Não se deve, pois, confundir "capacidade" com "possibilidade". Um indivíduo pode não ter capacidade agora para resolver um problema, mas tem possibilidade de encontrar sua solução. Posso não ter "capacidade" para escalar uma montanha, mas ter "possibilidade". A "capacidade" é uma certeza e possibilidade, uma probabilidade. Uma bailarina tem "possibilidade" de dançar um balé quando adquire um nível de *performance* equivalente às dificuldades que o balé apresenta (evidentemente, não se deve omitir que, coloquialmente, usa-se "capacidade" para indicar mera possibilidade: a palavra "capacidade" ora é usada como *habilidade,* ora como "possibilidade"). Não existe "capacidade" inata de inventar, isto é, não existe inteligência inata. Inventar é, simplesmente, experimentar formas sucessivas de combinações. Quando uma determinada combinação de movimentos resolve o problema com o qual nos defrontamos, diz-se que houve invenção: *funcionou a inteligência.* A invenção é um fenômeno probabilístico. Ninguém afirmaria que fulano tem capacidade para tirar a sorte grande na loteria; tem apenas probabilidade... A invenção é sempre original. Ninguém tem "capacidade" de *inventar*: pode ter probabilidade. O que o homem tem inato é flexibilidade (primeiramente, neurônica, e, depois, motora ou semiótica) para fazer combinações. O resultado das combinações é a invenção. O fato de o corpo da bailarina ter possibilidades de fazer combinações que resultam num balé original, não leva ninguém a dizer que "a bailarina tem instinto de dançar balé". O que ela tem é capacidade motora que usa para inventar o balé. Quem sabe datilografia pode inventar um poema datilografando: o poema é que a invenção. Há possibilidade e não potencialidade, como queria Aristóteles. A possibilidade implica em mil diferentes combinações possíveis das quais se escolhe a mais adequada. A potencialidade contém, apenas, uma combinação inativada bem definida, aquela que se transformará em ato. A inteligência, pois, é o ato de inventar e inventar é combinar (não se inventa nada a partir do nada: *ex nihilo, nihil*). A inteligência, portanto, é sempre um *ato original* (quando o ato se repete não é mais inteligência). Por outro lado, é sempre a "melhor forma" possível de superar uma dificuldade. Por aí se vê que a inteligência está implícita em tudo que se constrói e em tudo que tem vida. A evolução é um fenômeno molar de inteligência. Cada organismo é a melhor solução frente à agressão do meio. Dizer a "melhor solução" implica em admitir-se a "construção", vez que sempre é possível solução melhor frente a uma dificuldade. Há uma primeira forma (imbecil) de ensinar alguma coisa a alguém, que é a chamada "instrução programada" e equivale à técnica de criar reflexos condicionados: faz-se o indivíduo repetir o comportamento ou o pensamento até que ele se "fixe", como um automatismo, sem que o indivíduo precise tê-lo compreendido necessariamente. Outra forma de ensinar é fazer primeiro o aluno entender e, só então, passar-se à "fixação".

Pode acontecer (não é impossível este milagre) que o aluno, no esforço de "compreender", invente soluções que equivalham à proposta feita pelo professor. Mas, a verdadeira forma de aprendizagem moderna é a estimulação, para que o aluno — antes de qualquer insinuação do professor — invente maneiras de resolver o problema. É o que se chama *educação pela inteligência*. Ora, o que é estimular o desenvolvimento da inteligência? É, simplesmente, dar oportunidade ao aluno de experimentar combinações originais sem recorrer a uma fórmula (hábito). E por que isto estimula o desenvolvimento da inteligência? Primeiro, porque é uma invenção, pelo menos do ponto de vista do aluno. Segundo, porque cria nova atitude. Diante de um problema, no futuro, o indivíduo, em vez de procurar lembrar-se da "fórmula", passa, imediatamente, a fazer hipóteses de solução (combinatórias). É esta atitude que se torna um hábito: *o hábito de inventar*, o hábito de não recorrer a uma fórmula; o hábito de não ter hábitos (*sic*). Fazer hipóteses é uma maneira de comportamento inventivo. O imbecil procuraria lembrar-se da "fórmula". E a memória é a antiinteligência. Quem não se lembra da solução, inventa! Por outro lado, um sistema flexível, na medida em que a flexibilidade é posta em uso, torna-se evidentemente, cada vez mais flexível ou, pelo menos, conserva essa flexibilidade. Conservar a flexibilidade mental é, precisamente, a condição de fazer combinações, isto é, de ser inteligente. Pode-se, pois, enfrentar a realidade de duas maneiras: a) tentando recordar-se de uma solução que se aplique ao caso; b) partindo-se, imediatamente, para levantamento de hipóteses (*ensaio e erro*: ensaiar e aplicar uma hipótese de solução). Quando este segundo tipo de atitude incorpora-se no indivíduo, passa a ser sua maneira de ser: o indivíduo, a propósito de qualquer situação, *procura ser sempre original* (passa a detestar ser como os demais, aborrece-se de fazer as mesmas coisas da mesma maneira). O indivíduo que não é inteligente parece ser uma máquina (a máquina repete, infinitamente, os mesmos movimentos). Quando a repetição é muito evidente provoca o riso (os cômicos costumam usar a repetição de gestos ou palavras estereotipadas como fonte de riso).

O homem, pois, está "condenado" a não repetir-se: *a ser sempre inventivo*. Se os homens inventivos são incômodos para a mediocridade, são, contudo, os únicos que ficam na memória da humanidade. A arte, por exemplo, fundamenta-se na mais extrema originalidade (não tem sentido repetir uma criação artística). Há quem ache um perigo desenvolver a inteligência, isto é, há quem ache perigoso estimular o indivíduo a inventar soluções originais... Para esses indivíduos, a natureza deveria ter dado instintos ao homem para que ele resolvesse, de forma estereotipada, todos os problemas com que se defrontasse. Os animais, quase sempre, têm um instinto para cada necessidade específica do organismo. O homem não foi feito assim: diante de cada necessidade, tem que inventar a solução, se já não possui um hábito. O indivíduo que tem medo da inteligência, portanto, *não tem vocação para homem*: é rinoceronte infiltrado na raça humana... O que desejaria ser, de fato, era um animal qualquer. O que acha mais cômodo são as respostas instintivas. Realmente, não é brincadeira, diante de cada dificuldade, ter de inventar solução. É por isto que dizia — lá no primeiro parágrafo — que a conquista da inteligência é penoso processo de permanente auto-superação. Se isto é uma tragédia... *o homem é um animal trágico*. Muitos educadores — frustrados por não ter a natureza fornecido instintos ao homem — tentam inverter o curso da evolução, ensinando às crianças *respostas padronizadas* (fórmulas ou reflexos condicionados). As respostas padronizadas (hábitos) são como instintos aprendidos (a maioria dos homens, pois, são, apenas, animais). É raro encontrar-se um indivíduo original... ou, quase sempre, o encontro nos causa mal-estar, se é que não provoca nossa ira! É raríssimo o caso de um filósofo, poeta, artista, inventor que não tenha sido perseguido, durante algum tempo, se é que não tenha sido queimado na fogueira... A originalidade parece sempre heresia ou pecado. É que toda novidade implica na necessidade de *re-arrumar* o meio para incluí-la, se é que a novidade já não é, por si, uma *re-arrumação*. Ora, numa *re-arrumação* nunca se sabe onde ficaremos: combate-se, pois, sistematicamente, toda novidade... Cultivar hábitos e comportamentos estereotipados é uma traição. O verdadeiro educador não ensina fórmulas: cria situações graduais e seriadas que levam a criança a inventar respostas. Cuida até para que a criança não fixe a resposta para ter de inventar, de novo, quando a situação voltar a apresentar-se. É por isto que não se ensina mais tabuada nas escolas: toda vez que aparecer um problema o aluno deve inventar a maneira de resolvê-lo. A educação pela inteligência consiste em, simplesmente, propor problemas aos alunos, *jamais em ensinar soluções*. A solução ensinada causa frustração ao homem inteligente (ninguém admite que o outro conte o enredo do filme que vai assistir ou do livro que vai ler). O homem passa para as máquinas tudo o que é padronizado. Foi assim que inventou a máquina de calcular. O cálculo já não é problema digno de esforço para um homem inteligente.

Numa certa faixa da inteligência, hoje em dia, está em moda ser contra a razão (aliás, em todas as épocas houve sempre um grupo de possíveis intelectuais contrários à inteligência: é que ser inteligente dá muito trabalho). Ora, que solução estes indivíduos apresentam para o comportamento humano? Não podemos recorrer aos instintos, pois, homem é homem, precisamente, por não ter instintos (seu comportamento é sempre inventado — pelo menos por alguns espécimes da raça humana e decorado pelo resto da carneirada). Retirando os instintos e a inteligência, só resta uma forma de responder às situações: o hábito (o hábito é, precisamente, o nome tradicional do moderno reflexo condicionado). Ser contra a inteligência é, simplesmente, ser a favor do hábito (não é ser a favor do instinto porque o homem não tem instintos). A contracultura é partidária dos reflexos condicionados? Qualquer adepto irracional da contracultura protestará que não. Seu objetivo é, precisamente, o contrário: deseja para o homem uma vida natural, sem as complicações geradas pela cultura. Como sair desta? O que resta à contracultura já que o homem não tem instintos e ela rejeita a inteligência e o condicionamento? Não sabem do que estão falando. Só há duas alternativas: instinto ou inteligência. Se eles soubessem que as variações motoras do ato de amor são fruto da inteligência... seriam, talvez, os mais entusiásticos intelectuais. O grande equívoco é supor que funcionalizar a "espontaneidade", aparece o "homem original": *não existe este homem original* (como a psicologia da infância demonstra, o ser humano está em permanente construção).

O homem sofre esta fatalidade biológica: ou é inteligente ou não é homem. Devia haver um processo legal para que certos homens pudessem renunciar à qualidade de seres humanos e entrar em outra ordem zoológica, como tanto desejam. Tudo que é rígido não é inteligente. Os animais que não tiveram flexibilidade para mudar... extinguiram-se. A inteligência é a flexibilidade que permite novas combinações, segundo um plano de maior *equilibração* interna e de maior *adaptação* ao meio. As coordenações e recombinações permitidas por esta flexibilidade, portanto, não são aleatórias. Regem-se pela tendência geral do equilíbrio. Ora, a equilibração (movimento no sentido do equilíbrio) supõe que as partes que compõem o todo sejam flexíveis para que o equilíbrio se efetue. Educar pela inteligência, pois, é educar a flexibilidade, isto é, criar situações pedagógicas que exijam recombinações dos esquemas de ação.

Existe, na sociedade, difuso e generalizado medo da inteligência. Os homens muito inteligentes são, geralmente, considerados loucos ou, pelo menos, *anormais* (a normalidade é a mediocridade). É justificável este medo. A sociedade organiza-se segundo determinadas leis e costumes que todos os seus membros aprendem. Começa o jogo e... de repente, um "louco" propõe a mudança das regras do jogo! O homem inteligente é sempre "subversivo", precisamente, porque *inventa* e *descobre*. As invenções e descobertas são propostas de mudança das "regras do jogo"... Suponhamos o indivíduo da classe média em ascensão que entrou no jogo da poupança, do investimento, da compra à prestação, do aumento lento e progressivo do patrimônio, da aquisição de um carro cada vez mais potente ou da aquisição de uma casa de veraneio. Este indivíduo, profundamente engajado no sistema, tem pavor que mudem as regras do jogo que aceitou! Se alguém propõe novas regras sociais e econômicas... o classe média em ascensão entra em pânico e não terá a menor dúvida em apoiar a polícia na eliminação do "subversivo"... A mudança gera insegurança: não se sabe se, terminada a mudança, estaremos no lugar que desejamos, se não teremos perdido *status*, se não ficaremos *of side* com as aptidões com que vínhamos tendo êxito. É, pois, justificável o medo da inteligência, salvo se o homem se convencesse que sua "natureza" é a mudança permanente... uma volta à vida nômade! Grande parte da chamada "angústia do mundo moderno" é resultado da "civilização em mudança". Por que muitos indivíduos não gostam de jogar? Porque o jogo exige permanente readaptação diante de situações sempre novas. Os generais que ganharam uma guerra... nunca ganham a seguinte... porque querem fazer a nova guerra com os métodos da anterior! Os indivíduos mais simplórios são os que mais aspiram a uma vida paradisíaca — semelhante, por exemplo, à dos indígenas — numa ecologia que permanece estável (é uma espécie de estado uterino ou nirvânico: situação estática). Jean Piaget distingue "estático" de "estável". Qualquer perturbação ecológica põe em perigo a sobrevivência dos seres estáticos, ao passo que não abala os seres estáveis. Estável é o sistema que tem soluções (mobilidade, plasticidade, combinatória) para qualquer agressão do meio (por isto o homem é o ápice da evolução: é o animal que tem mais capacidade de fabricar novas soluções).

A Visão "Elástica" do Mundo Topológico das Crianças (Geometrização)

Assim como as crianças não pensam, nem sentem, como os adultos (fato escamoteado por alguns psicoterapeutas de crianças), não vêem, também, o mundo (percepção e representação do real) como os adultos (maduros) vêem. A percepção e a representação do real nas crianças são, inicialmente, topológicas. Vêem a realidade como *quadros achatados flutuantes*, em que os pontos de referência são, apenas, *aberturas, fechamentos* e *vizinhanças*, como se fosse uma paisagem desenhada num balão de borracha que pode ser inflado. Neste mundo, não existem ainda *simetrias, retas, ângulos, distâncias, deslocamentos*. Não há contínuos definidos, nem coleções constituídas de elementos diversificados (a criança percebe o mundo de forma einsteiniana, um mundo que se curva e flutua). Deste ponto de vista, desenvolver a inteligência é levá-la a organizar o real para compreendê-lo (geometrização) e sobre ele atuar (operatividade). Basicamente, o desenvolvimento, nestes primeiros estádios, consiste em construir *contínuos* definidos e estáveis e parti-los em elementos *colecionáveis*, perceber semelhanças e diferenças, fazer correspondências e compreender funções, organizando os objetos segundo certos critérios e determinadas ordens. Na medida em que organiza a realidade, a criança tenta dublá-la por meio de *significantes* (linguagens). A formação de um professor piagetiano consiste em fazê-lo compreender *este mundo estranho* em que as crianças vivem, como pensam e como flutuam suas emoções e sentimentos. Grande parte dos psicólogos transfere, ingenuamente, pensamentos, visões e sentimentos de adultos para as crianças, como se a criança fosse, apenas, um "adulto em miniatura". O grande mérito de J. Piaget foi *descobrir a criança*. Se não fossem perigosas as comparações, poder-se-ia dizer que a criança assemelha-se mais a um adulto "esquizofrênico" que a um adulto normal, consistindo o desenvolvimento mental em demarcar nítidos pontos de referência neste mundo flutuante e conseguir operar com os elementos singulares dele emergentes (coleções discretas). Até idade bem avançada, a criança não compreende noções de *tempo*, *espaço* e *causalidade*, achando perfeitamente natural que as ocorrências sejam mágicas (atitude que permanece nos adultos "primitivos"). O aspecto "poético" da infância decorre, precisamente, desta ausência de geometrização do real e desta "operatividade" mágica (pensamento simbólico), processos originais que a humanidade adulta conserva em forma de poesia, arte, religião, sonho e imaginação, isto é, através dos processos vivenciais e afetivos (o pensamento natural é mágico). Além de, simplesmente, "viver" (afetividade), o ser humano tem que "operar" a realidade (crescimento do espaço vital real e/ou virtual e aumento do nível de segurança individual), devendo criar não só sólidos referenciais (geometrização), como tornar altamente móveis os modelos de ação (operacionalidade). Em outras palavras: além de *viver*, o indivíduo precisa *sobreviver*. A operatividade não deve matar o vivencial (afetivo), mas o vivencial (afetivo) não deve ser obstáculo ao operativo (intervenção na realidade para dela tirar a sobrevivência, isto é, para ampliar o espaço vital e aumentar o grau de segurança frente às agressões do meio). Temos aí a encruzilhada em que se confundem muitos educadores, por não perceberem a necessidade de equilíbrio entre as duas linhas mestras do desenvolvimento: *educação pela arte* (vivencial) e *educação pela inteligência* (operativa). Dentro da linha "educação pela inteligência", temos ainda duas outras direções possíveis: a) *educação para o êxito* (profissionalização) e b) *educação para a verdade* (sabedoria). Mas, mesmo que se tenha obtido o equilíbrio ideal entre estas várias linhas do desenvolvimento, temos que decidir ainda se a educação será, apenas, a) *adestramento imposto* (educação programada, reflexos condicionados, criação de hábitos, imitação) ou b) *estimulação para a permanente inovação* (descoberta, invenção, criatividade, reorganização, complexificação, mobilidade, cooperação). As descobertas de Piaget sobre o desenvolvimento da criança tornaram extremamente complexas as opções em matéria de educação... Já não é possível uma pedagogia "festiva", apoiada no mero entusiasmo ou, apenas, no "amor à criança". Chegou o momento de uma pedagogia científica.

De maneira muito global e pouco precisa, pode-se dizer que o desenvolvimento da criança consiste: *a*) do ponto de vista de sua capacidade de ação, em alcançar o máximo de *operacionalidade* (mobilidade combinatória, plasticidade) em sua atividade (motora, verbal e mental), operacionalidade esta que caminha na direção dos grupos e redes matemáticas (modelo); *b*) do ponto de vista do real (leitura da experiência), em *organizar o mundo* (coleções, encaixes, correspondências, classificações, tábuas de dupla entrada, árvores, etc.) para pô-lo sob seu controle (descobertas das constâncias, permanência, regularidades, leis que regem a fenomenologia). Quando, através da função semiótica (atividade presentativa), consegue *dublar* a operatividade e o real em "pensamento", sua capacidade de controle e organização tende para o infinito (todos os possíveis). Do ponto de vista da *operacionalidade, a)* a criança começa por uma falta total de coordenação de sua ação (inteligência sensório-motora), levando quase vinte e quatro meses para alcançar uma coordenação sensório-motora equivalente ao "grupo dos deslocamentos de Poincaré (processo de coordenação que levará mais de dez anos para ser reproduzido no pensamento: operações mentais). Do ponto de vista da *compreensão do real* (objeto permanente, causalidade, tempo e espaço) a dificuldade é a mesma: começa por uma visão topológica chapada da realidade (limites, vizinhança, envolvimento, etc.) para, lentamente (construção da reta, das paralelas, dos ângulos e das coordenadas geométricas), situar-se, geometricamente, na diversidade do universo (a noção de *universo* é a última que adquire, já na adolescência).

O educador deve acompanhar, com o máximo respeito, cada etapa do desenvolvimento, do nascimento à adolescência (inserção do indivíduo no corpo social onde irá: *a)* provocar distúrbios (inovação) ou *b)* conformar-se (processo de "iniciação" tradicional dos grupos sociais para assimilar as novas gerações). Como a sociedade atual não é mais estática (a-histórica) como as sociedades primitivas, a educação já não pode ser mera "iniciação", mas uma educação para uma "sociedade em mudança" (Kilpatrick e Dewey).

Assim como cada indivíduo tem um grau determinado de operatividade (motora, verbal e mental), de acordo com o nível de desenvolvimento alcançado (grau que é medido pelo modelo matemático dos *grupos* e *redes* e suas combinatórias, do mesmo modo, cada indivíduo tem um grau de visão da "organização do mundo" (processos presentativos: percepção e representação mental). Enquanto a operatividade progride em razão da necessidade de fazer combinatórias para resolver problemas (heurística), a visão do mundo ganha organicidade na medida em que o indivíduo "geometriza" o tempo e o espaço e descobre as regularidades dos fenômenos (método experimental ou científico: física). É evidente que uma coisa (operacionalidade) depende da outra (causalidade e geometrização), pois é operando a realidade que o indivíduo a "organiza" (coleções, classes, séries, correspondências, morfismos, etc.) e para operar precisa de referenciais (índices, sinais, retas, ângulos, paralelas, coordenadas geométricas, etc.).

Só se Ama o que se Conhece

(CONHECER É, SIMPLESMENTE, ASSIMILAR O OBJETO PESSOAL)

1. Basicamente, *a afetividade é o interesse por uma pessoa, coisa ou animal*: é isto que se chama *"querer bem a ..."* Todo *interesse* — como toda conduta — tem dois aspectos fundamentais: *a)* o aspecto *intelectual*, que consiste em "conhecer" o "objeto" e *b)* o aspecto *afetivo* que consiste no "grau" (tonicidade) de interesse (uma pessoa ou coisa pode representar "mais interesse" que outra: neste caso, diz-se que há mais afetividade pela pessoa que representa *maior* interesse).

O "interesse (*inter* + *esse*) por uma pessoa ou coisa revela que esta pessoa ou coisa *satisfaz* uma necessidade da pessoa que se interessa. Se a necessidade é fundamental ou importante para o indivíduo, percebe-se que o "interesse" é maior: neste caso diz-se que há maior afetividade pela pessoa ou coisa (amor). Aquilo que não *satisfaz* nenhuma necessidade do organismo (da mente, do psiquismo) não tem "interesse" para o indivíduo (é por isto que Piaget diz que o "grau de interesse" (motivação) revela a *intensidade da necessidade*. Quem quer ser amado procura provocar o interesse do outro e para provocar "interesse" é preciso ser-lhe necessário de alguma forma...

2. Para que se estabeleça afetividade entre duas pessoas, por exemplo, é preciso que o grau de interesse suscitado seja de tal nível que sustente o processo de "conhecer" esta pessoa. *O grau de interesse*, pois, pode ser tão pequeno que a relação afetiva não vá muito longe. Neste caso, pára, também, o processo de "conhecer". Para que se queira "conhecer" é preciso que o objeto interesse, isto é, é preciso que o objeto corresponda a uma necessidade. Quando o objeto nada mais tem para ser "pesquisado" (conhecido), cessa o interesse e diminui o grau de afetividade. Significa isto que o organismo não tem mais "necessidade" deste objeto (um objeto *difícil de conhecer*, ou leva ao desestímulo, ou prolonga o interesse).

3. Na medida em que o conhecimento vai-se esgotando (na medida em que a pessoa ou objeto não apresenta mais "novi-

dade", o grau de interesse cai, evidentemente; só nos interessamos pelo novo. O já conhecido não apresenta interesse, produzindo a saturação ou o tédio (desinteresse). O objeto deve, pois, ser sempre "interessante" para que a relação afetiva se conserve (salvo se o objeto passar a ser "alimento" automático). As pessoas muito inteligentes facilmente se saturam com os objetos já conhecidos, procurando sempre neles "novidade". Por outro lado, as pessoas inteligentes são sempre objetos "interessantes" (novos) para os que com elas convivem.

4. No encontro ou contato entre duas pessoas, o primeiro interesse é suscitado pelo "objeto em si" (se a relação é entre adultos, o interesse decorre da beleza, aspecto físico, linguagem, *status*, etc.). Se a relação é entre criança e adulto, o interesse é suscitado pela capacidade do adulto de "satisfazer" os desejos da criança. A relação da mãe e da professora com a criança, no início, é deste último tipo (é uma relação altamente egocêntrica da parte da criança). Na medida que a criança se desenvolve, seu interesse se diversifica e já não a satisfaz o "objeto em si": começam a valer, agora, as modalidades múltiplas de relações. É como se a pessoa jogasse xadrez sempre com o mesmo parceiro e terminasse por conhecer todas as suas jogadas: o jogo perderia o interesse. Se o adversário é inteligente, "inventa" sempre novas jogadas, mantendo o interesse.

5. Com o passar do tempo, esse interesse pelo "objeto em si" perde sua intensidade, isto é, tende a saturar-se (quando o objeto fica totalmente conhecido perde o interesse para o conhecedor). Daí ser necessário que outro tipo de interesse se estabeleça entre as pessoas para que a afetividade continue a existir (se a mãe ou as professoras brincam com a criança, deixam de ser um "objeto em si mesmo" para ser parceiro de brincadeira). Assim, se a mãe ou a professora mantiver sempre o mesmo nível de relação, esta relação termina por saturar (salvo se a criança não se desenvolve). No caso do xadrez, provavelmente, cada parceiro estimula o outro a "inventar" novas jogadas, de modo que o interesse mútuo nunca cesse.

6. Na medida em que a criança cresce e vai-se tornando autônoma (capaz de procurar "prazer" em fontes variadas) a mãe e a professora tornam-se pouco interessantes como "fonte de prazer". Suas necessidades vão-se diversificando e subindo de nível. Assim, a mãe e a professora devem estar atentas à diversificação dos interesses da criança. Se não fizerem isto, a criança vai aos poucos achando-as "bobas". A relação inferior infantiliza a criança, por isto as crianças, por vezes, apresentam duas personalidades: uma para relacionar-se com a mãe e outra para relacionar-se com os colegas. Muitas vezes, os educadores (mãe e professores) têm dificuldade em *levantar o nível de relacionamento com a criança,* cultivando um relacionamento infantilizado.

7. Assim, a mãe e a professora devem procurar outro meio que não sua própria identidade (objeto em si mesmo) para conservar a afetividade da criança. Como vimos, ser parceira da criança nos jogos é uma maneira de manter a relação afetiva. Mas, com o tempo, a criança sente que um adulto não é parceiro adequado para seus interesses lúdicos. Procura, então, outras crianças para brincar. Assim, quando as crianças começam a valorizar os companheiros, em detrimento da mãe e da professora, é sinal de grande evolução emocional. Não é preciso a mãe supor que "perdeu" o amor do filho(a): se o relacionamento anterior foi bom, fica permanente (embora de nível infantil). O novo tipo de amor (na medida que a criança se desenvolve), exige relacionamento de nível mais alto.

8. Como, então, conservar a relação mãe-filho e professor(a) aluno? Mãe e professora devem levantar o nível de seu relacionamento com a criança (é por isto que, na medida que a criança cresce, começa a "gostar" mais do pai). E como levantar este nível? Tornando-se fonte de "problemas" para a criança (se a criança está interessada em descobrir o mundo, a mãe e a professora mostram que estão também interessadas nisto). A professora é treinada para levantar, progressivamente, o nível de relacionamento com o aluno (sob pena de, com o tempo, o aluno não encontrar mais interesse nela). As crianças entre si fazem isto automaticamente, complicando, progressivamente, o jogo (regras).

9. Como se vê, para manter interesse em torno de uma pessoa, é preciso que essa pessoa seja sempre uma fonte de "desequilibração", isto é, que ela continue a ser, de alguma forma, "interessante" (fazer perguntas motivadoras à criança, por exemplo, atrai o interesse da criança pela pessoa que pergunta). Muitos pais preocupam-se em "explicar" as coisas quando a atitude pedagógica saudável seria "complicar" (desequilibrar) a situação para manter a criança interessada (os professores são treinados para propor situações-problemas para as crianças).

10. O amor — como se vê — não é um sentimento difuso e inexplicável: só se ama a pessoa que representa para gente *um interesse* (uma pessoa "interessante"). O amor é também um fenômeno intelectual: *é o desejo de conhecer* a pessoa amada. Quando a pessoa "amada" nada mais tem que mereça ser conhecido, o amor começa a decrescer (no máximo ficando "amada" como um "objeto em si mesmo", que é um tipo de amor infantil). As pessoas que desconhecem a psicogenética dizem que este ramo da psicologia não se interessa pela *afetividade*. É que a psicogenética explica a afetividade de maneira global (evitando uma esquizofrenia entre a afetividade e a inteligência): *só se ama o que se conhece e só se conhece aquilo que se ama.* Amor e conhecimento são duas variáveis no mesmo fenômeno, *assimilar o meio (o outro).*

Note-se que para J. Piaget "conhecer" é, simplesmente, assimilar o objeto (e o objeto pode ser uma pessoa). Conhecer é "saber usar", é manipular o objeto (a manipulação pode ser motora, verbal ou mental, as três formas como a ação — comportamento — se apresenta). A toda assimilação (incorporação do objeto na estrutura do organismo) corresponde uma *necessidade* e tudo que satisfaz uma necessidade torna-se "interessante" para o sujeito assimilador. Quanto mais intensa é a atividade assimiladora (isto é, o amor provocado pelo objeto — pessoal — que satisfaz uma necessidade) maior é a necessidade (ver a sofreguidão com que um indivíduo esfaimado come). Como a *afetividade* (tônus energético da ação assimiladora) e a *inteligência* (estratégias de assimilação do objeto) são aspectos diferentes e concomitantes do mesmo ato (assimilação), pode-se dizer que há tantos tipos de afetividade quantos modelos de inteligência (sensório-motora, simbólica, operatória). A relação do sujeito com o objeto (pessoa amada, pessoa "interessante") é regulada pelo grau de satisfação que o objeto representa para o sujeito assimilador. Com o tempo, a relação entre sujeito e objeto perde o tônus (demonstração de afetividade), ou porque o objeto (pessoa) já não satisfaz necessidades do sujeito, ou porque, produzindo-se uma espécie de simbiose, o objeto (pessoa) passa a ser uma "parte" (incorporação) do sujeito (duas pessoas idosas que se "acostumaram" a viver juntas e já formam uma só pessoa). Para que o interesse se mantenha é preciso que o objeto (pessoa) apresente algum grau ou tipo de resistência à assimilação, obrigando o assimilador a fazer acomodações (adaptações). A resistência aumenta o tônus da assimilação.

Desenvolvimento Mental e Equilíbrio Afetivo

Para um educador não existe um ente chamado "criança" de forma global. As características e as formas de reação de um indivíduo humano na idade, por exemplo, de dois/três a quatro/cinco anos (em pleno período simbólico) e este mesmo ser humano na idade, por exemplo, de seis/sete a onze/doze anos (em pleno período das operações concretas), nada têm em comum, de modo que não vemos porque denominar, com a mesma expressão "criança", indivíduos que se comportam, em períodos sucessivos, de maneira marcadamente diferente, sobretudo quando o termo "criança" visa designar determinada forma de comportamento (oposta à do adulto). Mas não se trata, apenas, de distinguir fases sucessivas no comportamento das crianças: grande parte dos adultos apresenta comportamentos que caracterizam períodos do desenvolvimento chamado infantil, de tal forma que, no final, não se sabe mais o que é uma "criança"...

2. Do ponto de vista psicopedagógico, o que interessa é o *comportamento*, que se apresenta como *motricidade*: *a*) quer como *verbalidade*; *b*) quer como *atividade mental*; *c*) as três formas de atividade características do ser humano (duas delas decorrentes de um mecanismo denominado *função semiótica* que só ocorre em nossa espécie, capacidade de dublar a realidade mediante significantes). Naturalmente, esta noção de *comportamento* nada tem do sentido que os behavioristas lhe emprestam. Para os behavioristas, o *comportamento* deve ser, necessariamente, *exteriorizável*, preconceito que elimina partes fundamentais do comportamento, como as atividades *neurofisiológicas* e os *processos mentais*, preconceito que se tornou insustentável quando se constatou que "o sistema de conexões neurônicas pode ser descrito numa linguagem isomorfa das operações formais" (*Los estadios en la psicología del niño* — Henri Wallon, Jean Piaget y otros, p. 82, Ed. Nueva Visión).

3. Ora, qual a função do *comportamento* (num *sistema aberto* como os seres vivos)? *Auto-organizar-se*, *a*) do ponto de vista da

integração das diversas funções que ocorrem no comportamento global do indivíduo frente a uma situação e *adaptar*, b) o organismo às condições do meio ("o organismo não se comporta apenas de forma reativa — como querem os behavioristas — mas toma iniciativas que implicam na reorganização do comportamento". — J. Piaget, *Le comportement moteur de l'évolution*, Gallimard). Observando-se o *comportamento* dos seres vivos, podemos distinguir, nitidamente, três formas fundamentais de comportar-se: a) *inata* (*savoir inné* — instinto, uma espécie de "hábito hereditário" — J. Piaget), b) *adquirida* (automatismo, hábito, uma espécie de "instinto adquirido", geralmente, a partir da imitação, mas também como resultado da automatização de uma atividade inteligente) e c) *construída* mediante *invenção* (matemática) ou *descoberta* (física). No caso de permanecerem estáveis as condições "ecológicas", o organismo funciona mediante automatismos (inatos ou adquiridos). Quando a *situação é nova*, intervém a inteligência (invenção ou descoberta). Geralmente, as invenções e descobertas feitas frente a uma situação nova transformam-se em automatismo, se a situação se tornar "ecológica" (repetição da situação).

4. Que é, então, a *inteligência*? Simplesmente, a forma de coordenação da ação (motora, verbal ou mental) frente a uma *situação nova* com o objetivo: a) de *auto-organizar-se* para enfrentar a situação e b) de *encontrar um comportamento* (invenção-descoberta) que mantenha o equilíbrio entre o organismo e o meio. A inteligência, pois, é o fulcro da atividade do organismo, quando o animal é "agredido" pelo meio, deixando de manifestar-se se as relações entre o meio e o organismo são "pacíficas"(por isto "educar é provocar desequilíbrios adequados ao nível do desenvolvimento"). Daí se conclui como é bizarra a precaução de alguns especialistas de criança com a estimulação do desenvolvimento da inteligência (muitas mães de nossa *escolinha* relatam-nos que seus pediatras as previnem de que, nesta escola "desenvolve-se a inteligência"). Os organismos não possuem outro mecanismo para enfrentar as desadaptações, de modo que desenvolver a inteligência é, simplesmente, desenvolver as possibilidades de integração do indivíduo no meio. Não tem sentido científico afirmar que a adaptação ao meio (físico, social, etc.) é de caráter afetivo...

5. Toda atividade (motora, verbal e mental) tem duas variáveis: a) uma *estratégia* (forma da ação = inteligência) e b) uma *energética* (o tônus com que a atividade é exercida = afetividade). A "tonalidade" da ação (como estas notações que os autores põem, nas partituras musicais, para orientar o executante sobre a "afetividade") é determinada pela *necessidade* (carência, fome, periculosidade da situação, motivação, interesse, escala de valores, etc., etc), fator tão importante que pode, por excesso ou carência,

impossibilitar a estratégia da ação (motora, verbal ou mental). Não há estratégia (inteligência) sem energética (afetividade), nem energética (afetividade) sem um modelo (estratégico) de ação (inteligência), de modo que abordar os problemas infantis sem atentar para seu nível estratégico é, simplesmente, irresponsável. Não se pode falar em expressão da afetividade, em organização dos afetos, em tomada de consciência dos afetos, em socialização dos afetos, em reorganização dos afetos, etc., etc., sem atentar-se para o *modelo estratégico da ação* (inteligência), mesmo porque os afetos só se manifestam no curso da ação (motora, verbal ou mental). Todo o estudo da chamada inteligência simbólica corresponde, estritamente, às conclusões psicanalíticas sobre a afetividade (ver *Formação do Símbolo na Criança*, J. Piaget), mesmo porque a manifestação estrita da afetividade (por oposição à eficácia da ação) só pode realizar-se através de mecanismos simbólicos (as manifestações afetivas operatórias já passam à área das escalas de valores). Recentes estudos realizados, por exemplo, demonstram que a chamada "escolha objetal" dos psicanalistas não é senão a versão afetiva da "permanência do objeto", que é um aspecto do desenvolvimento da inteligência e que o complexo de Édipo implica num mecanismo intelectual de interiorização (construção da imagem mental). Quem, como nós, se dedica à educação da criança, desde a mais tenra idade, ressente-se do apoio dos médicos que cuidam, concomitantemente, das crianças, na medida em que eles desconhecem que a forma de reação das crianças varia de acordo com seu nível de desenvolvimento mental. "A necessidade de aprender como fazer as coisas, na forma como se manifesta na prática dos meios sensoriais, motores e intelectuais da criança, meios que a conduzem ao domínio do meio ambiente, é, pelo menos, tão importante como os mecanismos de busca do prazer no que se relaciona a seu comportamento e desenvolvimento durante os dois primeiros anos". — F. Grewel, Amsterdam, *Los Estádios en la Psicología Del Niño*, Ed. Nueva Visión, p. 93. O mecanismo básico de adaptação é a *coordenação das ações* (se houvesse tempo demonstraríamos que a coordenação lingüística e mental é, em última análise, uma coordenação das ações interiorizadas). E a coordenação das ações é, simplesmente, a *inteligência*. Pode-se, seguramente, dizer que existe uma "afetividade" correspondente a cada nível de desenvolvimento ou que o equilíbrio afetivo corresponde a um equilíbrio dos comportamentos através dos quais os indivíduos enfrentam o meio (o que não significa que a energética não se possa apresentar descontrolada, como ocorre com qualquer mecanismo). Do ponto de vista pedagógico, interessa-nos que os especialistas que tratam de crianças, pelo menos, não desconheçam os níveis de desenvolvimento como variável importante. De nossa parte, estamos convictos que o desenvolvimento normal da inteligência da criança (inteligência como coordenação e integração dos comportamentos) implica em normal desenvolvimento afetivo (salvo ocorrências traumáticas).

6. Enumero, em seguida, os vários estádios do desenvolvimento infantil segundo J. Piaget, prevenindo que, para ele, o fundamental não são as idades, mas as seqüências, embora exista um limite de variação determinado pelo processo de maturação neurobiológica:

I — *PERÍODO DA INTELIGÊNCIA SENSÓRIO-MOTORA* (anterior à representação mental), baseada na motricidade física e na percepção, dividida em seis estádios:

a) *exercícios reflexos* (de 0 a 1 mês);

b) *primeiros hábitos* ou *condicionamentos* (reações circulares primárias ou relativas ao próprio corpo) — (de 1 a 4 meses);

c) *primeiras coordenações* (visão-preensão) e primeiras reações circulares secundárias (relativas aos objetos manipulados), coordenação dos espaços (visual, auditivo, bucal, etc.) — (de 4 a 8/9 meses);

d) *uso de meios para obter um fim* (coordenação dos esquemas secundários), primeiros sinais da "permanência do objeto" (de 8/9 a 11/12 meses);

e) *descobrimento de novos meios* (descoberta), permanência do objeto, uso de instrumentos para atingir um fim, *grupo prático dos deslocamentos* (de 11/12 a 18 meses);

f) *início da interiorização e solução de problemas por* insight (suspensão da ação: compreensão súbita).

Obs.: O desenvolvimento seguinte como que recicla, em outro plano, estes seis estádios fundamentais.

II — *PERÍODO DE PREPARAÇÃO E ORGANIZAÇÃO DAS OPERAÇÕES CONCRETAS* (classe, relação e número).

A. *Subperíodo das representações pré-operatórias* (desenvolvimento da função semiótica: imitação e jogo simbólico). É um intenso estádio "afetivo" em que se desenvolvem os mecanismos simbólicos (linguagem, desenho, imitação, jogo simbólico, dramatização, etc.). Estádios:

a) *pensamento simbólico* — imitação;

b) *configurações estáticas e reconhecimento e representação do real* (período intuitivo);

c) *regulações representativas articuladas*: início das *conservações* (substâncias, peso, volume, distância, velocidade, correspondência, etc.).

B. *Subperíodo das operações concretas* (lógico e infralógico) — é o período da organização do real segundo "agrupamentos" estruturados pela mente (classificações, seriações, tábua de dupla entrada, árvores, simetrias, etc.).

III — *PERÍODO DAS OPERAÇÕES FORMAIS* — neste nível de desenvolvimento, a criança (no caso o adolescente) encontra-se com os processos formais de raciocínio (processo hipotético-dedutivo-indutivo, lógico-formal ou lógico-matemático) como aparece na lógica, no cálculo das probabilidades, na teoria dos jogos, na teoria da informação, etc. Do ponto de vista didático, a atividade passa a ser a *matemática* e o *método científico*. J. Piaget mostrou que todas as características da adolescência (sobretudo a atitude de protesto, subversão, conflito de geração, etc.) podem ser explicadas pelo domínio progressivo do pensamento probabilístico e hipotético-dedutivo, explicação que vem completar as interpretações puramente afetivas e, por vezes, fisiológicas (puberdade).

7. Os estádios descritos por J. Piaget equivalem à formação de *estruturas* sucessivas (a função é invariante, mas as estruturas evoluem) e de *níveis de equilíbrio* (adquirindo um equilíbrio, o processo é irreversível). Ora, nada mais perseguido pelos terapeutas que esse *nível de equilíbrio* (adaptação, ajustamento, etc.). A tendência geral da equilibração é a obtenção de uma *mobilidade* progressiva (quanto mais mobilidade, mais possibilidade de estruturação do comportamento frente à agressão do meio), e mobilidade é sinônimo de inteligência. Quando se fala em equilibração, necessariamente, admite-se que o desenvolvimento é uma relação do indivíduo com o meio (físico e social). A técnica de educar a criança, pois, é criar situações em que o organismo seja "forçado" a adaptar-se (isto é, "forçado" a reorganizar o comportamento). Como a inteligência é uma coordenação da ação (motora, verbal e mental), pode-se usar um modelo matemático (grupo) para medir o nível de coordenação alcançado (na motricidade, por exemplo, o *grupo dos deslocamentos*), de modo que não se mede o *nível de performance* (quociente intelectual), mas o nível estratégico (nível de coordenação).

BIBLIOGRAFIA SOBRE AS RELAÇÕES DOS PROCESSOS COGNITIVOS E A AFETIVIDADE

1. Anthony, E. J., 1956, "The Significance of Jean Piaget for Child", *Psychiatry Journal of Medical Psychology*, 29, 30-34.
2. Idem, 1957, "The System Makers: Piaget and Freud", *British Journal of Medical Psychology*, 30, 255-269.
3. Decarie, T. G., 1965, *Intelligence and Affectivity in Early Child Book*, International University Press, N.Y.
4. Piaget, J., 1961, *Formação do Símbolo na Criança*; Zahar Editores.
5. Wolff, P. H., 1960, *Psychological Issues*, International University Press, Vol. II, Monografia n.º 5.

Apud Lopez, R. E. — *Introdução à Psicologia Evolutiva* — Cultrix, 1974.

A Consciência Moral e o Espírito Cívico Segundo Jean Piaget

Raramente, Jean Piaget demonstra interesse pedagógico em suas obras. Sua posição intelectual é antes a do *naturalista* que a do "pecuarista": descreve o desenvolvimento da criança sem avançar conselhos sobre como deve ser ela educada, assim mesmo, mais preocupado com a "origem do conhecimento", isto é, com a epistemologia genética que com a psicologia genética propriamente dita. Desta forma, cabe ao pedagogo transformar suas descobertas em pedagogia (aliás, Jean Piaget repete, inúmeras vezes, que o pedagogo está mais credenciado para pronunciar-se sobre o desdobramento longitudinal do comportamento que o psicólogo que trabalha com amostragens retiradas do contexto vital). Ao lado da pesquisa psicológica (que descobre a construção do psiquismo, em etapas seqüenciais bem nítidas e, inclusive, com inversão da continuidade do processo), é preciso que o pedagogo arquitete um *método psicogenético* (ver nosso livro *Escola Secundária Moderna*, Editora Forense Universitária) que faça corresponder a cada estádio do desenvolvimento infantil uma *tecnologia educacional*, tarefa tanto mais grave quanto se sabe que, em certo momento do desenvolvimento, os processos de comportamento invertem-se, negando a continuidade em que se baseiam até hoje os arquitetos dos sistemas escolares (esta inversão ocorre, aproximadamente, no fim da escola primária, aí pelos dez/onze/doze anos, de modo que a tradição tinha razão, tanto em começar a escolaridade aos seis/sete anos, quando ocorre a primeira diferenciação, quanto em separar, totalmente, a escola primária da ginasial, quando se dá a grande inversão).

Mas, há um aspecto em que Jean Piaget, extrapolando de suas preocupações naturalistas, não tem receio de comportar-se como pedagogo. É quando defende, incisivamente, o *self-government* (autogoverno ou disciplina autônoma) e *o trabalho escolar em grupo*, não só em nome da autonomia do indivíduo e da solidariedade humana, mas, sobretudo, porque, segundo ele — o *egocentrismo natural* do comportamento humano só é superado pelo conflito que surge do choque de indivíduos com interesses diferentes (democracia). Para Jean Piaget, tanto o egocentrismo intelectual (intuição-fantasia), quanto o egocentrismo moral (egoísmo, individualismo, transcendentalismo, medos cósmicos, recursos à mentira, justiça retributiva, realismo moral, etc.) só são "invertidos" se os indivíduos tiverem ocasião de entrar em confronto (conflito), cotejando seus pontos de vista e tentado negociar um acordo (democracia). Chega a afirmar (e comprova isto abundantemente) que *a lógica é um produto social*, isto é, que sem a mútua correção e a pressão social, os indivíduos permaneceriam em seu egocentrismo natural (fantasias-intuições), incapazes de superar seu próprio ponto de vista ("a lógica é a moral do pensamento", isto é, o pensamento só se torna lógico pela vigilância que o grupo sobre ele exerce). Mas, vai mais longe. Para Jean Piaget, se os indivíduos não tiverem ocasião de discutir seus comportamentos morais, sua forma de conceber a justiça, se ficarem, permanentemente, sob coação da autoridade, não desenvolverão sua *consciência moral*, permanecendo dependentes de uma *moral exterior* imposta pela autoridade (física, política, religiosa, etc.). Para Jean Piaget, portanto, uma moral imposta (um civismo imposto), mesmo que a imposição seja feita mediante persuasão ou doutrinamento, não se incorpora à consciência em forma de bem, solidariedade, respeito mútuo, igualdade, eqüidade, lealdade, etc.: sempre que a vigilância diminuir, os indivíduos voltarão ao egocentrismo que fica, internamente, congelado pelas práticas morais e cívicas mecânicas. Daí Jean Piaget dizer que a moral só se incorpora à consciência quando resulta de um acordo entre os indivíduos que se respeitem, mutuamente, funcionando tudo como na lógica: "A moral é a lógica da conduta", isto é, moral é aquilo que os indivíduos livres, com plena capacidade intelectual, mediante respeito mútuo e mútuo compromisso de respeitar as regras, estabelecerem como sendo o melhor para todos. Aos poucos, o compromisso mútuo interioriza-se, transformando-se em *lógica* (aspecto intelectual) e em *moral* (aspecto afetivo das relações). O civismo é uma espécie de síntese entre a lógica e a moral, base das instituições jurídicas (o fenômeno jurídico caracteriza-se pela passagem das relações pessoais para as relações transpessoais: ver *Estudos Sociológicos*, J. Piaget Editora Forense).

Realmente. Se toda moral se baseasse apenas na, *autoridade* (coação), sem nunca se interiorizar no sentimento de respeito mútuo, de solidariedade, de lealdade, de veracidade, etc., a sociedade estaria sempre na iminência da desagregação, pois não se pode contar com a total, onisciente e onipresente vigilância sobre todos os indivíduos, o tempo todo. Os regimes totalitários acreditam que podem manter esta vigilância em alto nível de eficiência, para o que contam, hoje, com verdadeiro arsenal eletrônico). Mas, se as sociedades arcaicas segmentárias, de caráter gerontocrata, totalmente mergulhadas no caldo das tradições e dos tabus, aos poucos foram se libertando para um tipo de sociedade democrática (respeito mútuo, discussão das regras, negociação dos conflitos, equilíbrio dos poderes, etc.), não é de esperar-se que os regimes totalitários consigam, mesmo com seu arsenal de segurança eletrônico, manter a sociedade total, o tempo todo, sob vigilância (salvo, talvez, se o totalitarismo se tornasse universal e planetário).

Mas, não é só. Se toda moral (respeito aos costumes) e todo direito (respeito às leis) decorre de coação, isto é, da *autoridade* (quanto menor a criança, mais atribui a obrigação moral à autoridade, conforme constatou Jean Piaget), cria-se o problema de saber *se a autoridade é justa* ("quem vigia a polícia?" — seria necessário uma cadeia infinita de polícias vigiando umas as outras). Quem pode garantir que a autoridade imporá as melhores regras? Jean Piaget conclui (depois de analisar como as crianças vão, progressivamente, passando da anomia para a heteronomia e da heteronomia para a autonomia, isto é, para a democracia e os regimes de direito) que a única solução é o *acordo mútuo*, o compromisso mútuo, a vigilância mútua, a discussão entre os iguais, a liderança emergencial (situacional), conformando a regra segundo a qual "a filogênese, isto é, a história da humanidade, é uma recapitulação da ontogênese, isto é, da história do desenvolvimento individual das crianças". Se as crianças alcançam a democracia em seus jogos, a humanidade, como um todo, um dia, também chegará a um tipo de sociedade em que só prevaleça o direito.

Jean Piaget estranha que os sociólogos não percebam que a sociedade não é um *todo homogêneo*, sobretudo, não percebam que a sociedade é constituída de camadas superpostas de gerações (para Augusto Comte este é o fato mais relevante da vida social). E pergunta: "Haveria coação na sociedade se ela fosse constituída de indivíduos com a mesma idade?" Quando Rousseau intuiu o *pacto social* devia estar pensando numa sociedade de indivíduos da mesma idade. Ora, sabemos que as sociedades se iniciam pela forma de organização gerontocrata, mais ou menos, o modelo de uma família (o pai como senhor absoluto). Durante a infância, a criança é submetida a longo e decisivo período de *aprendizagem da obediência* (quase sempre arbitrária), tanto mais eficiente quanto mais a criança é menos capaz, intelectualmente, de fazer frente à coação. Piaget acredita que a obediência às leis e o respeito às autoridades provêm do *respeito* (misto de amor e temor) que a criança tem pelos adultos (afinal, a criança é, totalmente dependente do adulto para sobreviver): "Não é o caráter obrigatório da regra prescrita por um indivíduo que faz considerar como obrigatória a regra por ele editada". Ora, se Piaget tiver razão e se a ordem e a moral resultam, necessariamente, da autoridade, estamos a ponto de transformar a ordem social em anarquia, pois, cada vez mais, é menos provável o *culto da personalidade* (os pais, os padres, as autoridades, todos os guardiões da ordem, cada vez mais, têm menos facilidade de "imprimir respeito", donde a hipertrofia de recursos de coação da sociedade moderna, sinal de que o simples "respeito" já não funciona como fator de coação). Piaget adverte: "O que perdemos em coação material das instituições tradicionais, é preciso ganhar em moralidade interior, em preocupação pessoal pela solidariedade". Em outras palavras: se o processo de coação, vindo das sociedades históricas, já não funciona numa sociedade que se planetariza (entre cruzamento de sistemas sociais, de morais diversas, de usos e costumes, divulgação total, etc.), é preciso ensinar às crianças (e aos adultos que permanecem infantis — a grande maioria) o respeito mútuo, a discussão das regras, a negociação dos conflitos, a vigilância mútua a partir do pacto livremente estabelecido por todos, a *democracia* (enquanto a democracia não se instalar nas microestruturas, não haverá uma democracia molar). Piaget, observando os jogos infantis, pôde concluir, extrapolando para a sociedade adulta, que "a regra coletiva surgirá, tanto da aprovação recíproca (cooperação), quanto da autoridade de um sobre o outro (respeito mútuo)". A ordem, pois, não decorre do aumento progressivo dos recursos de que a autoridade dispõe para vigiar os indivíduos, mas da distribuição de autoridade com todos (da distribuição de liderança com todos. O que se quer não é eliminar a chefia, mas dar a cada um parcela da chefia).

Fica, portanto, bem claro que existem dois tipos de regras e dois tipos de moral: *a)* a que resulta da *coação* e *b)* que resulta da *cooperação*. Quanto mais jovem a criança (e quanto mais primitivo o grupo humano), mais está disposta a submeter-se à coação (em certo momento, tanto as crianças, quanto os primitivos consideram as regras como sagradas, provenientes de entidades divinas, tabus). Na medida que a criança cresce e entra em contato com outras crianças, percebe que as regras são contraditórias entre si e que cada grupo tem suas próprias regras, levando-as a duvidar de sua sacralidade. Como não é possível a vida grupal sem regras (o jogo sempre tem regras), descobrem que podem inventar suas próprias regras mediante discussão e acordo: chegam ao equilíbrio dos poderes e à democracia. Mas, a sociedade em que vivem é heteronômica... de modo que, para nela engajarem-se, têm que "regredir" em seu desenvolvimento! Mas, esta ciclagem só ocorre *na vida espontânea* (sem vigilância de adultos) das crianças. A escola cultiva, até o paroxismo (como a família vinha fazendo), o modelo heteronômico, impedindo tanto o desenvolvimento moral, quanto intelectual da criança (as provas e exames estão para a coação intelectual como os regimentos e as ordens arbitrárias estão para a coação moral). As sociedades infantis espontâneas (que os sociólogos ainda não descobriram!) são quistos dentro desta sociedade geral que conspira contra a democracia e contra o "livre exame" (coação intelectual = crime de opinião e coação moral = mandamentos). A mais sensacional descoberta de Jean Piaget, neste domínio (que escandaliza todos os "pedagogos do amor materno"), é que o contato das crianças com os adultos *é sempre pernicioso!* O adulto é onisciente (coação intelectual) e onipotente (coação moral), de modo que toda relação que estabelece com as crianças é viciada (nos povos primitivos, o coroamento da coação dos adultos sobre os jovens fazia-se através da cerimônia da *iniciação*, em que o jovem assumia todos os tabus da tribo). A relação do adulto com a criança é, mesmo que não se deseje, *infantilizante* (a relação conserva a criança infantil, fenômeno que se pode observar numa escola piagetiana quando as crianças que estavam trabalhando de forma autônoma, com todo vigor, voltam a encontrar-se com as mães: as crianças começam a chorar, babar, agarram-se às mães, repelem os companheiros com quem brincavam há pouco, alegam que não sabem usar os brinquedos com que estavam brincando, etc.). Neste sentido, as crianças de uma tribo estão mais protegidas que as crianças modernas dos apartamentos, onde não é possível vida infantil autônoma (a cidade não está preparada para as sociedades infantis espontâneas, de modo que se nota uma regressão generalizada no desenvolvimento infantil). Piaget afirma que o "bom caráter" de uma criança começa a construir-se quando deixamos que ela própria, no berço, desembarace-se do lençol que impede seus movimentos... A mania "freudiana" dos pais "curtirem" os filhos a título de transmitir-lhes o "amor"... é um perigoso costume para o desenvolvimento da criança. *O problema da criança é independentizar-se* (a começar pela saída do útero). Quem ama verdadeiramente o filho quer vê-lo autônomo, livre, capaz de brincar com os demais, resistir à agressão, replicar, estabelecer, aos poucos, as regras de convivência, o que não significa deixar a criança entregue a si mesma (espontaneismo) como aconselham alguns pedagogos, com o risco de levar a criança a cair no autismo ou em reações circulares, isto é, com o risco de paralisar seu desenvolvimento: sem problemas sucessivos de complexidade crescentes não há desenvolvimento sensório-motor ou mental.

Numa visão histórico-biológica (imaginando-se os grupos humanos numa fase anterior à acumulação dos bens e à organização dos mecanismos de conservação do poder), logo percebemos que o *poder* origina-se do respeito ao mais *velho* (sociedade gerontocrata) mesmo porque o mais velho é a fonte de força e saber (onisciência e onipotência). Não devemos esquecer que todo homem foi uma *criança* (Piaget, repetindo outros autores, define o *respeito* como um *misto de amor e temor*). A criança, de início, totalmente dependente do(s) adulto(s), facilmente, passa a admirá-lo(s) como fonte de informação e de proteção. Se nada perturbasse esta ordem "natural", a sociedade seria, rigorosamente, hierarquizada segundo as faixas etárias (a educação precoce dos jovens e os meios de comunicação de massa levam os jovens a se tornarem mais "sábios" que seus pais, o que subverte totalmente a ordem "natural" do poder no mundo moderno). Quando a humanidade criou o chamado *direito divino* (transcendentalização de um fenômeno "natural") mostrou que a idade, simplesmente, já não era suficiente para justificar a autoridade (donde o fenômeno da "revelação"). A obsolescência histórica do direito divino fez surgir *o povo* como fonte de autoridade (todo poder vem do povo). Mas, estes acontecimentos filogenéticos, provavelmente não ocorreriam se não tivessem uma infra-estrutura ontogenética (biopsicológica). De fato, a ciclagem do desenvolvimento infantil leva a criança da total e absoluta dependência (vida uterina) à relativa independentização (adulto), conquanto a organização social permita o *mínimo de vida social autônoma às crianças* (no mundo moderno, é cada vez mais difícil a vida social autônoma das crianças, por falta de espaço físico). Piaget identifica, na ontogênese, três períodos típicos de progressão com relação à obediência à regra e à dependência da regra de uma autoridade qualquer: 1.º, um período de *anomia* em que a obediência à regra se faz por imitação e participação (sociedades primitivas), fenômeno que alguns sociólogos denominam de "comunhão" (fato que volta a ocorrer em todo agrupamento místico); 2.º) um período de *heteronomia* em que a regra se encarna na autoridade (bom é o que a autoridade determina) e se torna "sagrada", podendo ganhar o caráter transcendente de "origem divina" (mandamentos), funcionando com relação à sociedade infantil como as leis físicas (fatalidade) com relação ao mundo material (é a época do legalismo e escotismo) em que a criança submete-se, prazenteiramente, à coação, como condição de sobrevivência social, dispondo-se, inclusive, a colaborar com a autoridade (dedo-duro) na manutenção das regras impostas; 3.º) um período em que tende à *autonomia* quando descobre que a legalidade não é sagrada, não é tão uniforme quanto supunha, que as regras podem ser mudadas, que a autoridade não é onipotente e onisciente e que deve também submeter-se às leis... Donde, então, tirar, agora, o respeito às leis? (sem leis é impossível o jogo e a vida grupal, a sociedade, portanto.) Nasce, então, o mecanismo do *acordo* (democracia) baseado no respeito mútuo, no compromisso de respeitar o que foi combinado, na proibição da trapaça, na vigilância mútua (moral da solidariedade). Agora, o respeito à lei já não vem de uma imposição *de fora* (heteronomia), mas do compromisso assumido (autonomia). Piaget insiste na distinção dos dois tipos de respeito: *a) respeito unilateral* (da criança para com o pai, do subordinado para com o chefe, do fiel para com o pastor, do cliente para com o médico, do cidadão para com a autoridade, etc.) e *b)* o *respeito mútuo* (de todos para com todos, base da *cooperação*, como se todos tivessem uma parcela de autoridade). Onde não há lugar para o funcionamento das *sociedades infantis autônomas*, não há possibilidade de desenvolver-se este tipo de mecanismo social, permanecendo as crianças mergulhadas na heteronomia dos períodos anteriores (com graves conseqüências, também, para o desenvolvimento mental: o desenvolvimento mental, dependendo da discussão exige, também, respeito mútuo e cooperação dos parceiros). Filogenética e ontogeneticamente, alguns processos sociais tendem a levar à autonomia, mesmo à revolta das autoridades que pretendem manter a heteronomia: o aumento do volume e da densidade dos grupos sociais, a diminuição da vigilância, a divisão do trabalho, a diminuição da influência da família, os meios de comunicação de massa, etc. É evidente que, no primeiro momento, o enfraquecimento da autoridade leva à anarquia (anomia), sobretudo, se não tiver havido um período de *transição* (progressiva independentização, período que os autocratas prolongam indefinidamente, a título de que os subordinados não estão preparados para a democracia, como se o mundo atual não dispusesse de modelos jurídicos acabados de funcionamento da liberdade política). Ora, só existem dois modelos de *ordem social: a)* a *tirania* (heteronomia), correspondente aos níveis arcaicos de desenvolvimento da criança e do homem primitivo (uma tirania que não se baseia nos processos mágicos das crenças transcendentais só pode ser mantida através da mais brutal repressão), e *b)* a *democracia* (autonomia) correspondente à cooperação, ao respeito mútuo, à negociação dos acordos, ao equilíbrio dos poderes, à vigilância mútua (fenômenos que exigem o mínimo de desenvolvimento mental: as crianças só discutem quando atingem as operações lógico-matemáticas, lá pelos onze/doze anos de idade). A democracia produz um ciclo fechado: depende do desenvolvimento mental e da autonomia, mas é a condição *sine qua* da autonomia e do desenvolvimento mental...

A heteronomia — dispensando o confronto mútuo: "a lógica é a moral do pensamento e a moral é a lógica da conduta" — Jean Piaget — congela o *egocentrismo* (a criança e o escravo não têm condições de desenvolver seus próprios equilíbrios por não haver ocasiões sociais de confronto). Piaget afirma que "o acordo consigo mesmo (equilibração pessoal) resulta do acordo com os demais", porque, afinal, o indivíduo vive dentro de um contexto social (todo desenvolvimento, tanto ontogenético, quanto filogenético, é necessariamente uma *socialização* e a socialização não é senão o equilíbrio nas relações mútuas sem um "regulador" (chefe) externo que resolva os conflitos). A socialização, pois, caminha para a eliminação do *chefe*, substituído pelos *papéis* (especialidades) e pela *liderança emergencial* (situacional): se os jogadores de futebol tivessem interiorizado as regras do jogo e as praticassem por mera lealdade, o juiz seria dispensado (nos jogos infantis, não existem "juízes", o que mostra que os adolescentes estão mais avançados, ontogeneticamente, que seu grupo social, filogeneticamente. A sociedade futura, a partir de um certo desenvolvimento moral, irá, também, dispensar os juízes... A socialização, portanto, não é um modelo entre os demais pelo qual se pode optar ou não: é próprio mecanismo de desenvolvimento ontogenético e filogenético. Mas, é absurdo pensar-se numa socialização heteronômica!!! O que se vem chamando, politicamente, até aqui, de socialização (forçada pelas ditaduras) é a *socialização das coisas* e o problema é *socializar os indivíduos* (e a socialização dos indivíduos é sinônimo de democracia). Ora, se o problema é socializar os indivíduos, *a própria educação deve ser um processo de socialização* (e, portanto, de democratização das relações: não existe, na sociedade, local mais antidemocrático que a escola, a partir das provas e exames e da proibição de qualquer gesto de solidariedade). Socializar é criar condições de cooperação no estabelecimento das "regras do jogo": a cooperação produz, mentalmente, as operações superiores da inteligência e, socialmente, a negociação das relações mútuas (segundo uma lei imanente — equilibração — de "máximo de lucros e mínimo de perdas").

Qual, portanto, o problema pedagógico? *Evitar as relações da criança, com os adultos*. Por mais chocante que seja esta regra, deve-se aceitá-la como *tabu* para, depois, analisar-se qual o comportamento do adulto com relação à criança (temos insistido em todos os nossos trabalhos que a adulto deve comportar-se, com relação à independentização das crianças, como o técnico com relação ao time de futebol). Ora, em que consiste esta separação? Simplesmente, em criar-se condições de funcionamento das *sociedades infantis*, e a técnica para isto é, simplesmente, *dinâmica de grupo*, (nas sociedades infantis, a criança escapa à pressão das camadas superpostas de adultos, que mesmo sem desejar, tendem a coagi-la). Assim como "a democracia é a superação da teocracia e da gerontocracia" (J. Piaget), assim a socialização da criança é superação da coação dos adultos sobre seu comportamento (os autocratas dirão que sem esta coação as sociedades infantis resvalariam para a anomia, mas a pesquisa prova que as crianças, rapidamente, estabelecem cooperação, autonomia, solidariedade, vigilância mútua das regras, a negociação, etc.). Para instalar-se a democracia política... basta imitarem-se as crianças! Se tivéssemos a paciência (como Piaget teve) de ouvir a extraordinária capacidade dos adolescentes de discutirem a *jurisprudência* das regras dos jogos (por vezes, a solução de um problema exige um longo *acórdão* que envolve inúmeras regras combinadas!), não duvidaríamos da capacidade do homem comum viver democraticamente... Uma escola sem vida social para as crianças suprime todo este processo de amadurecimento moral e cívico!

E por que as crianças, em suas sociedades particulares, terminam por chegar à democracia? É que — diz J. Piaget — na medida em que a criança cresce e se aproxima da adolescência, cada vez mais é menor a camada de indivíduos maiores (mais velhos) que sobre elas exercem pressão. Aos onze/doze anos, por exemplo, as crianças já não têm a quem recorrer para resolver seus problemas "jurídicos" (os adolescentes de quatorze/quinze anos já não querem jogar os jogos infantis: estão tentando inserir-se na sociedade adulta). Em termos políticos, poder-se-ia dizer que o crescimento moral e intelectual dos homens pertencentes a uma sociedade depende da eliminação do *culto da personalidade* ("líder", guru, condutor, caudilho, duce, *führer*, "salvador", etc.) e do desprestígio dos *mestres-pensadores* (*maîtres penseurs* a que se referem os novos filósofos franceses: Marx, Freud, Hegel, Stalin, Lenin, hoje, como na antigüidade foram Aristóteles, Platão, Sócrates). Por que, de repente, a gerontocracia (política, intelectual e moral) deu-se conta de que estava perdendo o prestígio (respeito unilateral) e começou a apelar para a força bruta (torturas, atemorização, segurança, vigilância, censura, etc.)? Precisamente porque a humanidade como um todo começou a perceber (meios de comunicação de massa) que não existem regras fixas ou fonte transcendental de regras: *as regras são o que os homens livres deliberarem que sejam*.

A entrada das mulheres no contexto sócio-político-cultural deve ser um fator de desequilibração dos mecanismos tradicionais de dominação (Piaget constatou que as meninas são menos "jurídicas" e mais "tolerantes" na manipulação das regras, o que demonstra que, desde pequenas, sentem não fazer parte do jogo masculino da organização da sociedade). Fala-se muito em "dominação das mulheres", mas o que se devia dizer era *infantilização das mulheres*, pois o modo como são tratadas aproxima-se mais da relação com uma criança que com a relação com o escravo. A entrada das mulheres na "negociação social" pode subverter, fundamentalmente, os valores que presidem a ordem social masculina. O fato de as escolas terem admitido a mistura de meninos e meninas na mesma classe subverteu o sistema escolar (por exemplo: fez desaparecer a discussão das aulas por serem as meninas — atraso no desenvolvimento — totalmente incapazes de discutir: a discussão exige o mais alto nível de desenvolvimento).

É possível, portanto, que o primeiro efeito da presença das mulheres, na vida sócio-política das sociedades seja uma volta marcante à heteronomia, embora provavelmente, seja uma heteronomia sentimentalóide (dominação dourada: dominação afetiva).

A passagem da moral e da política heteronômicas para a autonomia implica num "salto qualitativo" que subverte totalmente, a linha da maturação anterior da criança e da humanidade, da mesma forma como a passagem da fantasia-intuição (sete/oito anos de idade) para a lógica representa uma quebra fundamental na continuidade do desenvolvimento mental (a lógica, como que apega toda vida mental anterior da criança — amnésia —, transformando totalmente sua visão do mundo e sua maneira de relacionar-se com os demais). A dominação exige uma infra-estrutura "infantil" para funcionar (é por isto que os tiranos têm tanto cuidado com qualquer fenômeno cultural que implique em desenvolvimento mental, fenômeno típico nas relações dos homens com as mulheres: os machos dominadores odeiam "mulheres intelectuais"). Por aí se vê como são ingênuas as posições pseudo-humanistas que propõem, por exemplo, *a extinção da escola* (o que implicaria em suprimir o último reduto da vida social autônoma, pelo menos no recreio das crianças, voltando-se à sociedade segmentária em que não havia individualização). Por mais coação que a escola utilize, ficam sempre algumas brechas para a vida autônoma dos jovens. Sem ela, a criança ficaria na dependência familiar heteronômica, total e diretamente dependente da coação geral da sociedade (da polícia, por exemplo). Neste sentido, têm razão os que afirmam que o 477 (decreto de controle político da vida estudantil) é favorável aos estudantes por *suprimir* o efeito da lei de Segurança Nacional sobre os jovens, o que equivale a dizer que, já que o sistema é autoritário, que se crie um sistema de repressão especial para os jovens... É o mínimo que um sistema totalitário e repressivo pode oferecer à juventude!...

O grande equívoco dos paladinos da liberdade é supor que a liberdade é a *ausência de regras*. "Só somos livres perante a natureza aprendendo a conhecer suas leis e a utilizá-las sem procurar transgredi-las" (J. Piaget). Não há, também, vida social sem regras. A diferença entre as regras naturais e as regras sociais é que estas podem ter duas origens: a) uma *heteronômica* (regras impostas por Deus, pelo patriarca, pelo pai, pelo pastor, pela organização, pelo sistema) e b) outra *autônoma* (regras geradas, livremente, mediante cooperação e respeito mútuo, pelos próprios indivíduos que a elas vão obedecer: democracia). A evolução da humanidade se faz — diz J. Piaget — do respeito unilateral (heteronomia) para o respeito mútuo (autonomia). A liberdade (democracia) não é uma invenção sociológica: é a conclusão de um modelo de evolução e de desenvolvimento (é uma tendência biológica, se considerarmos biológico tudo que se refere aos organismos vivos, inclusive suas inter-relações). Mas, assim como o acesso ao pensamento operatório é um fenômeno raro numa sociedade controlada pela gerontocracia (intelectual, religiosa e política), da mesma forma é dificílimo (salvo na intimidade das sociedades infantis autônomas) alcançar-se a moral e a política da solidariedade, da vigilância mútua (abolição da polícia), da igualdade, da eqüidade, do amor ao próximo, do perdão (o perdão — diz Piaget — é o mais alto nível moral de tratamento do erro e do crime). Todo o sistema escolar deveria estar voltado para favorecer a *autonomia*, a fim de ensinar aos jovens a fundarem uma sociedade democrática.

As pesquisas de Jean Piaget com referência às relações dos indivíduos (coação e autonomia) são as mais revolucionárias de nosso tempo e as de mais graves conseqüências pedagógicas, apesar da sua reputação ter-se firmado, preferencialmente, nos estudos que fez do conhecimento. Diz-se que J. Piaget não deu importância à *afetividade*! Ora, o que é afetividade senão o resultado das relações entre os indivíduos?! Pode haver amor entre o senhor e o escravo? Por acaso o amor pode ser autêntico se há desnível entre os parceiros? Pode ser chamado amor um sentimento de posse e de dominação? Pode ser chamado de amoroso o indivíduo que usa o parceiro como satisfação de suas necessidades? A criança esmagada pela "onisciência" e "onipotência" do adulto pode "amá-lo"? O desenvolvimento da afetividade não se faz na relação entre a criança e o adulto como pregam todos os românticos das relações humanas (Freud, Rogers, e todos os "grupistas" e "psicoterapeutas"). A afetividade sadia desenvolve-se nas *sociedades infantis*, onde não esteja presente o adulto. Os pais não são fonte de afetividade (são obstáculos: a relação entre filho e pai é sempre de dependência, queiram ou não as fantasias pedagógicas). Jean Piaget — ao contrário do que dizem os acadêmicos que classificam as teorias — foi o único cientista (que se saiba) que, verdadeiramente, estudou em profundidade a *afetividade*. A pedagogia da afetividade é, simplesmente, *dinâmica de grupo* (conquanto a "dinâmica" não se reduza a fenômenos puramente externos (*sensitivity training*) de sensibilização erótica ou a um *supermercado do amor* (grupos de encontro de fim de semana). O amor exige, como condição prévia, a abolição da dominação (heteronomia) e a capacidade de decentração intelectual ("revolução copernicana do eu", segundo a expressão feliz de J. Piaget): o amor exige o mínimo de desenvolvimento intelectual, sob pena de o indivíduo permanecer em seu egocentrismo intelectual e afetivo (o egoísmo não é apenas um defeito moral: é um nível mental também). J. Piaget, portanto, acabou com a "esquizofrenia" entre a inteligência e o amor, entre a lógica e a afetividade, entre a atividade e as emoções: "Toda atividade comporta uma dimensão estrutural e formal (inteligência) e uma dimensão energética e valorativa (afetividade)".

O Coelho que Virou Repolho...

("...NO COMEÇO JÁ ESTAVA A RESPOSTA")

"Entre la clé et la serrure, il existe la même spécificité qu'entre le declancheur et l'acte comportemental qui lui correspond." (Konrad Lorenz)

""*Um exemplo de resposta comportamental precisa e estereotipada que se encontra em todo conglomerado humano (tribos, bandos, colônias) é aquela que chamamos* flirt *(namoro). Em todas as regiões do mundo, as jovens núbeis (e as "coroas"?!) quando pretendem mostrar súbita atração por indivíduo de outro sexo por elas destacadas entre os demais, mas com os quais não têm intimidade, comportam-se assim: de início, sorriem, discretamente, à pessoa de sua escolha e levantam, muito rapidamente, as sobrancelhas; este movimento, quase imperceptível, aumenta ligeiramente o diâmetro aparente de seus olhos, respondendo o rapaz com movimento de sobrancelhas idêntico muito rápido. Após esta primeira fase (que faz parte do ritual da "saudação" comum entre dois amigos que se encontram depois de uma separação) a jovem vira a cabeça, inclinando-a, ligeiramente, para o lado e baixando as pálpebras. Este movimento de "retirada" (estratégica) é, muitas vezes, acompanhado de riso embaraçado. Em seguida, ela começa a olhar o parceiro, pelo canto dos olhos*"...

Philippe Roparts (*Psychologie*)

Novo ramo científico surgiu e avolumou suas pesquisas nos últimos dez anos, criando problemas epistemológicos para a explicação da verdadeira natureza do conhecimento e do comportamento (= *savoir inné*). Todo comportamento supõe um conhecimento, seja inato (*instinto*), seja automatizado (hábito), seja elaborado, intuitiva ou operatoriamente, por ocasião de sua realização. Assim todo conhecimento é um comportamento (sensóriomotor ou representado), como todo comportamento é um conhecimento inato (*savoir inné*) ou adquirido (aprendizagem no "sentido lato" — Piaget). Segundo a *etologia* (estudo do comportamento dos animais, entre os quais o homem que é — diz Desmond Morris — apenas, um "macaco nu") *certas bases comportamentais são comuns a todos os primatas*. Isto é, todos os animais — constatam os etólogos — nascem (*savoir inné*) com uma série de respostas funcionalmente prontas, que aparecem quando se apresenta um "disparador". Resta saber se os "disparadores" são *conditio sine qua* (Piaget fala em "sorriso fisiológico"), ou se o organismo possui comportamentos espontâneos ("ritmos gerais" — diz Piaget) que se manifestam independentemente de "provocação" (funcionamento do organismo). Jean Piaget (*Biologia e Conhecimento*) já percebera o fato e chegou a afirmar (ver entrevista no *L'Express*), para desespero dos behavioristas da tábula rasa, que "...*no começo está a resposta* (isto é, a "resposta" já estava pronta no organismo à espera do(s) estímulo(s) ou do "disparador". Naturalmente, "começo", em Piaget, é um *a priori* que resulta de uma construção seqüencial, uma vez que não há, para ele, início absoluto. "*No começo está a resposta*" significa, pois, que, quando o *estímulo-disparador* alcançou o organismo, o indivíduo já estava preparado (pela embriologia, pela equilibração, pela maturação, pela aprendizagem, etc.) para dar tal *resposta*, ou, por outra, o organismo só percebeu o índice ou sinal (estímulo, disparador) porque estava "sensibilizado" para respondê-lo. Assim é que Piaget descreve o fato como sendo uma "*sensibilização para*". Diante de um galo e de um coelho, a galinha, evidentemente, está "sensibilizada para" o galo (salvo fenômenos teratológicos). Esta "sensibilização" pode ser *inata* (*savoir inné*) ou *adquirida*: Quando a "sensibilização é de caráter semiótico e, dentro da semiologia, quando é pensamento socializado, passaremos a chamar esta "sensibilização" de *quadros mentais*, espécie de "estômago" mental que assimila (quase sempre deturpando a realidade) os estímulos que não são adequados às necessidades "ideológicas" do assimilador. A biologia (psicologia é o aspecto comportamental da biologia) é, fundamentalmente, reacionária, de modo que a assimilação da novidade corre sempre o risco de ser um processo de *de-forma-ção* provocada no objeto (informação) pela inteireza apriorística dos "quadros mentais", defesa estrutural do organismo (psiquismo) que visa não ter o assimilador de recombiná-los (reorganização — reequilibração) numa "nova estrutura, mais móvel e mais estável" (Piaget). É verdade que não existindo no homem praticamente (apesar dos etologistas...), condutas inatas ("é o animal menos especializado que existe" — diz T. Chardin), ele estaria "sensibilizado" para qualquer estímulo até que se crie um liame implicativo entre estímulo e resposta (início da especialização, endurecimento dos "quadros mentais", resistência à mudança).

Aliás, a *teoria da assimilação* de Jean Piaget (como a própria denominação revela: *ad + similis* = tornar semelhante) supõe que toda assimilação seja uma "assimilação a um esquema prévio", de modo que "não se aprende nada, inteiramente, novo". É preciso que o "novo" seja "assemelhável", tenha algo de conhecido. Diante de nova realidade, de nova situação, de novo problema, de novo objeto (desequilíbrio entre o sujeito e o meio), o psiquismo ativa os esquemas de que dispõe, tentando assimilar a eles a novidade. A assimilação da criança, no período simbólico (jogo de fixação) é, essencialmente, *deformadora*, conformando a realidade aos desejos, da mesma forma como o adulto utiliza "mecanismos", por exemplo, de racionalização para reaver o equilíbrio emocional sem permitir-se mudanças de comportamento (*Mecanismos de Defesa*, M. Klein).

Assim como o animal "programado" (instintos = *savoir inné*) tenta responder aos estímulos (disparadores) com uma conduta inatamente estereotipada e automatizada, o indivíduo humano (sem estereotipias muito acentuadas) tenta responder com o mecanismo repetidor de seus quadros mentais (conhecimentos adquiridos que se transformam em hábitos ou automatismos). Nunca se pode garantir (o ser humano é tanto mais "apreciador" quanto menos experiência possui), se determinado comportamento é *savoir inné* ou é adquirido, nos primeiros dias, nas primeiras semanas, nos primeiros meses, nos primeiros anos...

A perspectiva assimilativa é tão fundamental em Piaget que alguns desavisados classificam-no de *apriorista-kantiano* (*sic*!), quando o epistemólogo suíço quer apenas significar que toda assimilação supõe uma estrutura prévia assimiladora (resultante de uma embriologia ou de uma "aprendizagem"). Sempre que se pronuncia, de forma panorâmica, sobre sua teoria, Piaget volta a este ponto, por vezes com mordaz espírito de humor, como quando, respondendo a um repórter que o questionava sobre a emocionalizada objeção que o behaviorismo lhe faz, declarou: "Se os behavioristas tivessem razão, um coelho que só comesse repolho (estímulo-S) terminaria por transformar-se em repolho (resposta-R); ora, o contrário é, justamente, o que ocorre: o repolho se transforma em coelho (assimilação)...", argumento que mostra, por outro lado, que Piaget não aceita teoria psicológica (e sociológica...) que não tenha um embasamento (sem reducionismo) na biologia. Para ele a função de assimilar é permanente, ao longo do desenvolvimento e da evolução (invariável), modificando-se, apenas, (em cada grau ou nível embriológico físico, mental ou sociológico) as estruturas comportamentais assimiladoras.

O enfoque embriológico (construtivismo seqüencial) de Jean Piaget identifica quatro fatores de desenvolvimento biológico, psicológico e, extrapolando, sociológico (o que equivale a, pelo menos, quatro tipos de comportamentos: *inato, adquirido, imposto* e *realizado*, se assim se pode adjetivar estes fatores): a) *maturação* que leva a termo os esquemas hereditários capazes de desdobramento embriológico (alguns se extinguem, substituídos por esquemas adquiridos mais funcionais); b) *Experiências Físicas*: a) abstração a partir do objeto e b) abstração a partir da ação que compreende a "leitura da experiência"; e as "aprendizagens" de nível sensório-motor (*learning* dos behavioristas americanos); c) *Assimilação Sociocultural*: a) das estruturas preexistentes (como a linguagem, costumes, tabus, proibições, etc. bem como o pensamento llógico que, em parte é de caráter social); b) canilíbrios resultantes das interações sociais; c) *Equilibração* que é o processo organizacional que estrutura os três fatores anteriores citados e dá ao organismo, ao psiquismo, e à sociedade, capacidade de assimilar o meio através de estruturas progressivamente mais móveis e mais estáveis ("não há estrutura sem gênese, nem gênese sem estrutura"). Se a *equilibração preside* (e extrapola) os três fatores primeiros do desenvolvimento, a constituição de "repertório comportamental" é probabilística, ficando pouco lugar para as estereotipias inatas (o sorriso, por exemplo, parece exigir permanente reforço, isto é, *feedback*).

Como se vê, o primeiro fator é a *maturação* que se refere ao que Jean Piaget chama de "esquemas hereditários", os quais, no homem, exigem um mínimo de exercício para se estabilizarem, podendo inclusive ou involuir, por falta de funcionalidade (por vezes o recém-nascido parece — decalagem — regredir, o que de fato é "recuar para saltar") ou evoluir, por ultrapassagem resultante de novos esquemas construídos no processo de assimilação-acomodação (embriologia = construtivismo seqüencial). Como, no ser humano, o sistema nervoso continua a desenvolver-se até cerca de dezesseis anos, o aparecimento genético destes esquemas pode estender-se por um longo período, enquanto nos animais tem vigência logo nos primeiros momentos de nascimento. Assim, mesmo havendo identidade entre o homem e os animais (principalmente, entre o homem e os primatas), o aparecimento de esquemas hereditários está condicionado à maturação (longo e probabilístico período de crescimento extra-uterino).

Não é de admirar esta posição de Jean Piaget, de vez que foi biólogo antes de ser psicólogo (?) e epistemólogo. Assim como a biologia lhe forneceu esquemas explicativos (assimilação) extrapoláveis para a psicologia e para a sociologia, assim também a psicologia e a sociologia convenceram-no de que não é tão rígida, como se supõe, a biologia (assimilação genotípica e fenotípica: ver *Biologia e Conhecimento*). A formação científica de Jean Piaget deveria servir de modelo para os indivíduos que desejam especializar-se em problemas de comportamento humano, para não perderem de vista as raízes biológicas da conduta, muita vez ligada, como não poderia deixar de ser, à *anatomia* e à *fisiologia* sem precisar-se recorrer aos "arquétipos" de Young, extrapolação que leva do biológico ao semiótico (e, dentro deste enfoque, ao simbólico), salto epistemológico indefensável. O arquétipo semiótico ("inconsciente coletivo") é indefensável diante da genética da semiologia, no desenvolvimento da criança e na evolução da humanidade (a mão, por exemplo, faz o movimento de apreensão, não porque exista um *instinto preensor*; "*instinto* é o nome que se dava a tudo que não se sabia explicar", dizia Piaget), mas porque, anatômica e fisiologicamente, ao movimentar-se (agir) não pode a mão senão "pegar", de modo que se pode falar — como faz o pensador suíço — numa "lógica da anatomia"... Os inatistas ou instintivistas, por não levarem em consideração, simultaneamente, a *sincronia* (o organismo num momento dado (X) de seu desenvolvimento ou de sua evolução) e *diacronia* (o organismo num processo genético que resulta em crescimento maturativo e em transformação evolutiva) escamoteiam o problema *fundamental* que é determinar em que altura do crescimento ou da evolução (sobretudo, da evolução) o "instinto" se fixa, numa determinada espécie, nada explicando de onde ele provém, se não estava no organismo nos momentos anteriores da evolução. O construtivismo seqüencial de J. Piaget tenta resolver este problema (sem apelar para a ingenuidade do *inatismo*).

A *etologia* foi criada por Geoffroy Saint-Hilaire, em 1854, só vindo, porém, a constituir-se em ciência experimental recentemente, com K. Lorenz (discípulo do grande zoologista alemão O. Heinroth) e seu companheiro Niko Tinbergen, apaixonados observadores do comportamento animal ("psicologia animal" = etologia européia = "objetivismo"). K. Lorenz é o autor de *L'Agression, une histoire naturelle du mal* e seu discípulo e colaborador, W. Wickler escreveu *Les lois naturelles du mariage*, ambos os livros tornados bíblia para todos que pesquisam as raízes do comportamento humano. O americano R. Ardrey transformou-se, também, em *best-seller* com sua obra *La loi naturel*, como já acontecera antes com Desmond Morris autor de *Le singe nu* e *Le zoo humain* (já traduzidos para o português). São cinco livros que se tornaram populares, fenômeno inteiramente anômalo, dado o nível de indagação científica que os caracteriza. Afirmar que o homem nasce com condutas estereotipadas é tão herético em biologia, psicologia, antropologia, sociologia, etc. que se explica a popularidade destes pioneiros da etologia. De repente, como diz Desmond Morris, sentiu-se a necessidade de descrever o homem (macaco nu) como um simples animal, entre os demais, com seus comportamentos ancestrais inseridos nas aprendizagens sócio-culturais. Embora se possa discordar das explicações sugeridas por estes autores, não se pode deixar de conhecer os fatos que enumeram, se se quer entender o comportamento e o conhecimento.

A primeira reação dos estudiosos das ciências humanas, diante desta investida "biológica", foi ver nela o espectro do *behaviorismo*, uma psicofisiologia baseada nos chamados *reflexos* (que servem de "instrumento" para o condicionamento operante de

Skinner), doutrina que obstruiu (Fraisse-Sorbonne), durante quase cinqüenta anos (J. Watson, 1913, EUA), a pesquisa dos fenômenos mentais, pelo preconceito de só considerar "comportamento" as condutas objetivas mensuráveis, fato que ocorre, por absoluta ausência de outros processos, com a pesquisa etológica na área da psicologia animal e para eliminar-se as variáveis culturais na pesquisa das estereotipias do ser humano (fotografia truncada). Quando o behaviorismo estava em recesso pela convicção unânime dos cientistas sociais das mais variadas disciplinas de que *o comportamento humano não pode ser reduzido a simples respostas automáticas e a estimulações do meio* (Philippe Ropartz, doutor em ciências, encarregado de pesquisas no C.N.R.S. (França) e assistente da faculdade de ciências de Estrasburgo), surge, de repente, uma doutrina inatista que, à primeira vista, parece ressuscitar os *reflexos*, agora com feição de comportamentos estruturados e funcionais. Mas, uma coisa é aproveitar "reflexos" não funcionais e aleatórios para sobre eles (conforme a doutrina behaviorista) construir condutas associadas (reflexos condicionados) e outra é a identificação de condutas estereotipadas correspondentes a situações ecológicas que o animal deve enfrentar. A própria estereotipia que os etólogos atribuem aos "esquemas hereditários" faz deles um sistema fechado, funcional e econômico para a sobrevivência do organismo, o que torna improvável que venham a constituir base instrumental para os condicionamentos operantes dos behavioristas...

Pode-se, pois, dizer que a etologia é a pesquisa da resposta biológica (*savoir inné*) às solicitações da ecologia; enquanto estratégias superiores, construídas ao longo do desenvolvimento, não estão disponíveis como estratégia (teoria do jogo — ganhos e perdas) de comportamentos. Lorenz propôs uma analogia muito ilustrativa para explicar a relação que existe entre os dois princípios (o "disparador" e o "ato comportamental"): *"entre a chave e a fechadura, existe a mesma especificidade que entre o 'disparador' e o 'ato comportamental' correspondente".* Quem pode afirmar que o "vermelho do céu da boca dos filhotes é o 'disparador' para que os pais (pássaros) derramem nela o alimento"? Por que não seria a situação total que determina o comportamento? Que "disparador" leva o pássaro a buscar o alimento? O estudo moderno dos "instintos" mostra que o conteúdo da percepção ("leitura da experiência", J. Piaget) varia extraordinariamente de espécie a espécie, podendo ser de natureza motora, luminosa, elétrica, química, magnética e/ou combinação destas.

A identificação do "repertório comportamental de uma espécie" exige longa observação de alguns de seus membros, no meio natural, como ocorreu, recentemente, com um casal de etólogos que demorou-se acampado junto a uma horda de macacos superiores, durante mais de dois anos, o que lhe possibilitou traçar a biografia de um dos membros da horda que passou por várias tipologias de comportamento, indo da posição de *out sider* a caudilho da horda.

A observação etológica procura identificar condutas como: a) maneira de alimentar-se; b) maneira de reproduzir-se; c) "educação" dos filhotes; d) relacionamento pacífico e agressivo (raramente, por exemplo, os animais matam um membro da própria espécie, comportamento que abre, aqui e ali, brutais exceções, como é o caso dos pombos — columbocidas —, justamente, os diáfanos representantes simbólicos da PAZ... segundo ilusória escolha dos homens...). Mas, o fato de o ser humano ser a única espécie de animal que possui *linguagem articulada* (nas demais espécies a linguagem é mímica, tangencial, táctil, eletromagnética, olfativa, etc.), faz do *animal-homem* caso especial dentro da etologia, não sendo fácil passar do animal à espécie humana (salvo na área fisiológica, anatômica e patológica, isto é, nos aspectos do comportamento em que o expoente biológico é, acentuadamente, mais relevante que o simbólico, área em que atua, justamente, o condicionamento operante skinneriano). O fato de utilizar-se de condutas simbólicas, como que isola o homem de todos os outros animais incapazes de usar significantes e significados. Mas, quem lida com crianças, na fase pré-verbal, e, mesmo, como crianças no período que se segue à aquisição deste recurso comportamental, sente, por vezes, profunda angústia de não poder comunicar-se com elas: são meros animaizinhos super-inteligentes (se não tiverem carências genéticas — mongolismo — por exemplo), de nada valendo, para com eles comunicar-nos, a linguagem articulada (estrutura socializada de composição altamente lógica e probabilidade de ocorrência regida por processos matemáticos que a criança só adquire (mesmo para manejo simbólico — jogo de ficção), quando o desenvolvimento já vai bem adiantado, isto desacredita — diz Piaget — a teoria dos reflexos condicionados: "Se a aprendizagem da linguagem fosse mero condicionamento, a criança começaria a falar muito mais cedo". Para os educadores que se consagram a esta fase do desenvolvimento (hoje são cada vez mais numerosos os que escolhem esta fase do crescimento para a intervenção pedagógica... antes que os pais congelem a espontaneidade e a criatividade), é verdadeiro espetáculo genesíaco ver surgir, como uma aurora policrômica de luz, cores e sombras, o nascimento da função simbólica (jogo de fixação, desenhos egocêntricos motivados, invenção de linguagem não socializada, expressão energetizada das primeiras "manchas" de representação mental, etc.). Daí para a frente, é tão evidente a dominância das condutas significativas que qualquer sobrevivência de um *savoir inné* torna-se improvável no conjunto do comportamento humano. O próprio fato de os behavioristas empenharem-se em criar condutas condicionadas, por intermédio de reforços, é prova de que as possíveis condutas estereotipadas e hereditárias são absolutamente insuficientes (para não dizer inadequadas) para sobrevivência no contexto sócio-cultural que o homem criou para si (civilização e cultura). Pode-se até dizer (é uma observação sem comprovação científica) que a capacidade de aprendizagem de condutas é inversamente proporcional ao elenco de comportamentos inatos: os animais, praticamente, nada aprendem, mostrando-se altamente restrita a área de *adestramento*.

Os animais adestrados de circo parecem apresentar comportamento deformado, ilógico, inadequado à sua anatomia, a ponto de causarem certo sofrimento moral ao observador. Naturalmente, as possibilidades de montagem de condutas aprendidas vão crescendo na medida em que o animal ascende na espiral evolutiva. Os insetos são os animais que mostram comportamento estereotipado mais rígido e mais altamente adaptado, sem variações visíveis e com funcionalidade que, por vezes, espanta pela aparente premonição.

Na medida em que o ser humano desenvolve-se, cada vez mais, não só as condutas hereditárias, mas também os automatismos fixados nas primeiras idades (inteligência sensório-motora) mostram-se obsoletos, caminhando as estratégias de comportamento para uma operacionalidade progressiva que, no último estágio, alcança o nível hipotético-dedutivo, matemático e formal (comportamentos virtuais), em que a característica é a *mobilidade*.

Por outro lado, a relação estímulo-resposta (S-R) é cada vez mais longínqua (já pela espontaneidade criativa — supondo-se que o indivíduo não foi automatizado, já pela variedade de soluções que os problemas suscitam), a ponto de se dizer que "*o homem não traz programas (condutas estereotipadas, instintos, savoir inné, automatismos); propõe a si mesmo objetivos, fazendo todos os rodeios necessários, criativamente, para atingi-los*". Esses rodeios são, precisamente, a qualidade básica da inteligência, por oposição à rigidez dos instintos (hábitos inatos) e dos hábitos (instintos adquiridos). Numa certa altura de seu desenvolvimento (e não *ab initio*, como supõem os pedagogos idealistas da espontaneidade absoluta a partir da mais tenra idade), o ser humano *sente-se livre*: "Este sentimento torna-se importante a seus olhos quando toma consciência de que tomar uma decisão pode modificar o curso dos acontecimentos; um indivíduo age como se desfrutasse de *livre arbítrio*, na medida em que começa a tomar decisões e é livre, na medida em que se sente responsável pelas conseqüências de seus atos; aquele que não "Le libre arbitre en question", Marvin Frankel, mestre-assistente de psicologia, Chicago).

Embora com a possibilidade de usá-lo ou não o usar (livre arbítrio), o homem tem, inegavelmente, "um certo número de seqüências comportamentais perfeitamente adaptadas" (*op. cit.*,

Philippe Roparts), sobretudo as que são decorrentes da especificidade de sua anatomia (as possibilidades de expressão corporal, na dança, por exemplo, são limitadas pelas possibilidades de manejos determinadas pela anatomia). Os "objetivistas" não negam o efeito da experiência na atualização destas condutas inatas, mesmo porque a experiência é condição da maturação do sistema nervoso, para onde confluem, no final de contas, todos os comportamentos: *"o comportamento humano repousa sobre bases 'instintivas', mesmo que a experiência adquirida pelo organismo complete, largamente, o repertório comportamental inicial"* — afirma K. Lorenz (1934), para escândalo de biólogos, psicólogos, antropólogo e teólogos (livre arbítrio). Entre estes comportamentos, assinala: a) os que estão ligados à alimentação (movimentos rítmicos em busca do seio, reflexo que aparece, de início, inteiramente independente de estimulação exterior, podendo, contudo, progredir pela repetição ("reação circular" — segundo J. Piaget); b) no momento do nascimento, segura por uma pessoa em posição vertical, a criança "marcha" automaticamente, fenômeno que desaparece dentro de poucos dias; c) o "reflexo de agarrar-se" é bem nítido no recém-nascido, podendo-se levantar seu corpo fazendo-o prender-se aos dedos ou a um bastão, comportamento que desaparece também rapidamente. Mas, não são apenas estes reflexos medulares (resolvidos na medula espinhal), que podem ser apresentados pelos etólogos. Há comportamentos inatos que fazem intervir os estratos superiores do sistema nervoso, como os movimentos, posturas, atitudes e mímicas que acompanham os estados emocionais: a) o sorriso e o choro, por exemplo, manifestam-se da mesma forma na criança cega e nas normais; b) expressões complexas como hesitação, medo, tristeza, desgosto são também semelhantes nas crianças surdas-mudas e nas normais (enquanto o choro permanece inalterado com o passar dos meses — experiência —, o sorriso parece exigir um *feedback*); c) nos adultos percebem-se comportamentos inatos no nível das expressões faciais, posturas e gestuais, sobretudo quando estas servem de instrumento de comunicação não lingüística. 1) quando um homem come, levanta os olhos a cada dois ou três bocados e olha ao longe, exatamente como o macaco temeroso de ser surpreendido por um inimigo natural; 2) vimos (ver supra) o ritual do namoro, estereótipo universal; 3) o desdém e a arrogância manifestam-se por uma atitude rígida, busto e cabeça ligeiramente inclinados para trás, olhar baixo, lábios cerrados, o sopro saindo do nariz com silvo apenas perceptível; 4) a mímica de aprovação e desaprovação: quando se sacode a cabeça para dizer "não", os lábios permanecem fechados (rejeição do seio materno?), ao passo que, quando se meneia a cabeça para dizer "sim", este gesto é acompanhado de um abrir e fechar de olhos (desejo de comer alguma coisa?). (Eibi-Eibesfeldt, "Concepts of Ethology and their Significance for the Stude of Human Behavior").

Os etologistas distinguem os "disparadores" (índices e sinais que põem em ação um comportamento inato: IRM = *Innate releasing mechanisms*) e os "ritos" que já são mecanismos evolutivos, espécie de estruturação que intervém para transformar o ato motor banal em um sinal "simbólico", utilizado nas comunicações sociais (*op. cit.*). Para W. Wickler, por exemplo, o beijo na boca, que faz parte da ritualização da "corte" de nossa própria espécie, tem origem na troca de alimento boca-a-boca entre a mãe e a criança (entre alguns povos primitivos a mãe mastiga o alimento para o filho). É notável e curioso como o homem "precisa" de ritos cerimoniais, liturgias (batizado, casamento, aniversário, "debutância", funerais, paradas militares, dança, gestos de saudação, etc., etc.): *os neuróticos cumprem ritos* compulsivos que implicam, por vezes, em total alienação.

Piaget, que não tem nenhum entusiasmo por qualquer explicação instintivista, preferindo a interpretação das condutas como processos de *reequilibrações* e *recombinações* (não compartilha também da "necessidade e o acaso" de Monod), assim se refere aos comportamentos dos primeiros meses de vida em que não há ainda consciência do eu ("se há narcisismo é sem Narciso" — lembra a Freud...): "Dito isto, os afetos observáveis neste contexto adualístico (J. B. Baldwin) dependem, em primeiro lugar, de *ritmos gerais*, que correspondem aos das atividades espontâneas e globais do organismo (reações circulares, "insight " etc.): alternâncias entre estados de tensão e de relaxação, etc. Tais ritmos se diferenciam em buscas de estímulos agradáveis e tendências para evitar os desagradáveis. Um dos sintomas mais estudados da satisfação é o sorriso, que deu origem a múltiplas explicações. Ch. Buhler e Kaila viam nele uma reação específica humana. Mas, por um lado, nota-se, no princípio, uma espécie de *sorriso fisiológico* ("savoir inné"? — Piaget não se pronuncia), logo após a mamada, sem nenhum estímulo visual (sinal de que não há, necessariamente, disparadores? — também aqui não há definição da posição de Piaget). Por outro lado, um de nós observou sorrisos muito precoces em presença de objetos em movimento. A reação à figura humana foi estudada por meio de máscaras mais ou menos completas (olhos e testa sem boca, etc.) análogas aos "engodos" de que se utilizam os etólogos da escola de Tinbergen, e Lorenz, para analisar os desencadeadores perceptivos dos mecanismos inatos (com isto pode-se entender que Piaget distingue estes dos comportamentos humanos). Observou-se, a respeito, que os olhos e a parte superior do rosto desempenham papel preponderante e certos autores (Bowlby) consideram estes estímulos *análogos* (?) aos desencadeadores hereditários (IRM). Mas, segundo Spitz e Wolf, é mais prudente ver no sorriso um *simples sinal de reconhecimento de um complexo de estímulos num contexto de satisfação de necessidades*. Não haveria, assim, desde o sorriso da criança é, freqüentemente, provocado, sustentado, reforçado ou "gratificado") utilização, mais ou menos rápida, dele como instrumento de troca ou de contágio e, por conseguinte, utilização dele, pouco a pouco, como meio de diferenciação das pessoas e das coisas (não sendo os primeiros, durante muito tempo, senão centros ativos e imprevistos, assimilados em função das reações próprias, sem diferenciação nítida das coisas).

A questão, pois, está longe de receber uma resposta definitiva...

De Rousseau a Piaget, Tudo o que é a Criança

O mundo antigo desconhecia a existência (especifica) da criança. Existiam, apenas, adultos de tamanhos diferentes. Foi Rousseau quem descobriu que este "homúnculo", vestido e tratado como adulto, era, de fato, um ser especial, com características próprias, perdido e "massacrado" na floresta selvagem do mundo adulto. A partir de Rousseau, os educadores começaram a "inventar" métodos (escola renovada), na tentativa empírica de "respeitar a personalidade da criança". Mas, faltavam bases científicas e pesquisas de campo que fundamentassem a atabalhoada ansiedade dos educadores em busca de uma metodologia infantil. Daí as contrafações que apareceram em nome da "infantilização" das escolas e, como conseqüência, em nome da mudança das relações entre pais e filhos. Agora mesmo, o Dr. Benjamin Spock, psicoterapeuta norte-americano que há vinte e dois anos publicou *Como Cuidar e Educar Seu Filho* (*best-seller*) permanente que já vendeu um milhão e meio de exemplares), está sendo acusado de ser responsável pela insubmissão atual da juventude americana... por ter encorajado pais e educadores a dar liberdade às crianças. Mas, os problemas não ficaram aí. Se, por um lado, A. S. Neil (*Summerhill* — Inglaterra) cria a *Liberdade sem Medo* (permissibilidade absoluta para a criança fazer o que quiser, inclusive não ir à aula, mesmo numa idade em que a criança não tem o mínimo poder de deliberação consciente), por outro lado, Maria Montessori propõe, em pedagogia científica, uma tecnologia pedagógica ultra-rígida (o silêncio, a linha, a disciplina, etc.). E, assim, as crianças, como cobaias, começaram a ser submetidas a todo tipo de experimentação, conforme o sentido que os educadores deram às considerações um tanto fantasiosas de Rousseau (*Emílio*). Mas, estava criado o problema: uma criança não é um "adulto em miniatura": deve ser tratada como se estivesse ainda num processo embriológico extra-uterino, a ponto de até os juízes de menores (também sem nenhum conhecimento da psicologia infantil) encorajarem-se a decidir o que é bom e o que é mau para as crianças, num mundo cada vez mais complexo, em que os meios de comunicação de massa subverteram todos os tabus arcaicos da educação familiar (que ia de uma extrema complacência à mais brutal severidade).

O problema, pois, passou inteiramente aos educadores. Mas, onde ir buscar elementos científicos para determinar as bases da pedagogia infantil? O primeiro grande gênio que penetrou, com um bisturi afiado, no mundo nevoento e sincrético da psicologia infantil foi Freud, que fez da infância o período de fixação de todas as condutas posteriores dos adultos. É imensa a literatura psicanalítica sobre o mundo da fantasia infantil, servindo de exemplo típico (pela seriedade e competência do Autor) o recém-publicado, em 2.ª edição (Zahar), A Criança e Seu Mundo, de D. W. Winnicott (britânico), livro que deveria ser manual de permanente consulta para pais e mestres de crianças até a adolescência. Existe um problema muito mais grave (porque constitui a base de seu desenvolvimento para atingir o nível adulto na sociedade em que vive).

Além dos problemas afetivos, a criança tem um *problema* (se assim se pode chamar o processo embriológico de formação das estruturas psicológicas do pensamento da criança, dos primeiros esboços de imagem mental até os mais altos níveis de pensamento abstrato), tem um problema que podemos chamar *cognitivo* (donde uma "psicoterapia cognitiva" que os psicoterapeutas ainda não comercializaram). Toda criança, no mundo Ocidental pelo menos, para ser "normal" tem que alcançar o pensamento hipotético-dedutivo, lógico-formal e matemático, vez que toda a cultura e os processos tecnológicos se baseiam em operações mentais que têm como *substratum* este tipo de pensamento (método científico e ciências exatas). É verdade que grande parte da população (a mais pobre e mais excluída do processo sócio-cultural, jamais atinge estes níveis, o que explica seu estado de sujeição à classe dominante através de um círculo vicioso: não conquistam situação de paridade, porque, não têm nível mental para enfrentar os concorrentes e não têm nível mental porque são excluídos do processo sócio-cultural). É o problema do desenvolvimento da inteligência, problema que não é, ainda, objeto de cogitação nos cursos universitários (a seleção para a universidade, por exemplo, não inclui pesquisa do nível de desenvolvimento mental do candidato, e os cursos de psicologia e de pedagogia não cogitam de preparar os psicólogos e pedagogos para atuar neste campo, o que é um preconceito de graves repercussões em terapia e em educação). Ora. os *behavioristas* (norte-americanos) e os reflexologistas (soviéticos), por preconceito e por método (com medo de parecerem "metafísicos": a psicologia tradicional era "metafísica"), proibem seus partidários de examinar (sequer de referir-se a) o fenômeno chamado *inteligência* (*inteligência* sugere funcionamento apriorístico do organismo e os comportamentalistas afirmam, dogmaticamente, que.a atividade do organismo é, exclusivamente, reflexo dos estímulos recebidos do meio). Para eles, entre a entrada do estímulo (*input*) e a saída da resposta (*output*) não existe nada (daí a expressão *caixa vazia* para indicar as "variáveis intermediárias" entre estímulo e resposta — é nestas variáveis que se situa o fenômeno chamado *inteligência*). Tudo corria no "melhor dos mundos possíveis" (o estabelecimento universitário odeia controvérsias e supõe ser depositário da *ciência feita* que deve ser transmitida, por *iniciação*, às novas gerações), quando surgiu, na Suíça, um novo Freud, que gritou: "o rei está nu, isto é, o homem tem inteligência...", constatação que só causou espanto aos psicólogos e pedagogos, pois o povo sempre soube disto! Era Piaget, um gênio que publicou seu primeiro artigo numa revista científica (evidentemente, ludibriando sua direção) aos onze anos de idade! A psicologia, desde que se separara da metafísica (Aristóteles, Santo Tomás, etc.), abandonara o estudo do que se chamava *consciência*, definindo psicologia como a "ciência do comportamento" (não considerando, evidentemente, a linguagem e a vida mental como comportamento, o que foi seu erro básico e insuperável). Piaget, simplesmente, resolveu voltar a estudar a *caixa vazia* (variáveis intermediárias entre estímulo e resposta) e descobriu que existem inúmeros níveis de resposta para o mesmo "estímulo" (problema). Começou a estudar, qualitativamente, a operacionalidade dos organismos vivos (quer a atividade fosse motora, verbal ou mental). Não precisou, como se vê, redefinir *psicologia*: "psicologia é a ciência do comportamento"... mas, verbalizar e pensar é também comportamento! Mais: para Piaget o que interessa não é a resposta, mas seu nível estratégico (operacionalidade). Com isto, muda o rumo da pesquisa científica na área das ciências do homem. Porque voltou a estudar a *consciência*, muitos o consideraram "filósofo". Mas Piaget mostrou que se pode estudar a consciência sem recorrer ao tradicional método introspectivo dos metafísicos (adotou, inicialmente, o *método clínico*, baseado na livre conversação, à semelhança dos métodos freudianos, depois passou, diretamente, para a experimentação de laboratório, no que foi seguido por seus discípulos, hoje espalhados pelo mundo inteiro). Há mais de cinqüenta anos, com uma paciência beneditina e com uma pertinácia que assombra os meios científicos, Piaget e sua dedicada equipe, em Genebra, vêm pesquisando a *inteligência* (operacionalidade da atividade motora, verbal e mental) perante a indiferença e o silêncio do mundo acadêmico. Sua primeira descoberta foi que a resposta aos "estímulos" (a reação diante dos problemas) varia, marcadamente, em cada idade do crescimento da criança (psicogenética) e que a estruturação do comportamento é semelhante à embriologia dos seres vivos (segue as mesmas leis da gestação). Verificou que o comportamento (mesmo quando é figurativo ou constituído de pensamentos abstratos) provém da atividade sensório-motora, quase nada devendo à percepção, por exemplo, o que chocou fundamente não só os psicólogos e cientistas como a opinião do senso comum, acostumada a ver no pensamento uma "cópia" da percepção. No momento, as universidades norte-americanas começam a "descobrir Piaget" (o mesmo que fizeram com Freud, que durante muito tempo fora apenas um "autor europeu"). Tudo começou quando os esputiniques dos soviéticos fizeram os norte-americanos pôr em dúvida seu estabelecimento universitário e a formação de seus cientistas. Chamaram aos EUA Barbel Inhelder, a grande e fiel colaboradora de J. Piaget, desde o início de sua carreira de cientista. O objetivo era reexaminar as bases da educação norte-americana que, como todos sabem, funda-se na chamada "psicologia do rato" (os behavioristas, em vez de examinarem o comportamento humano, dedicam-se a criar gerações de ratos em seus biotérios e a partir de suas reações pronunciam-se sobre o psiquismo do ser humano). O grupo de cientistas concluiu que a educação deveria basear-se na *inteligência* (estratégias altamente complexas) e não nos reflexos condicionados de ratos de laboratório (os behavioristas recusam-se, também, a examinar o comportamento natural dos ratos, sendo preciso para isto fundar nova ciência denominada *etologia*). Em vez de "respostas aprendidas" (que fixam o processo evolutivo e impedem a criatividade demonstrada pelo esputinique dos russos), a educação deveria visar a inventividade e os processos hipotéticodedutivos (e todos sabem que com reflexo condicionado não se pode "pensar"). A matemática foi colocada no coração do processo escolar (nos EUA já não se estudava matemática que, segundo os psicólogos, criava muitos problemas "afetivos" para a criança). Aceito na América do Norte... o mundo inteiro correu às livrarias em busca das obras de J. Piaget e começaram as experiências pedagógicas baseadas nas pesquisas do grande psicólogo esquecido. Tivemos a sorte de, em 1962, descobrir Piaget e fundar uma escola baseada em suas idéias, da qual saiu nossa obra (hoje em 8.ª edição — Ed. Voves) *Escola Secundária Moderna*. Mas, só agora, esta obra está sendo estudada nas escolas e nas Faculdades de Educação, só agora chegou o momento de Piaget no Brasil. Já faz alguns anos que se publicou a *Psicologia da Inteligência* e a *Psicologia da Linguagem* (Fundo de Cultura) e, mais recentemente, a *Psicologia da Criança* (Saber, n.º 16) de Piaget e Inhelder. Agora, o mercado foi inundado de Piaget. Só a Zahar publicou sete livros fundamentais (*Nascimento da Inteligência, Construção do Real, A Formação do Símbolo na Criança*, etc.), e, por último, *A Gênese do Número na Criança*, obra sem a qual de nada valem as discussões da chamada Matemática Moderna, uma vez que o problema não é da modernidade da Matemática, mas de como a criança aprende Matemática (didática moderna da Matemática). São livros que deveriam, simplesmente, ser oficializados nas escolas normais e Faculdades de Filosofia. Mas, englobando todas estas subobras (digamos assim, sem sentido pejorativo), a Record publicou *O Raciocínio na Criança*, em que Piaget resume e rediscute todos os outros, mostrando o que seja o egocentrismo infantil, que a impede de ser objetiva e de raciocinar, por não saber, por exemplo, usar as conjunções que estabelecem as "relações", fundamento lógico. Toda "fantasia" infantil (que pode chegar até dez ou onze anos de idade) parte deste egocentrismo, donde Piaget falar tanto na "revolução copernicana do eu". Basicamente, a criança — Piaget demonstra à saciedade — é incapaz até esta idade (com variações abundantes) — de compreender o ponto de vista do outro; portanto, não pode compreender também o princípio da não-contradição, o princípio da relatividade dos pontos de vista, não tendo interesse em provar o que diz (função da lógica, última etapa do desenvolvimento da inteligência). Já demonstrara na *Gênese do Número da Criança* que o pensamento matemático (e não da Matemática) é a própria característica do pensamento hipotético-dedutivo, fase final de equilibração do pensamento infantil. Que solução Piaget apresenta para estimular a compreensão do ponto de vista do outro (base do pensamento lógico em formação?). A sociabilidade, a cooperação com crianças da mesma idade, o jogo de regras que exigem reciprocidade com os demais, etc. Aqui entra o terceiro gênio da moderna Psicologia: Kurt Lewin, que criou a Dinâmica de Grupo, técnica de levar as crianças à cooperação e à compreensão do ponto de vista do outro; logo, um processo de logicização, além de um estímulo à amorização. Daí termos enveredado, há cinco anos, por esta via: ensinar o professor a trabalhar com as crianças em grupo promovendo a cooperação (*Dinâmica de Grupo no Lar, na Empresa e na Escola*. Ed. Vozes, 2.ª edição). Assim, temos, finalmente, uma metodologia que atende aos problemas da afetividade (Freud) e da inteligência (Piaget) através de um processo de socialização (Kurt Lewin). Tudo isto leva a uma grave conclusão: a reforma da educação que acaba de ser votada pelo Congresso (por falta de assessoria de um especialista em educação infantil) juntou num só bloco (Curso Fundamental) duas idades de comportamento intelectual inteiramente diferentes: a criança de até dez/onze anos (pré-lógico, com pré-adolescentes de doze a quinze anos, em plena fase do pensamento lógico proposicional (verbal). Até a idade da inteligência (dez a onze anos), que compreende o antigo curso *primário* elementar, toda aprendizagem — Piaget demonstra minuciosamente — apóia-se na Manipulação Concreta que se vai verbalizando, ao *passo* que, a partir desta idade (últimas séries do antigo curso *ginasial*), o pré-adolescente desenvolve e trabalha com o pensamento hipotético-dedutivo, o que exige duas metodologias inteiramente diferentes. O que se deveria ter feito era um curso fundamental de *seis anos* (introduzindo nele as duas primeiras séries do ginasial) e ligando as duas *últimas* séries do ginásio ao curso *colegial*; era respeito ao desenvolvimento, altamente diferenciado, de cada etapa da construção do pensamento infantil. Os leitores de J. Piaget, que *agora* serão milhares, vão logo perceber esta contradição da reforma do ensino, e os *professores terão que* aprender a fazer dois tipos de planejamento, *dentro* do curso fundamental, *sem falar*, o lógico — no pré-primário —, cuja metodologia é ainda mais, radicalmente, diferenciada.

Axiomática de uma Pedagogia Piagetiana

1. A necessidade de atividade na aprendizagem não decorre apenas da psicologia do interesse e da motivação, mas do próprio mecanismo da inteligência.
2. Os membros da equipe representam uma forma de controle lógico do pensamento individual.
3. Não haveria inteligência autêntica sem atividade. Pensamento é a interiorização e combinação das ações! As ações podem ser exteriores ou imitadas ou significadas.
4. As funções superiores do pensamento humano são: noções, representações e operações. As imagens são símbolos. As palavras são signos. A imitação é um esforço de interiorização.
5. Na aprendizagem temos que distinguir a aquisição de noções, representações e operações da aquisição de automatismos.
6. As funções elementares do psiquismo são: motricidade, percepção e associação. São os instrumentos básicos para as aquisições superiores.
7. Cada disciplina (conforme a natureza de sua estrutura, conforme o tipo de atividade intelectual que representa) tem sua didática especial.
8. Aprender é interiorizar (se a aprendizagem não é motora) as ações com que agimos sobre um objeto.
9. Em didática temos que distinguir o processo de aquisição do conhecimento em si e as condições em que este processo se desencadeia (interesse, motivação).
10. Todo método de ensino é solidário de uma psicologia da criança. Toda prática escolar supõe (embora implícita e tacitamente) uma psicologia.
11. Queiram ou não os educadores, terão que provocar a atividade para conseguir aprendizagem, mesmo que a psicologia em que se apóiem não exija.
12. Entenda-se por "atividade" ações como: contar, superpor,

ordenar, comparar. Essas ações podem ser feitas de maneira real, simbólica ou simplesmente representada.

13. O professor pode (mas não deveria) descrever (verbalmente) ou demonstrar (executando-as perante a classe) as ações que solicita do aluno.

14. A didática tradicional faz do professor um simples modelo. A ação não é solicitada do aluno antes de ele ter visto o professor executá-la.

15. A abstração de que tanto fala a psicologia clássica não é senão um esquema de ação. Não é a imagem que se abstrai.

16. *Estudar uma figura é* : decompor, transportar, medir, contar, seguir contornos. A percepção melhora quando sistematizamos a exploração da figura.

17. A "leitura da experiência", também, é feita de forma ativa. A simples aquisição de uma imagem exige atividade.

18. A intuição a partir do concreto é uma das condições indispensáveis para a aquisição de noções. Não se pode agir sobre nada...

19. Só se adquire noções e aprende-se uma operação manipulando a realidade.

20. Nenhum avanço pedagógico representa a técnica de demonstração, tida como última palavra em didática. Sem a atividade do aluno...

21. Não se deve confundir atividade com motricidade. Contar é uma atividade, podendo ser feita a contagem com as mãos, só verbalmente ou de maneira representada (motor-verbal-mental).

22. Ao assistir a um filme, o aluno imita, interiormente, o "artista", pelo grau de empatia provocado pela dramaticidade do enredo. Mas, não é duradoura esta aprendizagem...

23. Os problemas apresentados ao aluno devem tomar a realidade sempre por ângulos diferentes e até absurdos para provocar a reflexão (associatividade).

24. As noções semelhantes (círculo e perímetro) devem ser apresentadas juntas ou separadas? Como evitar as confusões? Se fosse mera *impressão*, separadamente como são operações...

25. Os alunos bem dotados estão acima da didática. Aprendem certo por métodos errados. Mas a maioria da classe não é de bem dotados.

26. A dificuldade de formação de símbolos (a pobreza de palavras) é, geralmente, o motivo por que o indivíduo não consegue realizar as operações mentais.

27. O maior perigo da aprendizagem é deixar que se formem hábitos intelectuais rígidos (aprender algo de uma só forma).

28. Desverbalizar a aprendizagem é a melhor forma de não deixar criar hábitos intelectuais. No trabalho em grupo é impossível formar estes hábitos estereotipados (o "outro" é, sempre, fonte de desequilíbrio).

29. O aluno tem pelo ensino um interesse diretamente proporcional ao grau de atividade que se lhe permite desenvolver. Por que a atividade é interessante? Porque é uma forma de funcionamento do organismo.

30. Quanto menos compreendida uma idéia, mais dificilmente é memorizável e mais facilmente é esquecida.

31. Talvez, a percepção resulte das sensações cinestésicas (do movimento). Os psicólogos quase não deram importância a este tipo de sensação.

32. A expressão desenvolve a elaboração intelectual. Estudar, pois, não pode ser apenas "absorver" conteúdos, mas alternar a "impressão" com a "expressão"

33. Na medida em que desenho um objeto, melhoro minha percepção dele. O trabalho do professor é orientar a exploração do objeto.

34. A abordagem da realidade tem três elos: a impressão — a reação — a expressão. São fases sucessivas do fenômeno, mas integradas.

35. Uma representação é um desenho interior do objeto, resultante da exploração que os sentidos nele fizeram. O desenho é uma imagem exterior. Daí a extrema importância do desenho na escola.

36. Experimentação não é simples manipulação de aparelhos (aulas práticas). É um problema que se propõe à natureza. Seu desenrolar depende de uma idéia experimental (Claude Bernard) ou de um esquema antecipador (Piaget).

37. O "reconhecimento" é o ato preliminar da atividade assimiladora da mente. Não é mais que isto. Não produz pensamentos.

38. Para adquirir noções não basta mandar a criança desenhar ou colorir. O que se deve fazer é mandá-la manipular os objetos em vista de uma *idéia diretora* (para que?).

39. "A imagem mental é uma reprodução interiorizada dos movimentos de exploração da forma percebida."

40. O indivíduo que lê um texto para resolver um problema dele retira, apenas, o que interessa à solução do problema que tem em mira. Fica cego para o que não tem interesse imediato. Por isso as polêmicas deturpam a realidade. A atividade do grupo é integradora: cada membro do grupo vê algo diferente na realidade.

41. O desenho e a modelagem (ou fazer uma mesa) é reproduzir na matéria as ações que construíram interiormente o objeto. Daí não se poder desenhar ou modelar sem antes analisar o objeto...

42. A experimentação é uma das formas de assimilação. Como a experimentação é apenas uma das formas de observação, a assimilação se faz por observação. Como a observação depende

da exploração do objeto, a assimilação se faz por manipulação do objeto.

43. Dewey viu no ser humano um reagente e não um recipiente (como fizera a psicologia senso-motora). A ação do homem visa sempre a um fim prático (pragmatismo). Para Dewey, portanto, todas as funções mentais são instrumentais (instrumentalismo). O "pensamento" (como um todo) é um instrumento. Se não há dificuldade a resolver, não é o homem estimulado a agir.

44. O ato de pensamento — para Dewey — tinha *cinco passos logicamente distintos*: (I) Percepção de uma dificuldade; (II) Sua determinação e definição; (III) Sugestão de uma solução possível; (IV) Desenvolvimento, por meio do raciocínio, de suas conseqüências; (V) Observações e experimentação ulteriores que levem à aceitação ou à recusa de sugestão, isto é, à conclusão de crença ou não-crença.

45. Claparède parte do ponto de vista biológico: O pensamento tem por fim readaptar o indivíduo ao meio quando o equilíbrio for rompido entre ambos (pelo meio ou pelo próprio sujeito: funcionalismo).

46. Como o motorista precisa de ferramenta quando o automóvel enguiça, assim o homem precisa de reflexão quando sente uma necessidade (Claparède).

47. Claparède centra sua explicação nas necessidades. Dewey centra nas relações entre o estudo teórico e a ação prática e nos métodos de pensamento e de pesquisa que o aluno deve adquirir.

48. Para Dewey o "meio escolar" deve possuir os instrumentos necessários a atividades físicas e concretas...

49. Dewey não imaginou que se poderia organizar o "meio escolar" através de situações fictícias. Exigia sempre ações concretas:

50. (I) autêntica situação de experiência — (II) problema autêntico — (III) informações e observações reais — (IV) soluções prováveis por ele elaboradas e ordenadas — (V) ter oportunidade de comprovar.

51. Claparède é mais ou menos igual, mas em termos de necessidades: (I) necessidade — (II) pesquisa — (III) satisfação etc.

52. Daí se conclui a importância dada à motivação: não é possível fazer pesquisa sem motivação. Porque a solução não pode ser imposta de fora.

53. Conclusões: "Toda operação adquirida na escola deve resultar de uma necessidade ou de um problema vital. A solução deve ser posta à prova."

54. Mas nem Dewey, nem Claparède disseram como se processa a aquisição de pensamento, nem como ele funciona. Vê-se que ainda estavam impregnados de associacionismo...

55. "*Noção é sinônimo do correspondente grupo de operações*" (Bridgman). "As idéias são planos de ação" (Dewey).

56. As idéias são ações depuradas. Não se desenvolvem mais em movimentos efetivos. São ações interiorizadas.

57. As operações concretas da criança e a ciência são etapas extremas de um mesmo processo de adaptação. Mas, não basta dizer que são formas de adaptação. É preciso reconhecer o caráter operacional do pensamento.

58. Podemos dizer, portanto, que existem duas didáticas: a de formação de hábitos rígidos (que partem de intuições e de mera leitura da experiência) e a didática da formação do pensamento operatório.

59. Kerschensteiner: Observação refletida é uma tautologia. Passa-se da observação, insensivelmente, para a experimentação.

60. Mesmo no processo de simples treinamento, a observação do que vai ser imitado deve ser feita de maneira ativa e inteligente, através de esquemas de assimilação.

61. Os casos que devem ser estudados devem ser meticulosamente escolhidos. A aprendizagem não resulta da massa de informações.

62. Uma feliz intuição (solução) não resolve o processo. É preciso uma teorização. Deve ser tomada como simples suposição hipotética.

63. Passos formais de Kerschensteiner: (I) observação dos dados em relação a uma questão — (II) suposições hipotéticas (intuição criadora) — (III) controle refletido ou experimental.

64. "Saber de experiência" em oposição ao "saber comunicado": o primeiro é criador, o segundo é estéril. O primeiro é operatório. O segundo é estereotipado.

65. É preciso não esquecer que um hábito pode ser uma seqüência motora ou uma seqüência verbal ou uma seqüência de ações interiorizadas. Mas, é sempre rígido. Uma definição é um hábito verbal. Não esquecer que as palavras são sinais de ações. As imagens, símbolos de ação. As abstrações, esquemas de ações. Se são rígidas, não são operatórias.

66. É o autocontrole de seu próprio trabalho que identifica a escola nova. É a independentização que faz a personalidade. Os colegas (equipe) funcionam como estímulo de autocontrole.

67. O valor das "línguas clássicas" é que elas não podiam ser ministradas, honestamente, sem intensa reflexão. Enquanto as disciplinas modernas eram apresentadas como simples "experiência transmitida". Basta, portanto, modificar os métodos para que elas tenham os efeitos das letras clássicas.

68. As operações concretas (e não a simples visualização, como querem os intuicionistas) representam função fundamental na formação do pensamento abstrato.

69. O interesse não deve ser essencial... A obediência, não. A obediência leva à ditadura. A lógica não é uma imposição exter-

na. É uma coação interna. O ensino interessante leva a desenvolver conhecimentos coerentes e móveis e aptidões diferenciadas e eficazes.

70. Um protozoário (mesmo sem representação, mas só pela ação) resolve os problemas de sua adaptação ao meio. A vida mental é uma forma superior de adaptação, usando instrumentos sutis (imagens e noções) que são formas de ação interiorizadas, permitindo, portanto, uma mobilidade excepcional com os objetos, o que não seria possível fazer com a própria realidade. Assim, se a existência é importante no psiquismo, isto não é ainda aprendizagem. Aprendizagem é a manipulação mental destes objetos em forma de imagens e de noções (conceitos).

71. Existem ações reais e ações virtuais. Ações efetivas anteriores ou ações ulteriores (esquemas antecipadores). Ações: ordenação, envolvimento, projetivas, seccionamento, redução, assemelhação, colocar próximo, unir, separar, mudar de ponto de vista, cortar, reduzir, dobrar, desdobrar, aumentar, diminuir (podíamos tomar um dicionário de verbos para alinhar os tipos de ação possíveis...).

72. Da mesma percepção, níveis de inteligência diferentes tiram conclusões diferentes. A criança, diante do mesmo fenômeno, retira (assimila) coisas inteiramente diferentes do adulto. O cientista, diferentes do homem comum, etc.

73. A gestalt explicaria porque a criança não admite a equivalência de duas filas de caroços quando numa os caroços estão mais espaçados que na outra? Só através de operações reversíveis pode-se explicar a equivalência nestes casos.

74. A imagem é um suporte do pensamento que, simbolizando as operações, torna possível sua evocação interior.

75. O pensamento (em seus níveis superiores) é antes de tudo um sistema de operações lógicas, físicas (espácio-temporais) e numéricas. A imagem é, relativamente, estática. A imagem pode ser do objeto ou das ações (rodeios) feitas com o objeto. A imagem e a operação têm funções opostas, embora venham de um fundo comum de ação.

76. Até dois anos a criança é incapaz de "imaginar" (interiorizar). A imitação é a gênese das representações (abrir a caixa de fósforo abrindo a boca).

77. "A imagem não é um fato primário, como por muito tempo acreditou o associacionismo: ...é uma cópia ativa, e não um traço ou resíduo sensorial dos objetos percebidos." O desenho é uma imagem exterior do objeto. A imagem é um desenho interior do objeto.

78. Antes de mandar desenhar um objeto, o professor deveria mandar o aluno explorá-lo com as mãos até esgotar todas as possibilidades de análise tátil.

79. A imagem mental é para o desenho o que a linguagem interior é para a linguagem falada.

80. No método expositivo, o professor supõe que o aluno acompanha, mentalmente, as operações que se passam em seu próprio psiquismo.

81. Nos trabalhos manuais, antes de mandar-se o aluno construir um objeto, dever-se-ia permitir que ele o desmontasse. É para conhecê-los que as crianças vivem desmontando seus brinquedos. Construir é uma operação inversa da desmontagem. É, portanto, um exercício operatório.

82. As imagens que pretendem indicar ações ou operações (quadros murais) deveriam estar cheias de indicações das ações (flechas, por exemplo).

83. Um filme (mostrando todas as ações) é muito mais eficiente porque fornece o modelo completo das ações que devem ser feitas pelo aluno. Mas, nem todos os alunos são capazes de: a) interessar-se; b) reproduzir as ações propostas.

84. Como controlar o que se passa na mente da criança quando fazemos uma demonstração? A ação real da criança (fictícia, também) é uma garantia de que está prestando atenção.

85. A falta de compreensão acarreta a estereotipia da reação. Mesmo para obter hábitos estereotipados, o problema da interiorização se apresenta, pois o hábito é a fixação interior de uma forma de ação sem reversibilidade e associatividade.

86. Ilhotas de compreensão podem ter os espaços preenchidos por hábitos verbais ou de manejo de símbolos.

87. Operação: ação interiorizada reversível e coordenada a outras de acordo com uma estrutura de conjunto (teoria dos grupor). Conjunto de Operação-inteligência.

88. "O pensamento da criança é... tanto mais irreversível quanto mais o sujeito é jovem e mais próximo dos esquemas perceptivo-motores ou intuitivos da inteligência inicial: a reversibilidade caracteriza, pois, os próprios processos evolutivos."

89. Na primeira infância não há conservação porque a percepção sobrepuja todo o raciocínio. A reversibilidade e associatividade é que dão duração e conservação. A percepção como a motricidade só conhecem itinerários únicos.

90. Os hábitos são condutas isoladas. As operações formam sistemas de conjuntos. Não existem, apenas, os grupos numéricos. Existem grupos (ou melhor, agrupamentos) no plano qualitativo.

91. As ações do homem tanto reais como interiorizadas tendem à formação de grupos ou grupamentos. São, portanto, inerentes à ação e ao pensamento humano. Após um período analítico em que são experimentados diversos tipos de operações, concluiremos com o esforço de reduzir tudo a um grupo ou agrupamento.

92. Os agrupamentos constituem os quadros da pesquisa (esquemas antecipadores) e já estão constituídos, aproximadamente, aos sete anos. Permitem ao sujeito compreender a realidade e ocasionam novas elaborações.

93. Os hábitos podem ligar-se entre si por associação. É o máximo de mobilidade que possuem.

94. Em vez de mandar o aluno decorar a taboada, deixar que ele obtenha os resultados pelos caminhos mais diversos possíveis. Estimular a diversificação destes processos até formar um grupo.

95. As operações resistem muito mais ao esquecimento que os hábitos. As operações, sendo um sistema de conjunto, cada parte tende a sustentar o todo.

96. A reciprocidade do pensamento no trabalho em grupo só é possível quando há reversibilidade e associatividade. Por outro lado, o trabalho em grupo exige que o pensamento se torne operatório, sob pena de haver um impasse.

97. O egocentrismo é uma imaturidade intelectual e afetiva. É porque é intuitivo e não operatório que o indivíduo se apresenta egocêntrico. Quanto mais objetivo, menos egocêntrico. A operação desenvolve, pois, os dois aspectos da personalidade. Quanto mais rígido o sistema (ver os jesuítas), mais imaturo o sujeito.

98. Jamais uma operação nova surge *ex-abrupto*. A pesquisa é (na criança e no cientista) a própria condição de progresso de pensamento: esquemas de assimilação.

99. O estádio de maturação interna da criança determina, assim, um "teto" de complexidade que as noções e operações não podem ultrapassar.

100. Um problema é um projeto de ação ou operação: contém em si um esquema antecipador.

Esquemas de assimilação:
a) inteligência sensório-motora: agarrar, cortar;
b) atividade perceptiva — explorar, transpor;
c) operações lógicas: seriar, classificar;
d) operações numéricas: contar, adicionar, extrair raízes;
e) operações espaciais ou geométricas: transportar, reduzir, desenvolver, seccionar;
f) explicações causais: relacionar fenômenos.

Estudar é aplicar ao objeto todas as formas de ação e operações de que é capaz o estudante. Assimilação mental é a incorporação do objeto nos esquemas de conduta...

O Lúdico e o Utilitário (O Jogo e a Técnica)[*]

Como tudo pode ser jogo (J. Piaget), por vezes é difícil distinguir a atividade lúdica da utilitária, sobretudo porque a atividade lúdica também tem *objetivo a alcançar* (gol, por exemplo) salvo nas formas mais larvares do procedimento lúdico, como no mero *jogo de exercício*, e em parte, no *jogo simbólico*, em que o "objetivo" não é, provavelmente, consciente. Muitas atividades práticas (a caça, por exemplo, com finalidade de sobrevivência) guardam muito de seu aspecto lúdico. Existem dezenas de teorias explicativas do jogo, esta atividade, aparentemente, *gratuita* que parece contradizer a "objetividade" das atividades de sobrevivência do organismo. Muitas vezes, o jogo torna-se até atividade altamente perigosa, pondo em risco a vida, o que iria contra o proclamado "instinto de sobrevivência". Que tudo pode ser jogo, demonstra-o a "dramatização" (todas as maneiras de reproduzir a vida em forma de *"faz-de-conta"*: conto, novela, teatro, etc.).

Vamos adotar (embora como mera hipótese para iniciar uma reflexão sobre o fenômeno) como "explicação" do jogo a seguinte distinção entre *jogo* e *trabalho*: como o trabalho tem por objetivo alcançar o *êxito* (o resultado) da maneira (técnica) mais breve, menos dispendiosa e mais rentável possível (e nisto o trabalho mostra sua praticidade), termina por eliminar da *estratégia de ação* todas as *diversões* (e "diversão" é conceito ligado diretamente à idéia de jogo), economizando (eliminando) da atividade todos os movimentos (ou operações) que não levam diretamente ao objetivo (rentabilidade, eficiência, lucro, êxito quantitativo, etc.). Deste modo, o trabalho cedo se transforma em *técnica* (e nisto a técnica se diferencia de arte, dando à arte um cunho eminentemente lúdico). A eliminação das "diversões" e automatização do comportamento com vistas a alcançar objetivo prático

---

[*] Especialmente para o 1.º *Simpósio de Educação pelo Jogo*, Método Lúdico no Ensino do 1.º Grau. São Paulo, novembro de 1979.

criaram as "artes fundamentais" da humanidade como a *agricultura*, a *culinária*, a *medicina*, a *arquitetura*, a *educação* (puericultura), a *liturgia dos cultos* (com objetivos metafísicos, embora possa aparecer como a finalidade de obtenção de resultados práticos, como quando se faz uma cerimônia para obter a chuva). Na medida em que a capacidade de produção (industrialização) do ser humano aumenta, diversificam-se estas "artes" que, agora, passam a chamar-se, mais adequadamente, *técnicas*, vindo a surgir a *linha de produção* e a *burocracia* (linha de produção e burocracia equivalem-se, estritamente, a primeira referindo-se à manipulação de objetos que devem ser transformados e a segunda referindo-se a procedimentos "lógicos" para alcançar-se um objetivo). A epistemologia do trabalho (eficiência, eficácia, economia de esforço, aumento da quantidade, rapidez, etc.) leva, fatalmente, à *linha de produção* e à *burocracia*, formas de agir que, por hipótese, eliminam todas as *diversões* (atividades que não levam diretamente ao objetivo). Neste ponto, temos a separação total entre o lúdico e o prático (utilitário). Podemos dizer que *técnica* (rígida estratégica de ação que permite alcançar um objetivo sem "diversões" e com o máximo de rentabilidade) é a noção antípoda de *jogo*, podendo-se aproximar essa noção de *automatismo* (o automatismo é uma espécie de "instinto" aprendido, segundo a expressão de J. Piaget). Ora, o jogo (embora tendo um objetivo a alcançar: êxito) parece desenvolver-se com propósitos totalmente diferentes: fazer *diversões*, descobrir *novas estratégias* (dentro de determinada axiomática, isto é, dentro das regras do jogo). No jogo, surpreender o adversário parece ser mais importante que alcançar o objetivo. Daí dizer-se que "o importante é competir e não ganhar", *slogan* que denuncia a tendência de tornar utilitária a prática esportiva, como se o jogo tendesse a automatizar-se e a transformar-se em técnica. Como toda conduta é uma hierarquia de estratégias e de táticas, é compreensível que na infra-estrutura do jogo existam certas *técnicas de apoio* (assim como a máquina de escrever, por exemplo, é técnica de apoio para o poeta escrever um poema). Mas as técnicas não devem sobrepujar a criatividade (diversão) sob pena de a *atividade lúdica* transformar-se em *atividade técnica* (e aí se vê como é frágil a distinção entre as duas atividades: os jogadores de xadrez, por vezes, comportam-se menos como jogadores que como técnicos, aplicando fórmulas já consagradas. Para melhor compreender-se o que seja *técnica de apoio* deve-se lembrar que todos os jogos físicos exigem certas habilidades básicas do corpo (manipular, andar, etc.): os jogadores de futebol, por mais inventivos que sejam, precisam desenvolver certas *técnicas básicas* que só são adquiridas mediante exercício (note-se que *exercício* é uma expressão antípoda de *jogo*, visando à aquisição de uma técnica).

Fiquemos, pois, com a distinção que estabelecemos: o jogo caracteriza-se pela predominância da *diversão*, isto é, pelo esforço de diversificação das estratégias de ação, diversificação que, como na arte, pode levar de roldão o possível "objetivo", como quando se diz que o "jogador joga para a platéia", sem preocupação de obter o gol. Ao que parece, diferentemente da crença comum (crença que vem no bojo da expressão "espontaneidade"), a tendência é a ação tender para uma *reação circular* (designação genética do que vem a ser, posteriormente, a técnica), isto é, a tendência seria a *praticidade*, a *rentabilidade*, o *êxito fácil e garantido*, pelo menos quando a estratégia da ação usa como elementos os mecanismos "procedurais", isto é, os elementos que, comumente, estão a serviço da sobrevivência, da solução dos problemas, da superação das dificuldades. (A moderna psicologia distingue os mecanismos "procedurais" dos mecanismos "presentativos", estes compreendendo a percepção e a representação mental com todos os seus derivados, entre os quais sobreleva a linguagem.) Como os mecanismos "presentativos" (percepção, representação mental, linguagem, desenhos, etc.) não têm por "objetivo" resolver problemas, mas fornecer elementos (*feedback*) para a eficácia e eficiência da ação (sem eles a atividade tornar-se-ia aleatória e esquizofrênica), são menos influenciados pela praticidade (infra-estrutura), permanecendo, quando desligados de sua função de controle, na área da ludicidade (artes, dramatização, jogo simbólico, etc.). Em outras palavras: como os mecanismos "presentativos" não funcionam como instrumentos diretos de solução de problemas (salvo as soluções substitutivas, como os "mecanismos de defesa" estudados pelos psicanalistas em que tudo se resolve na área das "desejabilidades" e do "faz-de-conta"), é compreensível que apareçam (quando funcionam de maneira autônoma) como atividades, essencialmente, lúdicas, embora possam cair no modelo "litúrgico", o que equivale a transformar-se em uma técnica. Pode-se mesmo dizer que a "neurose" é a transformação da atividade lúdica dos sistemas "presentativos" em atividade técnica, isto é, automatizada, compulsiva, uniforme. O "comportamento substitutivo" só é puramente jogo no chamado jogo simbólico das crianças (de dois/três anos e seis/sete anos). A partir de certo nível, torna-se possível socializar o jogo simbólico (o jogo simbólico das crianças é associal ou pressocial) mediante certas regras (da linguagem, da arte, etc.), o que não significa, necessariamente, transformá-lo em técnica (veja-se o movimento de rebelião que teve por objetivo abolir da arte todas as regras). Pode-se jogar, criativamente, dentro de certa *axiomática* (a axiomática ou conjunto de regras dá ao jogo sua tipologia e o mantém dentro de certos limites (como o campo ou o tabuleiro de xadrez).

Temos dois tipos fundamentais de jogo: o jogo sem regra e o jogo de regra. O jogo sem regra pode ser físico (exercício físico) e simbólico (jogo de fantasia ou faz-de-conta). O jogo sem regra é, essencialmente, associal ou pressocial (quando feito, coletivamente, não chega à *interação*, produzindo simples *comunhão* ou *participação*, como nas cerimônias cívicas e religiosas). Para tornar-se social, o jogo tem que submeter-se a regras, o que põe em risco a ludicidade (a técnica caracteriza-se, precisamente, por ser um elenco de regras que delimitam as estratégias que levam ao fim visado). Deste modo, torna-se extremamente frágil a separação entre jogo e técnica. Para que a atividade continue como jogo é preciso conservar seu caráter de "diversão" (criatividade, invenção), mas para que seja social deve obedecer, estritamente, a determinadas regras. (Sem regras, o egocentrismo de cada jogador levaria o jogo para áreas imprevisíveis, terminando por eliminar qualquer sentido de atividade cooperativa). Na medida em que aparecem regras, o jogo de exercício ganha identidade (futebol, voleibol, etc.) e o jogo simbólico torna-se lógico, jogos mentais, geralmente expressos por palavras). Entre o jogo físico e o mental existem todos os tipos de intermediários (afinal, a ação pode ser motora, verbal e mental, sem perder suas características básicas).

Como superar a pressão da regra para transformar o jogo em técnica (trabalho)? Ao que parece, a *competição* foi o mecanismo inventado pelo homem para fazer um jogo permanecer como jogo (diversão, criatividade, exploração total das possibilidades das estratégias em ação). Se a competição se faz sem regras, o confronto deixa de ser um jogo para ser uma "agressão" ou tentativa de destruição do competidor (o que eliminaria a função estimuladora da competição: é do interesse do competidor não destruir o adversário, sob pena de eliminar a própria competição). Qual o papel do competidor? Precisamente, evitar que a ação do adversário resvale para uma técnica, isto é, para comportamento previsível, estereotipado, padronizado, automático. Na medida em que o adversário descobre a "técnica" do competidor, toma providências para superá-la. Deste modo, a atividade permanece essencialmente *criativa* (dentro das regras, pois, sem regras não haveria a competição). O grande trunfo do competidor é surpreender, com estratégia imprevista, o adversário, o que implica em elaborar, por antecipação mental, todas as estratégias possíveis, dentro da axiomática (regras do jogo). Ora, explorar as possibilidades estratégicas de uma estrutura de comportamento é, precisamente, desenvolver a inteligência... O jogo é, portanto, o grande instrumento de desenvolvimento da inteligência, donde se conclui que o trabalho (técnica) é, precisamente, o contrário!...

É lógico que em todo trabalho (por mais técnico que seja) existe certa margem de criatividade (exceto, talvez, na *linha de produção*). Na medida em que o trabalho, dentro de uma empresa, sobe de escalão (sobe da execução às áreas de decisão) aumenta seu conteúdo "lúdico" (o jogo da bolsa, por exemplo, é fundamentalmente lúdico). As reuniões para tomada de decisão (exigindo a exploração de alternativas) têm mais de ludicidade que de praticidade (pelo menos, no momento em que ocorre). Neste sentido, pode-se afirmar que o trabalho do artista, do cientista, do matemático, do filósofo, mesmo o dos planejadores, arquitetos, urbanistas etc. são eminentemente lúdicos. (Ao que parece quando a busca do êxito transforma-se em busca da *verdade*, da *beleza* e do *bem*, aumenta a ludicidade e diminui a tecnicidade, por onde se pode ver que *brincar é a verdadeira finalidade da vida do homem*.)

J. Piaget diz que o hábito (o automatismo, a técnica, o modelo de ação, portanto) é uma espécie de "instinto adquirido" (sendo o instinto uma espécie de hábito hereditário). Ora, o instinto é um *savoir innè*, isto é, uma *estratégia inata*, um comportamento não inventado — portanto, uma "inteligência congelada" (uma solução sem "diversão"). A inteligência caracteriza-se pela *invenção* e a *descoberta* (invenção da área da matemática e descoberta na área da física, tomando-se estes termos no sentido epistemológico). Há, pois, duas maneiras de educar: a) *educar pela técnica* (transmitir automatismos, hábitos motores, verbais e mentais) e b) *educar pela inteligência* — provocar permanente busca de novas soluções, estimular as diversões estratégicas, criar situações que exijam a exploração ao máximo das possibilidades procedurais da estrutura de comportamento. Como se vê, educar pela inteligência é *educar pelo jogo*.

Já se viu que, mesmo as atividades altamente "sérias" (como a filosofia, a matemática, a ciência), no fundo, são atividades cujas características aproximam-se do jogo. A criança que joga, quando pequena, está exercendo atividade semelhante à do matemático, do filósofo, do cientista, do artista. A partir deste critério, pode-se imaginar o perigo que a *educação profissionalizante* pode representar para o desenvolvimento da inteligência das crianças, se não é apresentada com as características do jogo (tudo pode ser jogo — diz J. Piaget). O que se quer, na escola, com relação às crianças e jovens? Evidentemente, que eles "desenvolvam todas as suas "possibilidades" de ação motora, verbal e mental. Com estas "possibilidades" desenvolvidas estão preparados para sobreviver no mais alto padrão vital, e para intervir no processo sócio-cultural, independentemente das surpresas que possam ocorrer. Sobretudo, estão preparados para inovar a sociedade (isto é, para fazer a evolução geral prosseguir). Um dia, provavelmente, o conceito de educação estará estritamente ligado ao de jogo. O grau de inteligência de um comportamento (motor, verbal ou mental) é medido pelo nível de complexidade da combinatória de seus elementos constitutivos (nível estratégico). Daí a "teoria dos jogos" ser tão representativa dos mecanismos combinatórios da inteligência. Ora, que atividade dos seres tem por objetivo ou, pelo menos, tem como modelo produzir o máximo de *combinatórias* (para iludir ou surpreender o adversário)? Precisamente, o jogo. As técnicas (os hábitos, os automatismos, os algoritmos, as fórmulas, etc.) só são "inteligentes" na ocasião em que estão sendo "fabricadas". No momento em que começam a ser *atividade repetitiva*, cessam as possibilidades de novas combinações extinguindo-se o processo "inteligente" (inventar e descobrir). Se a educação tem por objetivo estimular todas as possibilidades estratégicas do comportamento (motor, verbal e mental), não poderia dispensar o modelo fundamental de produzir "estratégias" (o jogo). Um painel, um seminário, um simpósio, um congresso de cientistas é, essencialmente, uma *atividade lúdica* (o que se busca é um aumento das "estratégias": teorias, interpretações, axiomatização, etc.). Em educação o antijogo é a doutrinação, quer apareça como "reprodução" dos valores da sociedade (conformismo), quer se apresente como novo "catecismo" salvacionista (conscientização, politização, desalienação). A educação pela inteligência propõe que o próprio educando construa suas estratégias motoras, verbais e mentais...

Piaget, Mal-amado dos Psicólogos (Brasileiros)

Piaget, o Einstein da psicologia moderna, era tanto mais amado, admirado e seguido pelos educadores, quanto desamado, repelido e sabotado pelos psicólogos (brasileiros). Há poucos meses, contudo, foi recebido, no plenário do Congresso Internacional de Psicólogos, em Paris, por 3.500 psicólogos, de pé, aplaudindo o velhinho de Genebra, como provável salvador do desprestígio da classe (tanto Skinner, com seus ratos, quanto a psicanálise e os "grupos de encontros" rogerianos estão em crise em toda parte, pondo em perigo a poderosa "indústria" chamada de "engenharia da alma"). O sistema universitário norte-americano começa a "adotar" Piaget com entusiasmo idêntico ao que dedicou a Freud, quando o vienense foi aos Estados Unidos "vender" a psicanálise. E, quando os ianques resolvem promover uma "imagem", o mundo ocidental vira pelo avesso... Mas a transferência doutrinária de metrópole para as filiais não se pode fazer *ex-abrupto*, apesar de algumas instituições tradicionais do *estabelecimento* (que até bem pouco vetavam, em suas pesquisas, enfoques piagetianos) terem comemorado os oitenta anos de Piaget com feéricas farândolas[*]; os bonzos do templo universitário já estão em cima do muro para saltar pro outro lado... Em nosso caso, nada chega às cátedras sem primeiro receber o *placet* norte-americano. Estranha-se, pois, a defasagem que ainda se observa nos encontros de especialistas. Mas, qual o problema, se a moda é a característica básica do mecanismo universitário?! É que Piaget não é um detalhe. Aceitar Piaget implica numa reviravolta total das concepções do *comportamento humano* (para não dizer do comportamento do ser vivo), tornando obsoletos laboratórios e montanhas de monografias arquivadas nas revistas científicas.

---

*) No Brasil, as publicações da Fundação Getúlio Vargas.

Todos sabem que as ciências humanas, no mundo ocidental, vivem de pequenos grãos de fatos ampliados, deformados e complicados pelo aparato estatístico em que as curvas e os quiquadrados simulam objetividade à míngua de fundamentos teóricos. Ora, abandonar este positivismo anacrônico que fez a glória da ciência experimental, quando as ciências humanas tentavam imitar as ciências físicas, é extremamente doloroso, sobretudo, porque, sem o malabarismo estatístico, as "pesquisas" irrelevantes ficam reduzidas à insignificância do óbvio. A maioria das descobertas realizadas consiste em codificar numa algaravia esotérica o óbvio. Por exemplo: "o açúcar dissolve-se na água". Todos que trabalham na área conhecem as peripécias dos estudos psicológicos, no último século. A psicologia fora sempre a *ciência da alma* (Aristóteles, Santo Tomás, Kant) e a única maneira de "pesquisar" a *alma* era mediante *introspecção*. Ora, os positivistas (com carradas de razões) declararam o método intranspectivo *não-científico*. É por isto que, até hoje, nas universidades tradicionais, a psicanálise não penetra, alegando-se que não se trata de um procedimento científico, o que fica confirmado pelo número de seitas em que se subdivide (no campo científico não há seitas conflitantes, salvo em alguns momentos excepcionais de mudança de paradigma). Que fizeram os empiristas e positivistas para elevar a psicologia ao nível das disciplinas científicas? Fizeram como o marido traído: *tiraram o sofá da sala*... Declararam que "a psicologia passava a ser, apenas, o estudo do comportamento", não interessando o que se passava (*caixa vazia* ou *caixa negra*) entre o *estímulo* (*input*) e a *resposta* (*output*). Com isso, a psicologia ficou reduzida ao estudo dos *reflexos condicionados* (J. Watson, Pavlov, Skinner), só se considerando "experimental", "científico", "sério..." o que pudesse ser medido, quantitativamente, e submetido ao aparato das análises estatísticas. Com isto, eliminou-se da pesquisa a *vida mental* (os estados de espírito, a criatividade, a reflexão racional), isto é, adaptou-se o fenômeno ao método de pesquisa, como hoje se adapta a educação ao computador (no vestibular não há redação).

Mas o que se buscava, realmente, era *reduzir a ciência ao fato* (positivismo simplista, anacronismo metodológico que empolga ainda os cientistas do mundo subdesenvolvido, em lua-de-mel com o aparato estatístico, recurso muito cômodo que dispensa as complicações epistemológicas; qualquer garoto pode, assim, dar-se ares de cientista, embasbacando os leigos com manipulações de cálculo, sem nada acrescentar ao conhecimento efetivo dos fenômenos). As coisas estavam postas nestes termos quando aparece Piaget, o herético. Vindo da pesquisa biológica, começou por inverter o modelo behaviorista do comportamento de S-R para R-S ("no começo está a resposta"), o que fez alguns incautos suporem que Piaget era um neo-kantiano, isto é, repôs em seu devido lugar o "organismo" que preexiste, como realidade comportamental, a todas as engenharias condicionadoras, o que faz aparecer nova ciência denominada *etologia* (von Frisch, Lorenz, Tinbergen), revolução copernicana que subverte a direção de todas as pesquisas na área das ciências humanas. Em segundo lugar, descobriu que os fenômenos da "consciência" eram também *comportamentos* (o que o dispensou de criticar a definição behaviorista de psicologia, isto é, trouxe para o laboratório a vida mental, os chamados, impropriamente, "estudos cognitivos"). Inventou um método não introspectivo para atingir a *caixa vazia* (consciência), satisfazendo, portanto, às condições de objetividade exigidas pelos experimentalistas. Só esta postura metodológica abriu infindáveis campos de pesquisas, permitindo sondarem-se processos lógicos/matemáticos da mente humana até então proibidos nos laboratórios, precisamente, os fenômenos que distinguem o homem dos animais (a psicologia deixou de ser "ratófila" para voltar a ser "humana"). Descobriu que o estudo das estruturas do psiquismo equivale a um estudo biológico das estruturas anatômicas e ao funcionamento fisiológico, dispensando, portanto, o aparato estatístico e os grandes números (o estudo da anatomia e da fisiologia de um camelo equivale ao estudo da anatomia e da fisiologia de todos os camelos), o que perturba os neopositivistas que confundem ciência com estatística (retirando-se o algebrismo artificial dos cálculos feitos no vazio, pode-se perceber se o conhecimento, realmente, avançou). Introduziu um novo tipo de análise lógico-matemática dos fenômenos (*análise matemática qualitativa*), tomando a construção histórica da arquitetura da matemática como modelo do desenvolvimento dos processos mentais, o que permitiu penetrar-se na intimidade dos mecanismos mentais até então vistos de fora ("a inteligência é aquilo que meus testes medem" — Binet). Descobriu os efeitos construtivos da interação humana (microssociologia) na aquisição dos comportamentos socialmente úteis, permitindo avaliar o nível operacional dos fenômenos sócio-culturais e a direção do desenvolvimento das comunidades humanas. Finalmente, compreendeu que não se podem entender os *estados finais* (nos adultos e na humanidade) sem uma análise genética da formação das estruturas (o mesmo que vem ocorrendo em biologia em que a embriologia revolucionou a classificação e as filiações).

Como se vê, Piaget entrou como um furacão destruidor dentro do *estabelecimento universitário* da psicologia oficial, espraiando-se por todas as ciências humanas (redescobriu, por outros caminhos, como diz L. Goldmann, a *interpretação dialética* dos fenômenos psicológicos, biológico, sociológico, até então de caráter puramente especulativo). Praticamente, Piaget antecipou-se à descoberta da cibernética ("o equivalente mecânico da finalidade"), com sua teoria da equilibração. Reclassificou as ciências, reformulando as concepções de homem e de sociedade. Ora, tudo isto implica em mudar fundamentalmente o paradigma da pesquisa e numa mudança curricular drástica, abalando inclusive o quadro profissional dos docentes da universidade. Que fazer com este herético? Evidentemente, acusá-lo de não-científico, apesar de suas pesquisas (trata-se hoje de uma equipe espalhada por mais de cinqüenta universidades no mundo inteiro) ocuparem mais páginas que a Enciclopédia Britânica.

Críticas feitas, há trinta anos, a certos aspectos das pesquisas de Piaget, amplamente refutadas, são levantadas, ainda agora, como se fossem fatos recentes, pondo em dúvida a "cientificidade" de um mestre encanecido, possuidor de títulos honoríficos das mais renomadas Universidades e Institutos científicos do mundo e do Prêmio de Roterdam (o prêmio Nobel das ciências humanas), enquanto qualquer prestigitador de pombos e ratos é acolhido como sumidade inquestionável... Fosse um tolo que tivesse escrito uma monografia sobre "a contribuição dos dedos do pé para o equilíbrio da marcha"... transformar-se-ia em crédito e "carga horária" em nossa Universidade. Piaget incomodou todo o mundo. Mostrou que os testes de QI e de aptidões (próspera indústria) são uma farsa (ele começou sua carreira no laboratório de Binet, testando crianças). Demonstrou que os fenômenos de grupo estão baseados em complexo processo intelectual, nenhum valor operacional tendo os grupos de encontro do tipo rogeriano ("supermercado do amor") e que a dominação existente na sociedade é, sobretudo, uma *dominação intelectual* (as classes dominantes não deixam as classes inferiores desenvolverem suas possibilidades operatórias, como fica claro no entusiasmo com que as mulheres, em geral, aceitam a dominação masculina). Quanto à psicanálise, descobriu que existe perfeito paralelismo entre o inconsciente cognitivo e o afetivo de Freud, postulando que a "psicologia das funções cognitivas e a psicanálise, logo mais, serão obrigadas a fundirem-se numa teoria geral" (conferência na Sociedade Americana de Psicanálise), acabando com a "esquizofrenia" metodológica entre *afetividade* e *inteligência*, tão ao gosto dos atuais currículos escolares. Quanto aos behavioristas, não foi preciso que Piaget se pusesse de ponto em branco para combatê-los. Lorenz (prêmio Nobel de Etologia) desafiou os behavioristas a condicionarem uma rata a copular de barriga para cima e Chomsky, o papa da lingüística moderna, pediu a Skinner (passando o exemplo para o vernáculo) que explicasse por que uma criança que só ouve *fiz* (verbo fazer) diz *fazi* (paradigma correto dos verbos em *er*, quando os *reforços* todos são favoráveis à primeira forma (irregular), fatos que reforçam os postulados de Piaget sobre os mecanismos de assimilação por onde iniciou a construção de sua teoria. É evidente que Piaget não concorda com o inatismo de Lorenz e de Chomsky, mas deixou que os dois destruíssem, com seus próprios argumentos, a psicologia oficial das universidades americanas... entronizada no Brasil pelos *mestres* indígenas formados nos Estados Unidos e partidários do *American way of life*. Os acontecimentos foram-se atropelando e todos ficaram perplexos. E agora, José?

Quanto à psicanálise clínica e sua forma de *marketing* (grupos de encontro, *sensitivity training*, grupos rogerianos etc.) nada se pode fazer: é uma crença e seus seguidores são capazes de, por sua fé, morrerem na fogueira, como fazem os adeptos fanáticos de qualquer seita que apela para os resíduos irracionais do psiquismo humano (o problema, provavelmente, só será resolvido, como sempre acontece em medicina — nascida da feitiçaria e da magia — quando a farmacologia passar a controlar, convenientemente, a bioquímica dos estudos afetivos). Mas, quanto à *psicologia experimental* (behaviorismo)? Como jogar fora um século de monografias e uma pirâmide de histogramas? Como modificar os currículos, programas, laboratórios de pesquisa? Como dar reviravolta total no acervo de planos de aula, nos manuais de instrução programada, de avaliação dos rendimentos, de testes escolares, de categorias de Bloom?... Algo parecido com a atual situação deve ter ocorrido quando Galileu provou que a terra não é o centro do universo e que "Aristóteles pensava sobre os fenômenos como uma criança atual de sete anos" (Piaget).

Que estará ocorrendo nas universidades diante deste vendaval que subverte a estrutura secular dos laboratórios, currículos e programas? Acabo de ver o que aconteceu, ao comparecer ao *IV Simpósio de Estudos Cognitivos*, em Ribeirão Preto, reunindo pesquisadores de Porto Alegre, Araraquara, Curitiba, Rio Claro, sob a inspiração do médico argentino A. Battro. O mestre portenho, discípulo de Freisse, continuador de H. Pierron, o behaviorista francês que criou, na Sorbonne, a cadeira de Psicologia das Sensações. Freisse (que manteve memorável polêmica com seu amigo Piaget) é especialista em percepção e memórias e em problemas de ritmo e de tempo, provindo da tradição européia de W. Wundt, fundador do primeiro laboratório de psicologia "experimental" (1879), como tal sendo considerada, então, a *psicofísica* (equívoca disciplina intermediária entre a psicologia e a fisiologia). Velho positivista fiel às recomendações de Comte contra as teorias, limita-se ao exame das *reações metrificáveis*, não alargando sequer a pesquisa para o campo fisiológico, fraqueza que Pavlov não teve, despido que era de preconceitos comtianos. Como tal, não se interessa pelos "mecanismos" dos fenômenos, trabalhando, apenas, com os resultados como um bom behaviorista, o que o exclui de uma posição "cognitiva", se por "cognitivo" entendermos os mecanismos que existem entre a entrada e a saída, no comportamento. Ora, como o mestre argentino tem participado como observador de simpósios do Centro de Epistemologia

Genética em Genebra e como escreveu uma magnífica sinopse e um dicionário sobre as obras experimentais de J. Piaget, ao chegar ao Brasil, todos os piagetianos supuseram (e o mestre não esclareceu o equívoco) que se tratava de um discípulo de J. Piaget, sobretudo porque denominou de "estudos cognitivos" as pesquisas psicofísicas que inspirou nos vários núcleos que passaram a coletar dados para o mestre. Aos poucos, nos simpósios que organiza (Araraquara, Gramado, Ribeirão Preto), foi ficando claro que não se tratava de enfoques piagetianos, o que não teria importância, se não fosse o equívoco decorrente da nomenclatura (afinal, os estudos de psicofísica são tão científicos como outros quaisquer). Mas, pouco a pouco, em cada abordagem revela-se a incompatibilidade teórica entre as posições do mestre e as teorias epistemológicas de Piaget, como se estas posições fossem irrelevantes para o quadro da pesquisa, o que produziu perplexidade nos participantes atraídos para um encontro de "estudos cognitivos". Os grupos de estudo que criou passaram a denominar-se de *Estudos Cognitivos*, quando de fato são grupos dedicados à pesquisa de uma tese psicofísica do professor (o professor está interessado em demonstrar que a percepção se modifica quando se trata de grandes espaços). Ora, a expressão "cognitivo" supõe dicotomia entre estudos intelectuais e afetivos, dicotomia que em primeiro lugar, é repelida, taxativamente, por Piaget, para quem todo comportamento implica, necessariamente, em um aspecto intelectual (estrutural) e outro *afetivo* (energética), perseguindo, assim, uma psicologia geral unificada do comportamento; em segundo lugar, a expressão refere-se a processos mentais ou pelo menos intermediários do conhecimento.

O propósito de Piaget é, precisamente, provar que "a percepção, em si, não é fonte de conhecimento"... Estivéssemos mais atentos, logo teríamos percebido que a expressão "cognitivo" era um chamariz para atrair os estudiosos da obra de Piaget, pois, no mínimo, supunha-se que a pesquisa a ser apresentada referir-se-ia às "variáveis intermediárias" que é, precisamente, o que distingue um behaviorismo grosseiro de um estudo, mesmo elementar, do psiquismo humano: a psicofísica apresentada, contudo, nunca, ou quase nunca, atentava para os processos "cognitivos", mesmo que como tal se admitisse a fisiologia nervosa... Ora, os trabalhos (salvo alguns "exercícios de classe" apresentados por charmosas garotas debutantes que, evidentemente, não tinham sido informadas sobre os pressupostos teóricos dos trabalhos que estavam expondo) eram de bom nível psicofísico (o professor Reiner de Ribeirão Preto é um mestre nestes assuntos e está treinando magnífica equipe de jovens nesta área). Por que apresentá-los como "estudos cognitivos"? Não acreditamos que os orientadores das pesquisas desconhecessem as obras de Piaget sobre os mecanismos da "leitura de experiência", precisamente, a prova de que a medida física e fisiológica do ato de percepção nada diz sobre como o ser humano "conhece", donde se conclui que medir reações perceptivas primárias não é um estudo cognitivo... O equívoco de expressão criou constrangimento para todos. Os psicofísicos consideravam as intervenções dos "piagetianos" como "balbúrdia". Uma professora mineira foi quase "crucificada" porque apresentou um estudo de "psicologia cognitiva" (isto é, piagetiano). Para mostrar o antipiagetismo do grupo (o grupo precisa mais um *cosa nostra* hostil a qualquer discussão humanista), um brilhante jovem discípulo de Reiner apresentou um estudo sobre a Ilusão de Müller-Lyar sem referir-se à definitiva explicação dada por Piaget sobre o fenômeno em sua obra *Les mécanismes perceptifs* (2.ª Edição, 1975, PUF). O simpósio teria sido interessante exposição de estudos de fisiologia nervosa e psicofísica se os jovens não tivessem sido levados a estender-se sobre "como tinham sido trabalhados estatisticamente os dados", (ao que parece tinham convencido os jovens de que, sem longas e esotéricas manipulações de estatísticas elementares, não pareceriam "cientistas", o que levava alguns a, empolgados pelos artifícios algébricos, esquecerem de que estavam falando de uma experiência "psicológica"). Nos simpósios e até em obras científicas, dispensam-se estas análises-padrão, geralmente, encomendadas a um especialista em estatística ou a um manejador de computador. Na obra de Piaget supracitada ele "se dispensa a expor as precisões de técnica e os quadros estatísticos", remetendo os interessados aos arquivos, pois de outro modo, precisaria de uma enciclopédia para expor os resultados de uma ilusão de ótica (pode-se brincar de estatística o tempo que se quiser sem que isto traga nenhuma contribuição científica). Preocupa-nos se os jovens que estão sendo orientados nestas pesquisas estão bem informados sobre o panorama global dos estudos de psicologia e se fizeram, realmente, uma opção pela área da psicofísica e psicofisiologia. Uma professora, autora de brilhante tese piagetiana, foi forçada, segundo se comentava, nos corredores, a desistir da apresentação de seu trabalho, para defender uma tese sobre *lateralidade* feita às pressas, por ser este o tema que daria maior IBOPE internacional... o que pode ser mera intriga da oposição. Para quem se interessa por aplicações pedagógicas, o simpósio foi salvo pela conferência do dr. Waldecyr C. de Araújo Pereira que mantém um centro de pesquisas em Recife voltado para aplicação da psicologia ao ensino. Contrastando com as pesquisas sobre detalhes dos processos fisiológicos da percepção primária (alguns recapitulando pesquisas clássicas realizadas no começo do século, nos laboratórios de psicologia da Europa), o professor, hereticamente, declarou que suas pesquisas se destinavam às massas. Para espanto geral, no final de sua conferência, o pernambucano foi ironizado pelo orientador de simpósio por relacionar uma "pesquisa cognitiva" com a metodologia científica, o que equivale a pôr em dúvida a tese central da obra de Piaget: "O que eu sustento, portanto, não é nada relacionado em especial ao pensamento da criança: encontra-se não só em adulto, como no curso do desenvolvimento do pensamento científico", J. Piaget. *Problèmes de psychologie génétique*, pág. 39. Denoël — Gonthier, Paris.) Ora, para que um estudo de percepção possa ser considerado "cognitivo" é preciso que, além dos dados físicos e fisiológicos, se indague sobre o que Piaget chama de *Atividade Perceptiva*, expressão que não apareceu no simpósio...

Os trabalhos apresentados (seguindo a linha clássica de psicofísica) procuraram demonstrar que a percepção deforma a realidade (a lua é muito maior do que parece ao observador). Ora, isto é o que há de mais elementar em psicologia. O que se pergunta é "por que deforma" e "como o homem consegue superar a deformação" (estudo cognitivo). Muito mais do que isto disse a "psicologia da forma" sobre a percepção: os gestaltistas superaram esta "psicologia das sensações" com a introdução da noção de "efeito de campo", conquista definitiva de psicologia moderna, deixando as sensações para os fisiologistas. O que J. Piaget trouxe ao estudo da percepção foi, precisamente, demonstrar que a "objetividade é um produto tardio do comportamento humano e que a percepção não nos conduz à intimidade dos objetos": isto é, que seria um "estudo cognitivo" se a expressão não fosse capciosa. O que interessa, portanto, é saber como o homem consegue superar as deformações naturais da percepção. Do ponto de vista pedagógico, Piaget ensinou que para levar a criança à objetividade, em vista destas deformações geradas pela *contração*[*], o método é uma atividade que .leve a *decentração*. Em resumo, o simpósio mostrou que, seguindo uma velha tradição cabocla, as coisas mudam de nome, mas permanecem as mesmas... e que ainda vai levar muito tempo para que a revolução piagetiana seja aceita em nosso sistema universitário. Nós, educadores, teremos que continuar como autodidatas: os psicólogos não estudam nada que nos possa ser útil para nossa tarefa de educar as crianças.

---

[*] Fenômeno primário da percepção que consiste no fato de, na primeira tomada de contato, a percepção tender para a fixação de um único ponto de vista, deformando o conjunto. Decentração é a técnica didática para superar esta deformação, levando o indivíduo a compor vários pontos de vista sobre a mesma percepção.

Uma Escola Piagetiana

Raramente, Jean Piaget, em sua vasta obra de psicologia e de epistemologia genéticas, arrisca-se a dar indicações pedagógicas. Pelo contrário, insiste em que as situações pedagógicas são mais fidedignas que as de laboratório. Uma das poucas vezes em que é incisivo é quando insiste na importância do *trabalho de grupo* (dinâmica de grupo), tanto para o desenvolvimento das estruturas mentais e da inteligência em geral (inclusive sensório-motora), quanto para o equilíbrio da afetividade e a superação do egocentrismo inicial das crianças. Assim, poder-se-ia dizer, *largo sensu*, que uma escola piagetiana, em seu aspecto mais global, caracteriza-se pelo trabalho de grupo, em oposição ao processo magisterial da aula expositiva. O trabalho de grupo, por si, produz tal transformação na vida escolar, que implica em uma revolução pedagógica. Mas isto é muito pouco, para dizer-se que determinada escola trabalha sob a inspiração das teorias de Jean Piaget.

Faz mais de vinte anos que, diariamente, experimentamos procedimentos didáticos inspirados em Piaget, primeiro, com adolescentes (*Escola Secundária Moderna*, Ed. Forense Universitária) e, agora, com crianças a partir de dezoito meses. Nossa intenção é criar o método pedagógico que denominamos *método psicogenético*. Em geral, os educadores que "descobrem" Jean Piaget agarram-se aos testes de *conservação*, testes para verificar os primeiros processos mentais de caráter lógico (sete/oito anos de desenvolvimento mental), mas estas interessantes experiências são insuficientes para fazer uma escola funcionar quatro horas por dia, durante vários anos...

Evidentemente, para criar-se um método é preciso determinar-se uma axiomática constituída de princípios gerais (como o supracitado referente ao trabalho de grupo). Piaget, por exemplo, considera prejudicial para o desenvolvimento infantil a relação excessiva da criança com os adultos, defendendo a necessidade de estimulação de *sociedades infantis* autônomas, dogma que põe em pânico os "freudianos" do amor materno...

Quais, então, os axiomas em que se apoiaria uma escola piagetiana? Nos cinco anos de experiência na *escolinha* em que fazemos as experimentações, conseguimos alinhar algumas diretrizes gerais que os professores devem seguir, rigorosamente. A primeira diretriz é eliminar a "esquizofrenia" entre inteligência e afetividade (há quem se diga piagetiano porque se dedica a "estudos cognitivos", clara insinuação de que distingue inteligência e afetividade, verdadeira heresia para quem pretende seguir a linha de Piaget). Piaget demonstra que todo comportamento tem duas variáveis: uma *intelectual* (forma) e outra *afetiva* (energética). O equilíbrio emocional é, também, intelectual, não tendo cabimento, portanto, numa escola piagetiana, a figura do *psicólogo* (clínico), mesmo porque todo professor piagetiano é, *ipsis litteris*, psicólogo (global).

A inteligência para Piaget é o mecanismo geral do comportamento, consistindo a afetividade no *tônus* (grau de interesse) da ação. Assim, toda proposta didática é sempre uma proposta "intelectual" (um problema). Levados pela denúncia do "perigo" que o adulto representa para o desenvolvimento da criança, a alguns parece que Piaget aconselha o "espontaneismo" (deixar a criança fazer o que quer, como ocorre em muitas escolas pré-primárias). Como o acesso a cada estádio, a cada etapa, a cada período do desenvolvimento demanda esforço relevante (sob pena de a criança permanecer em "reação circular"), uma escola piagetiana é altamente "dirigida", entendendo-se por "dirigir" propor *situações-problema* de nível, progressivamente, mais complexo (processo seqüencial, altamente graduado). O que não é dirigido é a maneira como a criança (em grupo) tenta resolver o problema proposto, de modo que se concilia a diretividade e a espontaneidade: dirigida é a proposta; espontânea é a forma de solução (o que reproduz, estritamente, a forma de viver dos seres humanos e, em particular, a forma de trabalho dos cientistas.)

Se nos limitássemos a estas três diretrizes (trabalho de grupo, diretividade seqüencial, consecução de alto nível de interesse pela tarefa), já teríamos uma mudança fundamental no processo escolar (de todos os níveis). Mas, há muito mais. Piaget demonstra que não há "leitura direta da experiência" (toda apreensão da realidade depende de esquemas anteriores). Daí se pode tirar graves conseqüências pedagógicas: a) não é tão relevante como se pensou, a princípio, o uso dos *recursos visuais* como instrumentos auxiliares de ensino (pelo contrário, em certa altura, a percepção é um obstáculo ao desenvolvimento das operações superiores da mente); b) nenhuma proposta didática pode ser feita sem sondagem do esquema prévio em que se vai apoiar tudo o que se aprende. Tudo o que se aprende é "assimilado" por uma estrutura prévia, o que põe fora do campo pedagógico todo arsenal skinneriano dos "estímulos", a "instrução programada": a criança, por exemplo, diz *fazi* (forma paradigmática correta do verbo *fazer*: bebi, comi) sem nunca ter ouvido esta forma ser pronunciada em seu ambiente onde só se diz *fiz*, o que prova que a linguagem não provém de reflexos condicionados, no que Piaget concorda inteiramente com Chomsky.

Um "programa" piagetiano, portanto, deve constar de rigorosa seqüência "epistemológica", exigindo que os programadores conheçam a filiação das estruturas do conhecimento. Não se pode, por exemplo, ensinar a noção de número sem o domínio prévio das noções de classe e de série (o número é uma noção que resulta do encaixe mental das classes e séries). A leitura dos tópicos de um programa, portanto, diz logo se seu elaborador segue o ponto de vista de Piaget. Para fazer-se uma escola piagetiana é necessário um mínimo de conhecimento de epistemologia genética, sobretudo de epistemologia da matemática e da física.

Com relação, por exemplo, à chamada "matemática moderna", é preciso iniciar-se com pré-noções que nada têm a ver ainda com a matemática propriamente dita (por exemplo: o *grupo de deslocamento*, estudado por Poincaré e adotado por Piaget como modelo do pleno desenvolvimento da inteligência sensório-motora, é uma *atividade física* sem a qual não se pode fazer uma boa iniciação matemática do ponto de vista piagetiano). Para Piaget, a *tomada de consciência* dos mecanismos íntimos da atividade (motora, verbal e mental) processo que ocorre, espontaneamente, quando as atividades pedagógicas são feitas em grupo — está para o autodomínio do raciocínio (inclusive autodomínio da "lógica das ações") como as descobertas das leis científicas estão para o domínio do mundo físico.

Pedagogicamente, esta descoberta de Piaget implica em que a parte fundamental do processo didático consiste em discutir com o aluno "como resolveu o problema". Desta forma os *resultados* (em que se baseiam, compulsivamente, as escolas atuais, chegando ao paroxismo no espetáculo carnavalesco do vestibular) são irrelevantes numa escola piagetiana. Uma escola piagetiana não "ensina" (é por isto que adotamos, como *slogan*, em nosso livro Escola Secundária Moderna — 11.ª ed., Ed. Forense Universitária, a seguinte regra: "o professor não ensina: ajuda o aluno a aprender").

Piaget chega a afirmar, paradoxalmente, que "tudo que se ensina à criança impede que ela invente ou descubra por si mesma" (o que a criança descobre ou inventa por si mesma reestrutura, fundamentalmente, suas atividades motora, verbal e mental). Comunicar esta regra aos pais, por exemplo, deixa-os tremendamente frustrados, pois nada agrada mais aos pais "pedagógicos" que dar explicações minuciosas sobre tudo aos filhos... Aliás, se dermos esta regra a um professor... ele fica, inteiramente, desarvorado! Desde que o mundo é mundo, a tarefa dos professores tem sido "ensinar" coisas aos alunos... Aceitar o ponto de vista de Piaget, portanto, provocará turbulenta revolução no processo escolar (o professor transforma-se numa espécie de "técnico do time de futebol", perdendo seu ar de ator no palco). Piaget é um destruidor de ídolos. Quem quiser segui-lo tem de modificar, fundamentalmente, comportamentos consagrados, milenarmente (aliás, é assim que age a ciência e a pedagogia começa a tornar-se uma arte apoiada, estritamente, nas ciências biológicas, psicológicas e sociológicas). Onde houver um professor "ensinando"... aí não está havendo uma escola piagetiana!

Piaget, por exemplo, afirma que toda progressão (biológica, psicológica e sociológica: criação de *novas formas*, como dizem os evolucionistas) é uma reequilibração provocada por uma desadaptação (afirmação que faria um mutacionista neodarwinista dar murros de protesto na mesa: J. Monod, por exemplo). O que ocorre na filogênese, para Piaget, ocorre na ontogênese (nisto que denominamos *aprendizagem*). O que se deduz, pedagogicamente, disto? Que dirigir a aprendizagem é, simplesmente, criar uma seqüência de desequilibrações (problemas) que leve a criança a fazer o esforço de reequilibração (ver *Escola no Futuro*, Ed. J. Olympio). Pode-se comparar a atitude da criança numa escola piagetiana com a sua atitude perante as ondas do mar na praia: quando ela pensa que, finalmente, obteve o equilíbrio desejado... nova onda faz com que a sua atividade reequilibradora se reinicie, indefinidamente... Para Piaget, foi assim que se deu a evolução dos seres vivos (*O Comportamento como Motor da Evolução*, o livro mais recente de J. Piaget). Para ele o desenvolvimento mental adota o mesmo mecanismo (aliás, Piaget inverte a velha lei biogenética: "a filogênese é uma recapitulação da ontogênese").

A função do professor é, portanto, provocar desequilíbrios (o que em termos corriqueiros significa "fazer desafios", como as crianças fazem, umas com as outras, dizendo por exemplo: "duvido você adivinhar..."). Evidentemente, a proposta de Piaget, ou melhor, a proposta deduzida da teoria de Piaget, é inquietante para a grande maioria dos professores que sequer sabem organizar as perguntas de uma prova, da mesma forma como a maioria dos "cientistas" são meros burocratas que não questionam os *paradigmas* vigentes de sua ciência, limitando-se a explorar, *ad nauseam*, as implicações contidas nas revoluções propostas pelos gênios (Kuhn demonstra que a ciência não progride por "acumulação" de dados, mas por revoluções paradigmáticas).

Transformar um "programa" numa série de situações "problemáticas" a serem resolvidas pelos alunos é tarefa para alguns poucos mestres com excepcional imaginação criadora. Aliás, todo mundo sabe que o grande problema da pesquisa científica é saber colocar a pergunta que inicia o trabalho de investigação. O processo didático deve reproduzir, *ipsis litteris*, o método científico, pois foi o método científico que fez o homem superar as fantasias e os mitos que explicavam o universo. A solução de um "enigma" exige uma reestruturação molar, antecedida de combinatórias imprevisíveis dos processos mentais. O mesmo que se diz da dificuldade de colocar problemas para o debate das crianças, pode-se dizer da incapacidade dos mestres de dirigir, tecnicamente, um trabalho de grupo (afinal, o mestre foi educado através de métodos de coação na família, na escola e continua sob coação dentro da estrutura da administração escolar).

O trabalho de grupo (ver *Conflitos no Lar e na Escola: Microssociologia*, Ed. Zahar) é, hoje em dia, um processo científico que não pode ser improvisado *à la Rogers* (as caricaturas que os incompetentes fazem deste processo afastam dele os professores sérios, preocupados com o rendimento do trabalho: se não houver rendimento superior ao processo magisterial, houve deturpação do verdadeiro trabalho de grupo). Mas há ainda outros aspectos didáticos que se podem deduzir das teorias de Piaget. Piaget, por exemplo, é um estruturalista. Para ele, as estruturas mentais e os conhecimentos progridem mediante a formação de estruturas (nega, totalmente, o mecanismo de justaposição dos conhecimentos em que se baseiam os behavioristas: tudo que se aprende é assimilado por uma estrutura e provoca uma reestruturação). A própria memória, para ele, é uma forma de estruturação (lembrar é reestruturar e a reestruturação pode ser feita, inclusive, por dedução). A proposta didática, portanto, não deve ser uma massa de dados a serem decorados, mas uma estrutura em que as partes se combinam umas com as outras formando um esquema de interpretação da realidade (uma teoria, se quisermos). Desta forma, o estudo de história — para exemplificar — muda inteiramente: diariamente, a história toda é apresentada a propósito da compreensão de cada dado particular que se queira explicar. Em outras palavras: em vez de ensinarem-se fatos, ensinam-se *relações*.

A inteligência é, para Piaget, um mecanismo de fazer relações e combinatórias. A célebre "criatividade" de que tanto se fala, para Piaget, é, simplesmente, uma maneira de combinar o que antes estava atomizado (como no processo de fabricar água com H e O = H O). O animal mais fantástico que a imaginação humana já criou é o dragão, e um dragão é, simplesmente, a combinação de partes de animais diversos (touro, cobra, jacaré, etc.). O fato de sabermos isto dá ao professor piagetiano infinita abertura para estimular a criatividade. Nada sai do nada: entregar tinta e pincéis às crianças não faz surgir do nada uma "criatividade" implícita que estaria adormecida nelas. Antes de criar, a criança tem de *imitar*, o que contraria a pedagogia que se apóia na "criação artística", tipicamente inatista. Está na moda, por exemplo, falar-se (por sugestão de I. Illich) na supressão da escola... Ora, a escola é o único local do mundo urbanizado que restou para as crianças e jovens, assim mesmo funcionando mais como cárcere do que arena de experimentação. Se extinguirmos as escolas, onde ficarão as crianças e os jovens? Não se trata de extinguir as escolas, mas de transformá-las!

Como vimos, o desenvolvimento das crianças depende menos do que os adultos podem fazer por elas que do que elas podem fazer umas pelas outras. Piaget defende a importância fundamental das escolas pré-primárias como medida de higiene psicológica (os lares atuais são impróprios para menores). Considera que os professores de maior competência devem ser postos à disposição das crianças menores (o que leva a crer que os mais incompetentes podem ficar na universidade, onde os jovens já se podem defender de sua periculosidade pedagógica). Se deve haver hierarquia de salários, o maior salário deve caber ao professor pré-primário...

Todo o desenvolvimento posterior vai depender do desenvolvimento dos primeiros anos (Piaget afirma que deixar a criança no berço desvencilhar-se sozinha do lençol que impede seus movimentos já é o começo da formação de um bom caráter). Para Piaget a inteligência e o caráter são produtos de uma "construção seqüencial", sendo improvável, como pretendem os psicanalistas, que se possa retomar, posteriormente, o processo, para refazê-lo através da análise da vida infantil. Ninguém pode refazer o equilíbrio de uma planta cujos galhos foram podados ao longo do crescimento... É provável que a "recuperação" seja tanto menos possível, quanto mais adiantado vai o processo de desenvolvimento (teoria da *competência*)... Mas, tudo isto, dá apenas em uma "política pedagógica". O dia-a-dia do trabalho escolar durante dez anos exige mais que uma "política"...

Construir, passo a passo, esta didática para preencher estes espaços é no que consiste o trabalho de uma "escola experimental" piagetiana. Acabou a época da "festividade" pedagógica: todo mportamento didático deve agora ser justificado, cientificamente.

De Skinner a Piaget

SENSIBILIZAÇÃO E ESTÍMULO(*)

1. A "visão" que um organismo qualquer tem do mundo é condicionada pelos tipos e qualidade dos órgãos sensoriais de que dispõe e pelos limiares perceptivos destes órgãos. O universo, por exemplo, está repleto de sons que o ouvido humano não percebe: o ouvido humano não percebe sons acima e abaixo de determinado número de vibrações (existe um tipo de apito usado na guerra para dar indicações aos cães cujo silvo, captado nitidamente pelos cães, não é percebido pelo ouvido humano). Nossos olhos, por exemplo, não percebem as ondas infravermelhas e ultravioletas (se o fizessem, o aspecto da realidade seria, inteiramente, outro para nós). Todo nosso equipamento sensorial é limitado por limiares *além* e *aquém* dos quais não percebemos.

Devem existir, no meio que nos cerca, inúmeros "estímulos" para cuja captação não dispomos de órgãos sensoriais. Se pusermos aqui, ao lado da máquina que estou utilizando para escrever estas linhas, uma pedrinha de açúcar, dentro de poucos minutos começam a aparecer formigas vindas não se sabe donde e alertadas não se sabe como. Em geral, cada espécie animal tem uma "especialização" em matéria sensorial (olfato do cão, a capacidade de orientação do pombo, o ouvido do morcego, etc.), em que apóia sua sobrevivência. Aliás, diga-se de passagem, o ser humano (dispondo de possibilidades intelectuais de inventar sensores artificiais), não é muito favorecido pela natureza nesta matéria.

Os órgãos dos sentidos, basicamente, têm por função regular a *atividade relacional* do organismo, apesar de poderem ganhar relativa autonomia, sobretudo no ser humano. Sem os órgãos dos sentidos (retroinformação), a atividade do organismo seria aleatória (a marcha do cego mostra, claramente, a função reguladora dos órgãos da visão). A relação entre o sistema sensorial e o sistema motor (sensório-motor) é, absolutamente, igual a um sis-

---
*) Tecnologia educacional.

tema cibernético ou homeostático, como o que é usado, por exemplo, na geladeira ou num dispositivo automático contra incêndio: quando os *sensores* captam o "estímulo" (ou certo nível de intensidade de um estímulo) em que são especializados, o *sistema motor entra em ação*. Fora destas condições, os sensores são, absolutamente, "cegos" ou "insensíveis".

Como se vê, para determinado organismo, um "estímulo" só é estímulo se este organismo possuir dispositivo para captá-lo (sensibilização). Não existem, pois, *estímulos absolutos*. Daí J. Piaget ter incorporado o axioma segundo o qual "no começo está a resposta", axioma que se contrapõe à popular convicção behaviorista expressa pela fórmula S-R, segundo a qual a "resposta" é conseqüência do estímulo (são os estímulos que fabricam os comportamentos), o que, aliás, nada diz como a resposta é "fabricada" pelo organismo... Para Piaget, um "estímulo" só estimula se o organismo estiver preparado para a ele "responder". Os sensores (órgãos dos sentidos) ou "acordam" (põem em atividade) os esquemas de ação adormecidos (como no caso de um perigo ou de fome), ou regulam a ação em curso (*feedback*).

Seria fenômeno incompreensível aceitar-se que os sensores "fabricam", sem mais nem menos, os esquemas de ação ("no começo está a ação"), não vindo ao caso descrever-se como, regulada pelos sensores, a ação modifica-se até alcançar seu objetivo (entrar neste terreno seria contar a história natural do comportamento ou da transformação possível da ação). O que nos interessa aqui é lembrar que se trata de dois sistemas acoplados, o sensorial estando subordinado ao comportamento como servomecanismo. A experiência de laboratório mostra que, em vez de os sensores modificarem (ou fabricarem) o comportamento, é a atividade do organismo que modifica os sensores, adequando-os às suas "finalidades" (*auto-regulação*). As informações dos sensores, por outro lado, são interpretadas segundo a linha de interesse geral do organismo (o animal saciado, por exemplo, não se ativa frente à informação da presença de alimento). Ora, existe uma "ciência feita" (behaviorismo) que contraria, frontalmente, estes dados "cibernéticos" da atividade dos organismos, atribuindo aos sensores poderes mágicos de determinar o comportamento. Os behavioristas dão importância privilegiada aos sensores, ignorando, totalmente, os mecanismos do comportamento (*caixa vazia* ou *negra*). De fato, sensores e esquemas de ação formam um sistema integrado auto-regulado. Se os sensores estão preparados para captar, apenas, determinados "estímulos" de determinadas intensidades, ainda assim é o organismo que irá determinar se deve ou não entrar em ação e se deve ou não esforçar-se (modificar-se) para incorporar o objeto que os provocou, o que mostra a densa blindagem do organismo com relação ao meio.

Os etólogos, neste particular, estão inteiramente de acordo com J. Piaget, embora Piaget não aceite o determinismo inatista dos etólogos: "A etologia (afastando-se do behaviorismo) demonstra, irrefutavelmente, que, tal como a própria estrutura física, o comportamento não pode desenvolver-se, no curso da ontogênese do indivíduo, senão seguindo as linhas diretrizes e dentro do quadro das possibilidades de programas específicos elaborados ao longo da filogênese e inscritos no código genético (genoma)." (Konrad Lorenz, Prêmio Nobel de Etologia, *Écrits et Dialogues Avec Richard I. Evans*, Flammarion, Paris, 1978, pág. 263).

A experiência mostra que, se os sensores orgânicos são sempre indispensáveis e predominam nos primeiros estádios do desenvolvimento, sua importância diminui na medida em que a atividade se interioriza e começa a tornar-se simbólica e operatória (mesmo como mero mecanismo regulador). Como a teoria de Piaget pretende explicar a "embriologia do comportamento", em vez de estudar a "influência dos estímulos" (como fazem os behavioristas), prefere determinar a influência da ação e do pensamento nos mecanismos sensoriais (atividade perceptiva), supondo que as informações do meio modificam o comportamento sem jamais determiná-lo (interação), funcionando quase sempre como aceleradoras ou frenadoras do desenvolvimento global. É no curso da ação (e a ação só entra em curso quando um objetivo deve ser atingido) que as informações do meio têm poder de *modificar* a ação (regulação), sem o que a informação permanece como mero "espetáculo"...

2. Nesta observação elementar do processo vital apóia-se a *teoria da assimilação* de J. Piaget. A expressão "assimilação" (que é derivada do étimo *similis* latino — semelhante) supõe um pólo que *assimila (incorpora) e um objeto assimilado*, precisamente como procede o organismo para alimentar-se (por isto, freqüentemente, J. Piaget compara o mecanismo do conhecimento com o processo digestivo ou com o mecanismo da respiração). O organismo não fica ao sabor dos "estímulos" (se ficasse, todos os organismos de determinada ecologia seriam, absolutamente, idênticos). A entrada do "alimento" que irá incorporar-se ao organismo far-se-á segundo as condições ditadas pelo organismo. A grama, por exemplo, não impressionará um animal carnívoro faminto ou vice-versa. O peixe não retira o oxigênio, diretamente, da atmosfera. A criança (para criar um argumento de Chomsky) dirá, inicialmente, *fazi* (segundo o paradigma regular dos verbos em *er*: comi, bebi, sofri, etc.), apesar de o "estímulo" captado do meio ser *fiz* (corruptela da forma paradigmática).

Diante disto, é preciso redefinir a expressão "estímulo": um fenômeno ou objeto só passa a ser estímulo para um organismo quando este organismo estiver preparado (sensibilizado) para captá-lo. Se o organismo está sensibilizado para captar determinado estímulo, por hipótese, dispõe, também, de uma "resposta" (esquema de ação) a ele correspondente (nisto consiste a "sensibilização"). Por sua vez, um estímulo captado pelo organismo só modifica seu esquema de ação respectivo, se este esquema for insuficiente para manter o organismo adaptado (reequilibração). Milhares de "estímulos" passam, inteiramente, despercebidos dos organismos, isto sem falar no fenômeno da acostumação, saturação ou neutralização que "apaga" a sensibilidade para um estímulo real muito freqüente ou excessivo. Por outro lado, muitos esquemas captados não provocam a atividade do organismo, vez que o organismo só entra em ação quando a situação provoca uma desadaptação. Na maior das vezes, o esquema de ação disponível é suficiente para provocar a readaptação, dispensando o organismo de modificar o esquema (aprendizagem). Como se percebe, a modificação do esquema de ação é um recurso externo a que o organismo recorre para sobreviver em caso de séria ameaça...

Todas estas constatações biológicas aparecem, do ponto de vista funcional, com as mesmas características, no plano psicológico (a função é invariante, o que se modifica é a estrutura). É preciso que os psicólogos e sociólogos se convençam de que todos os mecanismos vitais (quer apareçam como biológicos, quer como psicológicos ou sociológicos) têm por "finalidade" garantir o espaço vital e a segurança do organismo ou da espécie. São processos de auto-regulação do organismo: o que não concorre para esta auto-regulação é, soberanamente, ignorado pelo organismo. O animal pode contemplar um incêndio, à distância, sem um mínimo movimento de reação, precisamente, porque a informação não provoca um desequilíbrio adaptativo.

3. Nada mais "reacionário" que o organismo (e, dora em diante, onde dissermos "organismo" entenda-se, também, "mentalidade", pois a mentalidade é "órgão assimilador da realidade, absolutamente idêntico, do ponto de vista funcional, ao aparelho digestivo). Um sistema cibernético auto-regulado tende a resistir a qualquer modificação (sobrevivência e auto-regulação equivalem-se). Pode-se dizer que o organismo (mentalidade) resiste mais à "fissão" que o átomo. As modificações sofridas pelo organismo (e do ponto de vista mental, as "aprendizagens", em sentido lato) só são admitidas pelo organismo como recurso de sobrevivência ou de auto-regulação *majorante*. Daí J. Piaget defender a tese de que a evolução resulta do esforço de sobrevivência dos organismos, o que, no plano mental, equivale a dizer que o conhecimento novo (invenção e descoberta — ciência) só se dá como recurso de auto-regulação. A modificação ou "aprendizagem" representam para o organismo um nível superior (majorante) de auto-regulação (expansão do espaço vital e aumento do grau de segurança). Se o organismo obtém espaço e segurança sem "modificar-se",

não admitirá a modificação (aprendizagem). Um "estímulo", pois, só estimulará se alertar o organismo para o "perigo" (se desequilibrar a auto-regulação).

A evolução dos animais, o desenvolvimento ontogenético de cada indivíduo, a progressão histórica (filogênese) da humanidade como um todo devem ser entendidos como um processo de *auto-regulação majorante* em que a vida se submete, a contragosto, a transformações para sobreviver, o que, em última análise, equivale a um processo de auto-organização e de adaptação ao meio. Para J. Piaget, frente à agressão do meio, é o organismo que toma a iniciativa para modificar-se, não ficando, passivamente, dependente do acaso das "mutações" e da "seleção" natural (*Le Comportement Moteur de L'Évolution*, Gallimard, Paris, 1976).

4. Poder-se-ia alegar que isto é pura "biologia" e que, no sistema escolar, por exemplo, a "aprendizagem" nada tem a ver com a sobrevivência e auto-regulação... Ledo engano. Todo o sistema escolar apóia-se no mecanismo de "prêmio e castigo" (donde não haver sistema escolar sem "avaliação", camuflagem que mal disfarça a *ameaça* nela contida, por mais que os especialistas atribuam a ela outras finalidades, como a de regular a marcha do processo). Ora, o prêmio e o castigo são mecanismos que funcionam, precisamente, como "agressões do meio" (expansão do esforço vital e nível de segurança). O sistema escolar é montado de tal forma que a única maneira de escapar ao "perigo" é "aprender", de tal modo que a aprendizagem funciona como mero regulador de uma ameaça que nada tem a ver com ela (se prometemos à criança uma surra ou uma bicicleta para que ela obtenha boas notas, no sistema escolar, a aprendizagem visa, exclusivamente, ao prêmio ou castigo, nada tendo de intrínseca).

Como se vê, o sistema escolar criou uma forma artificial de forçar a aprendizagem que o organismo (a mente) não considera fundamental para sua sobrevivência (e neste artifício baseia-se toda explicação behaviorista: o pombo aprende a fazer piruetas ao perceber que esta é a condição para comer). Como o mecanismo da estimulação não é natural, logo que cessa o artificialismo da situação, o organismo volta a funcionar segundo as condições normais (daí a criança esquecer quase tudo que aprendeu na escola). O organismo tende a eliminar os comportamentos adotados, circunstancialmente, numa situação de perigo artificial (os adultos recém-alfabetizados eliminam a alfabetização se a leitura não se torna um mecanismo majorante em sua adaptação ao meio).

O mesmo acontece com a propaganda (uma das mentiras mais espetaculares do mundo moderno): se a propaganda (mensagem, informação) não corresponde a um *esquema de assimilação* (sensibilização) e não representa uma *auto-regulação majorante* (aumento do espaço vital e do nível de segurança)... é feita em pura perda! É preciso que os "comunicadores" não esqueçam de que o mecanismo sensório-motor (presentativo-procedural) é um dispositivo de sobrevivência (auto-regulação) do organismo, inclusive com poder de saturação e neutralização, se a estimulação é excessiva. A parca parcela de eficiência da propaganda provém do fato de a informação, quase sempre, corresponder a uma *necessidade*, de modo que poderia dispensar todo o aparato, pretensamente, subliminar com que é cercada. Se a televisão comunica que foi posto no mercado um cigarro com menos nicotina, imediatamente, milhares de fumantes mudam de marca de cigarro, não por causa da "propaganda", mas porque os fumantes já estavam à procura de uma solução para as ameaças de câncer e, assim mesmo, milhares de outros, apesar da relação fumo-câncer-nicotina, permanecem em sua marca habitual de cigarro, tal é a força conservadora dos mecanismos de auto-regulação: o "estímulo" não foi percebido como alerta ou como solução de um "perigo" (o organismo não estava sensibilizado para receber este estímulo).

5. A "teoria da assimilação" de J. Piaget, portanto, muda completamente tudo que se pensava, não só a respeito da eficiência da *propaganda*, como o que a polícia pensa com referência à *censura*. O material censurado provavelmente, nenhuma influência "perniciosa" (do ponto de vista da polícia) produziria. Não é porque se assiste a um filme "imoral" que se passa a ser imoral. Não se muda de ideologia porque se leu um editorial contra a ideologia que se adotava. Pelo contrário: em geral, a agressão a nossos preconceitos leva-nos a obter recursos novos para defendê-los (cada corrente de opinião assina o jornal que reforça seus pontos de vista). Todo mundo conhece a agressividade dos grupos minoritários, precisamente, porque estão mergulhados num ambiente "agressivo": antes de ter que mudar, o organismo (a mente) faz tudo que é possível para não mudar (daí ser tão rara uma "conversão").

Toda mudança equivale a um processo sísmico (toda reconstrução implica em prévia destruição ou desorganização). Em compensação, quando o ambiente total muda (numa revolução, por exemplo), milhares de indivíduos mudam, da noite para o dia, o que equivale a uma mudança ecológica (os que não mudarem não sobrevivem), apesar de nenhuma revolução ser tão "total" que exija *mudança total* (numa construção, os elementos de período anterior são aproveitados para a reconstrução, pois em biologia, psicologia e sociologia, a reconstrução progressiva é sempre uma reorganização majorante — sistema aberto — do momento anterior). E há mais: os sistemas vivos só mudam (reequilibração) se estiverem em "crescimento" (embriologia), donde as mudanças ocorrerem, mais freqüentemente, na *infância* (com relação ao meio físico) e na *juventude* (com relação ao meio sócio-cultural). A conversão de um adulto significa que ele estava ainda em processo de "crescimento" psicológico (não tinha ainda estabelecido uma "axiomática" definitiva = *mentalidade*).

Em linguagem popular, chama-se "reacionário" o indivíduo que se tornou imune à mudança, o que implica numa paralisia do crescimento orgânico ou mental. Poder-se-ia daí concluir que a criança estaria, totalmente, exposta às influências do meio já que está em pleno crescimento. Nem isto. Assim como o primeiro período de construção (o que vai da concepção ao nascimento fisiológico) está protegido pelo invólucro uterino (a vida uterina cria condições para que as mensagens cromossomáticas realizem a reprodução do modelo quase sem influência do meio: a inserção da talidomida, por exemplo, é um caso raro de interferência neste momento embriológico), da mesma forma a criança é protegida das influências sócio-culturais nos primeiros anos de vida (não dispõe de esquema de assimilação para os "estímulos" de caráter sócio-cultural). Durante as guerras, as crianças, ou não tomam conhecimento dela, ou a assimilam como modelo lúdico (brincar de guerra).

É na adolescência que se apresenta o problema de inserção no corpo social adulto, que os adolescentes passam a atentar para os chamados "problemas sociais" e como, neste momento, adquirem o pensamento hipotético-dedutivo, começam a levantar "hipóteses" (teorias, ideologias, doutrinas) sobre a organização social, fenômeno que a polícia atribui à "infiltração de elementos subversivos"... Como se vê, o organismo (a mente, a mentalidade, os quadros mentais, as crenças, ideologias, etc.) não é uma massa plástica em que a propaganda e a escola imprime seja o que for!... Para que algo influa no organismo é preciso que ele esteja em "crescimento" (o pesquisador científico é uma mente em permanente crescimento) e que se sinta em desequilíbrio ou ameaçado (a dúvida, por exemplo, é um desequilíbrio).

6. Fala-se muito hoje na iniqüidade da "sociedade de consumo" provocada pela propaganda, outra tolice sem nenhuma base científica. Nos países socialistas não há propaganda e o frenesi consumista é o mesmo do mundo ocidental (a pugna da propaganda desenvolve-se entre as marcas de sabão ou de automóvel e não entre o sabão e o automóvel e o não-sabão e o não-automóvel). O automóvel é uma necessidade que todos sentem e não precisa propaganda para vendê-lo (se os vendedores entrassem num acordo, poupariam imenso investimento em propaganda). Tudo que aumenta o espaço vital e o nível de segurança é uma *necessidade básica* e, como tal, altamente desejável.

O povo sabe fazer, estritamente, a ordem de prioridade de seu consumismo (quando o favelado compra a televisão em vez de melhorar a alimentação, sabe o que está fazendo; sobrepõe as necessidades "espirituais" às "materiais"). O consumismo, pois, não é provocado pela máquina de propaganda (se a propaganda provocasse, realmente, necessidade de consumir, os espoliados já se teriam rebelado por pura frustração de desejos, de tal modo que o próprio organismo regula a prioridade do consumo). Em matéria de "sociedade de consumo", o problema é a padronização dos produtos ofertados (unidimensionalidades do consumo) e o desnivelamento provocado pelas diferenças de renda *per capita*. O resto é *diversão ideológica* para que as pessoas não percebam onde está a essência do problema: *o ideal era que todos consumissem tudo e que a oferta fosse a mais variada possível*. Em vez de falar-se em "sociedade de consumo", dever-se-ia falar na iniquidade que permite que uns consumam mais que os outros e na "feiúra" do consumo padronizado (eliminação do artesanato, produção em escala, etc.).

O ser humano (nascendo desprovido de "instintos" que determinem um tipo de reação padronizada e constante) é capaz de interessar-se por tudo (necessidade), embora esta "sensibilização" dependa de complexo processo "embriológico" (até o indivíduo chegar a ter necessidade das *fugas* de Bach, longo é o processo de construção de sua sensibilidade estética = educação). O grande problema da educação do homem, portanto, é a engrenagem de seu processo de desenvolvimento (descobrir qual o processo que leva certos homens, por exemplo, a sentir a necessidade de coerência, organização, arte, compreensão do universo, etc.). Numa sociedade, encontramos indivíduos em todos os estádios de desenvolvimento, podendo-se sempre encontrar uma razão ambiental para explicar o retardamento (do ponto de vista mental, o homem pode manter-se em permanente estado de crescimento de que é prova a pesquisa científica). A ênfase na aprendizagem de *know how* é a tentativa de considerar como ótimo ou definitivo determinado modelo histórico (papel exercido pela polícia, pela escola reprodutora, pela doutrina da segurança nacional, pela mentalidade coletiva, etc.).

7. Na grande maioria dos animais, o sistema sensório-motor (sensores e atividade) é um mero mecanismo cibernético (com a diferença de ser majorante), de modo que a percepção tem por objetivo regular a ação (a percepção limita-se a interpretar índices e sinais que sirvam de indicação à eficiência e eficácia da ação na tarefa de alimentar-se, proteger-se, reproduzir-se, etc.). No ser humano, este sistema acoplado fende-se e cria dois subsistemas (significantes e significados). O sistema "sensorial" (captação do real) passa a ser *representativo* (dublagem da realidade), o que dá margem às possibilidades de pensar sem agir (pensamento operativo). Mas, não é só. O sistema "sensorial" (agora representativo) ganha autonomia criando sua própria "realidade", de que o sonho é o exemplo mais frisante por realizar-se no momen-

to de quase total imobilidade do sistema motor. A dramatização (teatro, artes, cinema, etc.) é a "realização" (concretização) dos produtos deste sistema que se tornou autônomo.

Deste momento em diante, o sistema "sensorial" (que podemos começar a chamar *presentativo* para não dar a entender que se limita aos sentidos) passa a ter duas funções: *a)* funcionar de forma autônoma criando um mundo de "faz-de-conta" com seu próprio "enredo" e "causalidade" (mundo dos significantes, dos símbolos, da linguagem, da fantasia, etc.) e *b)* continuar em sua função primitiva de sistema de regulação da atividade que, agora, pode ser exclusivamente mental (operações), sem descartar-se a possibilidade de também o sistema "motor" (agora operatório) poder funcionar de maneira autônoma, como na lógica e na matemática. Temos, pois, a partir daí, as mais variadas combinações entre o sensório e o motor (o primitivo sensório-motor, o sensório-representativo, o sensório-operatório, o representativo-motor, etc.). A probabilidade maior é que ou os dois sistemas funcionem na base primitiva (sensório-motor) ou que funcionem autônomos: é dificílimo, por exemplo, transformar uma concepção, doutrina, ideologia em *comportamento real*.

O comportamento é fruto de longa e elaborada construção ao longo do crescimento, de modo que não é qualquer imagem mental que irá modificá-lo (o comportamento ficou acoplado a situações sensoriais muito poderosas ao longo do crescimento, de modo que só sua reprodução põe em atividade o sistema motor). Os filmes de terror são exemplos de que a representação mental (mesmo produzindo intensa emocionalidade) não são suficientes para determinar comportamentos. A criança, muito cedo (quatro ou cinco anos), aprende a distinguir, nitidamente, o real do "faz-de-conta", passando por longo treinamento com esta finalidade (brincar de...). Porque a representação aciona os mecanismos emocionais (numa reprodução dos processos primitivos), pensa-se que tem poder para reorganizar os *esquemas de ação* (estratégias de comportamento). Se isto acontecesse, provavelmente, os órgãos também mudariam de estratégia e de forma à primeira agressão do meio (os esquemas de ação são a forma de funcionamento das estruturas comportamentais motoras ou mentais).

O mundo representativo (que pode aparecer como uma ideologia, religião ou qualquer outra *superestrutura*) pode conviver com um comportamento totalmente contraditório (de que o cristianismo ocidental e cristão é o exemplo mais frisante e espetacular: a organização social nada tem a ver com a doutrina cristã). Só a ação real modifica o comportamento (o que equivale a dizer que a consciência é gerada pela forma de produção, etc.).

8. A convicção de que a violência da televisão gera violência é outra diversão para que não se verifique que a violência é gerada pelas diferenças de renda *per capita* e as desigualdades

na utilização do *produto bruto*. As estatísticas mostram que a curva dos crimes violentos (assassinatos, contusões, agressões físicas, etc.) diminui, espetacularmente, enquanto a curva de roubos sem violência cresce exponencialmente, o que mostra que a "criminalidade" gira em torno da desigualdade econômica, sendo inteiramente facciosa a tese de K. Lorenz, sobre a "agressividade do homem".

Não é que se defenda a violência na televisão. Ela é ruim porque podia ser substituída por algo mais nobre e útil ao homem (é possível que sua finalidade seja advertir os despojados sobre a eficiência da polícia). Mas, não se deve deixar que os camelôs do sistema nos envolvam desviando nossa atenção para aspectos irrelevantes: a televisão é uma "lanterna mágica" que alimenta o sistema representativo, sem enganar ninguém sobre seu caráter fantasioso. Se um indivíduo está planejando um assalto, é evidente que está sensibilizado para incorporar sugestões fornecidas pelo filme. Mas, em geral, as sugestões dos filmes são contidas pelos bloqueios dos esquemas de ação já constituídos.

No caso das crianças, a mensagem fílmica é, apenas, uma sugestão lúdica, bastante eficiente. Discute-se até se não seria positiva: os adultos tendem a eliminar do comportamento sua forma de agir infantil ("isto é brincadeira de criança"). Neste sentido, pode ser que intensa brincadeira infantil de guerras, canhões e metralhadoras leve os adultos a eliminar este tipo de infantilidade em sua maneira de comportar-se como indivíduo maduro.

9. Não se pode afirmar, simplesmente, que a violência, intensamente, exposta nos m.c.m., não influencia o comportamento dos espectadores, mas a afirmação contrária, também, é desprovida de qualquer base científica. O problema é, infinitamente, mais complexo e merece cuidadosa pesquisa.

O homem tem o estranho poder de separar o mundo mental (sobretudo, os aspecto *simbólicos* do mundo mental) de sua forma de ação (o comportamento é uma longa construção que só se reestrutura em circunstâncias muito especiais). A influência da forma de reagir das pessoas que convivem com a criança, em seus primeiros anos de vida, é de importância fundamental para o comportamento adulto. Nada se sabe, por exemplo, das bases neuroquímicas (ver efeitos paranóicos da cortisona) do comportamento. As próprias "figurações" mentais (explicações, superstições, etc.) apresentam extrema resistência à mudança, mesmo independentemente das conseqüências que a mudança possa ter no comportamento. É conhecida a "esquizofrenia" existente entre as crenças e ideologias e a conduta cotidiana dos indivíduos (raros são os sistemas de crença que tenham influenciado na organização social). Faltam provas convincentes de que as "terapias da palavra", realmente, modificam o comportamento, embora produzam modificações acentuadas na "mentalidade" e nas emoções (o contrário sendo muito mais provável).

10. Ao contrário destas suposições, os fatos comprovam que *estímulos reais* (a fome, a proteção pessoal ou da prole, o perigo de, etc.) são capazes de determinar condutas que contradizem todos os sistemas de valores. Na guerra, os valores individuais são insuficientes para conter a pressão real que leva os indivíduos a matar. Experiências de laboratório altamente controladas demonstram que indivíduos "normais", medidos num sistema hierarquizado, são capazes de praticar a tortura mesmo em pessoas amigas quer pela inércia do mecanismo de obediência, quer pelo medo de punição, quer para não ser "diferente" (os nazistas todos alegaram que suas façanhas abjetas tinham sido praticadas por "ordens superiores").

O Homem que Enganou o Cão...

(APRENDIZAGEM E REORGANIZAÇÃO DO COMPORTAMENTO)

Quando se quer ilustrar o que seja "motivação extrínseca", no processo de "aprendizagem", costuma-se usar uma ilustração humorística, hoje clássica, em que um indivíduo matreiro consegue ser transportado, numa charrete miniatura, por um cão esfaimado. Para garantir o empenho do cão na tarefa de deslocar a charrete, o passageiro mantém dependurada, a alguns centímetros do nariz do cão, numa espécie de vara de pescar, uma salsicha. O esforço do pobre animal em busca de alcançar a comida que permanece, sempre, a dez centímetros de seu focinho, faz com que desloque o veículo, cumprindo, assim, o objetivo do passageiro, cujo trabalho consiste apenas em manter a salsicha a alguns centímetros do focinho gotejante de saliva do cão. Temos aí, em transparência cristalina, a descrição perfeita do mecanismo universal e histórico do *processo escolar*. Desde que há escola, e em toda parte, a atividade de "aprendizagem" tem sido conduzida pela "motivação da salsicha", isto na melhor das hipóteses, pois pode ocorrer — e quase sempre ocorre — que, em vez de provocar-se o "interesse" do educando pela tarefa didática com salsichas, usa-se o "chicote" (ameaça, pressão física, perda de *status*), como mecanismo para garantir "aprendizagem". Em outras palavras, desde que se inventou escola, até hoje e em toda parte, "aprendizagem" só é conseguida mediante *prêmio* (salsicha) e *castigo* (chicote). A "nota" numérica ou conceitual (pouca importância tem a forma de notação, pois o que está em jogo é a aquisição ou perda de *status*, na melhor das hipóteses) é a instituição que tenta, em vão, disfarçar o mecanismo latente de *prêmio* e *castigo*. Ninguém imagina sequer o processo escolar sem este tipo de coação, disfarçado, hoje, com o eufemismo "avaliação" (nem mestres, nem alunos têm a mínima dúvida sobre o sentido coator da "avaliação", fato que só não é evidente para os "planejadores"). Os educadores jamais conseguiram descobrir processo que fizesse da "aprendizagem" algo desejável por parte do educando. Se o poder de premiar e de punir fosse retirado, subitamente, das mãos dos educadores, o sistema escolar ruiria, como castelo de cartas soprado pelo vento... Escola, pois, não representa para crianças e adolescentes algo que produza interesse intrínseco, como um jogo qualquer (no jogo, o interesse está na própria tarefa, salvo quando se transforma em fenômeno sócio-cultural que corrompe a gratuidade essencial desta atividade). Dificilmente encontra-se educador que tenha consciência de que ele próprio é o passageiro da charrete e que seu aluno é o cão ludibriado pela salsicha. Quase todos, pudicamente, fingem não ter poder discricionário sobre o aluno, convencendo-se a si próprios de que o interesse em suas aulas é suscitado por sua própria personalidade ou pela validade intrínseca dos conhecimentos que ministra. Esta relação patente ou subliminar de coação corrompe, essencialmente, o processo educativo, na medida em que não permite uma adesão gratuita (o aluno que bandeia-se para o professor é considerado pelos colegas "puxa-saco"). A maioria dos professores utiliza, em sala de aula, os mesmos métodos, talvez um tanto atenuados e disfarçados, dos esbirros especializados em extrair informações dos detentos (sórdido jogo entre ameaças de sofrimento e ofertas de bom tratamento e libertação que termina minando a resistência da vítima). As salas de tortura do aparelho policial levaram, apenas, às últimas conseqüências mecanismos corriqueiros na sala de aula. E não se diga que há mestres que cultivam processos de cunho afetivo. Os partidários da "pedagogia do amor" supõem que os policiais, também, não utilizam processo de sedução nas câmaras de tortura, justamente a "técnica" mais temida pelas vítimas acostumadas a ceder diante da ternura: coação não é menos coação se o resultado for obtido mediante chantagem amorosa. A salsicha prometida é uma espécie de coação afetiva, pois o amor manifesta-se por doações ao amado...

Ora, crianças e adolescentes serão tão refratários assim à "aprendizagem", a ponto de só aceitá-la mediante coação irresistível?! Para que "aprendam" o que currículos e programas propõem é preciso mesmo que sejam ludibriadas por salsichas (prêmio) e/ou ameaçadas por sofrimentos ou de perda de *status* (castigo)! Se sairmos dos laboratórios skinnerianos para a natureza (observação do comportamento natural dos animais e crianças) a visão é, inteiramente, outra. As crianças, num esforço ciclópico e com persistência exemplar, ocupam todo o seu tempo em *aprender* (usamos este termo equívoco para não termos que examinar, aqui e agora, a multiplicidade de formas existentes de "aquisição de conhecimentos" — ver *Apprentissage et Connaissance — Étude d'Epistémologie Génétique*, J. Piaget e P. Greco, PUF, Paris, 1959). Uma criança, no berço, por exemplo, gratuitamente, ocupa horas seguidas na tentativa de coordenar as mãozinhas com o objetivo de apreender o objeto colorido suspenso sobre seu rosto, num esforço sensório-motor espetacular que envolve todo seu sistema muscular e perceptivo. O pré-adolescente dedica horas infindáveis tentando montar um quebra-cabeças, construir um castelo de areia, desmontar um velho despertador, fabricar seu estilingue, olhar figuras num álbum, experimentar situações novas. Assiste horas seguidas à televisão, aprende a nadar ou a tocar um instrumento, organiza coleções, caça, pesca, joga, luta, acompanha a banda de música, observa os bombeiros apagando o fogo, delicia-se com uma lente ou com o microscópio, observa o céu com uma luneta, lê, durante horas infindáveis, sua revista em quadrinhos... Que tarefas, então, são estas propostas nas escolas que exigem, invariavelmente, algum tipo de *coação* (positiva ou negativa) para que os educandos admitam delas participar? Dir-se-á que a escola é verbalista, intelectualista, artificial... Mas, crianças e adolescentes gostam de jogos verbais (aprendem a falar), de quebra-cabeças ("quebrar a cabeça" é uma atividade lúdica) e de fazer coisas sem serventia (construções). Adoram ouvir histórias e brincar com o globo terrestre miniaturizado. Ao que parece, não são os *conteúdos* que geram resistência nas crianças, mas os *métodos*. E "métodos" é a única coisa a que não se dá importância na formação dos futuros professores...

O mais grave e estranho é que, quase tudo que as escolas ensinam, simplesmente desaparece da mente dos "educados". Não conheço tese de mestrado ou de doutorado que tente avaliar, quanto da "aprendizagem" realizada nas escolas permanece integrada no comportamento dos adultos. Mesmo sem pesquisa formal e computadorizada, pode-se afirmar, tranqüilamente, que 99%, por exemplo, da matemática ensinada nas escolas pré-universitárias, do primário ao final do curso de segundo grau, desaparece, sistemática e misteriosamente, da mente dos alunos, na medida em que eles vão alcançando a idade adulta (o próprio leitor pode comprovar o fato em si mesmo, se não é profissional que ensina matemática). Todos sabem que, uma semana depois do vestibular, os vitoriosos desta maratona circense já esqueceram grande parte da "aprendizagem" realizada nos "cursinhos" (processo de higiene mental que o cérebro realiza para não se empanzinar com materiais que obstruam seu funcionamento pragmático: *o esquecimentos é mecanismo de defesa da mente contra informações ociosas inúteis ou obstrutoras*). Ninguém pesquisa estas coisas ou nelas medita... porque admiti-las significaria aceitar a inutilidade do processo escolar e, mesmo, sua periculosidade sem nos referirmos aos dramas morais que adviriam às almas sensíveis ao constatarem que utilizam os métodos semelhantes aos do esquadrão da morte... Todos fingem que o trabalho escolar é relevante e que, realmente, as crianças e adolescentes estão "aprendendo" coisas importantes que servirão vida afora... e o leitor sabe, por experiência própria, que isto não é verdadeiro!

Existe uma espécie de "acordo de cavalheiros" de não se tocar no assunto, pois o escândalo poderia envolver a sociedade inteira e, principalmente, o sistema escolar: todos fingem (administradores, mestres, pais e alunos) que a escola está educando...

Ora, dispondo de prêmio e castigo (o prêmio, às vezes, é carinhosa atitude "amorosa" — uso corrupto de amor para obtenção de objetivos que não são do interesse da vítima, prática generalizada entre os que dizem "amar o próximo", quando de fato, chantageiam, descaradamente, suas vítimas), os mestres terminam obtendo a "aprendizagem" programada, atribuindo à sua própria "competência" resultados extraídos mediante coação (amorosa ou punitiva). Isto dispensa os mestres de pesquisar os "mecanismos da aprendizagem" tal qual se apresentam na natureza (as experiências de laboratório estão longe de simular o processo vivencial espontâneo em que as opções multiplicam-se ao infinito). Os mais sofisticados dirão talvez que, mesmo na natureza, não há gratuidade e que o esforço de Einstein tentando explicar o universo foi conduzido pelo desejo de ganhar o Prêmio Nobel e o dos cientistas burocráticos provém do medo (castigo) de perder o emprego. Todos sabem que isto não é verdadeiro (a gratuidade existe), mas a explicação é cômoda para entorpecer a consciência profi sional. Mesmo assim (admitindo-se, para argumentar, esta contrafação dos fatos), a estes sofistas poderíamos apresentar a espontaneidade lúdica de animais, crianças e adolescentes, atividade gratuita que só desaparece (com higiênicas recaídas intermitentes), no ser humano, quando o jovem se engaja no feroz e competitivo sistema de produção (sem contarmos os aspectos lúdicos sobreviventes dentro do sistema de produção). O empenho no êxito (ver *Réussir et Comprendre*, J. Piaget, 1974, Presses Universitaires de France, Paris) — mesmo o êxito esportivo gerado pela competição — é apenas um primeiro momento, na embriologia do comportamento humano, evoluindo progressivamente — quando o indivíduo atinge níveis superiores de desenvolvimento — para a gratuidade (cultivo entusiástico da fantasia e, posteriormente, amor à verdade) do fantasiar e compreender (*comprendre*), fato incontestavelmente patente no jogo simbólico, inteiramente gratuito, das crianças e, no final do desenvolvimento, na reflexão dos sábios, isto sem levar em conta a atividade gratuita dos místicos dedicados ao bem-estar do próximo. Mas, mesmo que se admitisse que prêmio e castigo fossem o "motor" da atividade física, verbal e mental (e, neste caso, ter-se-ia que explicar porque a vida depende de mecanismos exteriores à sua própria estrutura), será preciso notar que o prêmio e o castigo "naturais" nunca são engodos (salsicha-chicote) para obterem-se objetivos que não interessam ao organismo: o êxito (prêmio) e o fracasso (castigo), no caso, dizem respeito ao fundamental (sobrevivência) do organismo e estão ligados a interesses essenciais aos seres vivos, em certas emergências (aumento do espaço vital e ampliação da capacidade de ataque-defesa frente às agressões). O gladiador romano, na arena do Coliseu, está empenhado, sobretudo na própria sobrevivência, da tal forma que a situação não é diversional. Seu objetivo não é ganhar dinheiro ou receber medalhas. Na natureza, os animais só "aprendem" (descobrem e inventam) comportamentos altamente funcionais para sua sobrevivência, tanto assim que a solução incorpora-se, definitiva e intrinsecamente, à sua maneira futura de agir. No caso, portanto, o prêmio (sobrevivência) e o castigo (destruição) dizem respeito ao que há de mais intrínseco no fenômeno vital. Na escola, o prêmio e o castigo, ao contrário, são apelos a desejos e necessidades fundamentais do educando, com o objetivo de fazê-lo "aprender" algo que — a seu ver — na ocasião não lhe é vital. É um desvio usado pelo mestre para obter algo irrelevante para o educando. Tudo se passa como se houvesse um pacto que concilia interesses divergentes: "Se você aprender o que proponho, dou-lhe o que você deseja e/ou suprimo o que você não quer"... Na natureza, o animal sabe que o que deve "aprender" faz parte intrínseca do objetivo que deseja alcançar, de tal modo que o prêmio e o castigo tomam outra configuração (sobrevivência ou extinção).

Todos os "mecanismos de aprendizagem" propostos pelo empirismo tradicional e pela "ciência" psicológica skinneriana baseiam-se nesta premissa: o motor da ação é o prêmio ou o castigo (reforços), esquecidos seus aplicadores de que se algo "reforça" é que já era "necessário". O que o organismo persegue, portanto, é o "reforço" e não a "aprendizagem", proposta que interessa apenas ao mestre. Este tipo de "metodologia" não existe na natureza. Na vida natural, "aprendizagem" e "reforço" estão sempre, intrinsecamente, juntos, quando não são uma única e mesma coisa; é a própria aprendizagem que reforça, porque leva o animal a alcançar o objetivo que persegue, vindo a ser ela própria o prêmio do êxito obtido. O castigo, na natureza, consiste em não alcançar o objetivo cujo instrumento (meio) era a própria aprendizagem e, na natureza, o castigo é a extinção. Se a aprendizagem amplia o espaço vital e aumenta o poder de ataque-defesa, o organismo está compensado, reforçado, premiado, isto na pior das hipóteses de considerar-se prêmio e castigo como "motor" da atividade (o que não é verdade: ver *op. cit., supra*).

Outro aspecto estranho do fenômeno da "aprendizagem", na escola, ou em qualquer circunstância é não se atentar para o fato de as "aprendizagens" impostas mediante prêmio e/ou castigo *desaparecerem* sempre que não são *reforçadas*! O fenômeno não se torna brutalmente catastrófico, porque as rotinas da vida cotidiana e/ou profissional funcionam como mecanismo de reforço permanente, evitando "desaprendizagens" (ver regressão da alfabetização por falta de reforço). Tudo mais, tudo que não é exigido, permanentemente, pela rotina diária ou pela atividade profissional, simplesmente se esvai, como se nunca tivesse sido objeto de enervante, compulsiva e traumatizante atividade de "aprendizagem", o que é — no mínimo — imenso desperdício em investimento em material e em mão-de-obra, isto sem se levar em conta o iníquo "gaspillage" de que é vítima a vida de milhões de crianças submetidas a processos torcionários decorrentes dos preconceitos de quem não se sente na obrigação de investigar cientificamente as práticas educativas de que utiliza. Para os promotores da "aprendizagem" interessa apenas o *in put* e o *out put* (técnicas de apresentação e avaliação), sem indagar-se o que se passa no organismo (mente) entre estes dois pólos (caixa vazia), precisamente como alguém que usa um computador sem se preocupar com seus mecanismos internos (por não entender a capacidade operativa do computador, seu usuário pode fazer dele mera máquina de escrever sofisticada). Hoje, a preocupação com os "mecanismos internos" vai da "álgebra dos neurônios" (álgebra de Boole) às mais complexas funções da descoberta física e invenção matemática, sem se falar nos processos heurísticos que jogam com os "possíveis" não programados.

Se colocarmos num recipiente um pouco de limalha de ferro e de enxofre, mediante trituração pode-se obter uma *mistura* das duas substâncias. Se quisermos separar de novo os elementos, basta usar-se um ímã que atraia a limalha de ferro. Se levarmos, contudo, a mistura ao fogo, ocorre a *combinação* irreversível, aparecendo *nova substância* (sulfato de ferro). As comparações tendem sempre a deformar os fatos que pretendem esclarecer, mas, com as devidas cautelas e as concessões à precariedade do método analógico, pode-se comparar um destes fenômenos químicos com o que ocorre no organismo (mente) com relação ao que se costuma chamar "aprendizagem", termo que, aliás, brevemente será eliminado da reflexão dos educadores que se dispuserem a examinar a intimidade do processo educativo, que não pode depender da fragilidade e fugacidade dos mecanismos da "aprendizagem". A "aprendizagem" consiste em justapor às estruturas organizadas do comportamento integralizado comportamentos soltos (mistura) que o organismo não considera essenciais para sua sobrevivência ("desvio" circunstancial para atender a uma situação provisória premente — rotina escolar — que, logo mais, deixará de ser ameaçadora). Quando a situação é vital (segundo o ponto de vista do organismo, isto é, do educando) não há justaposição, mas *reorganização* (combinação) entrando em jogo a totalidade ou parcela relevante das estruturas mentais, produzindo como resultado uma *equilibração majorante* (um aumento qualitativo geral nas estratégias de comportamento motor, verbal e mental). Se se aprende a *numerar* por reflexo condicionado, como se faz no programa Vila Sésamo, a "aprendizagem" da numeração é mera justaposição que desapareceria não fosse o reforço da vida cotidiana. Quando a "aprendizagem" (e neste caso não se diz mais "aprendizagem", mas *reequilibração*) resulta da integração de estruturas mais primitivas de classificação, seriação e correspondência, o organismo (a mente) adota maneira nova de agir generalizável e irreversível, dando o "salto qualitativo". O que não é reorganizado segundo os níveis (mentais) preexistentes não se incorpora, nem ao organismo biológico, nem à mente. O próprio organismo biológico regurgita o que não é assimilado e integrado no organismo (funcionalmente, a mente comporta-se segundo os modelos biológicos gerais, pois, afinal, o psicológico também é um aspecto vital). Podemos, pois, ver dois tipos de educação: *a)* escolas que desenvolvem "aprendizagem" e *b)* escolas que promovem reorganizações do comportamento (motor, verbal e mental). A primeira forma é o *adestramento* e a segunda, *educação* (apesar de o termo *educação* ter sido corrompido pelos empiristas behavioristas).

A "aprendizagem" é imediatista e *ad hoc*. A reorganização é estrutural, abrangente, transferível e generalizável. A reorganização denomina-se *desenvolvimento* (motor, verbal e mental). Na vida natural não há "aprendizagens", mas reorganizações, mesmo porque "aprendizagem" é uma contrafação escolar (o problema do organismo é sobreviver, ampliar o espaço vital e aumentar seu poder de defesa-ataque, logo objetivos vitais, permanentes e gerais). Os animais de circo são, também, adestrados, como as crianças nas escolas, mediante "aprendizagens", tratando-se de atitude tão antivital que a todos constrange ver um elefante dançar... Os educadores comportam-se com as crianças como os domadores de circo com relação aos animais...

Não se trata de negar que os behavioristas empregam métodos científicos e obtêm resultados espetaculares (os pombos de Skinner, realmente, jogam pingue-pongue). Mas, trata-se de aspectos psicofisiológicos elementares, primitivos e grosseiros dos mecanismos de mudança do comportamento motor, verbal e mental (inteligência curta, isto é, sem a complexidade combinatória dos verdadeiros processos inteligentes como a equilibração, a indução, e dedução). Para substituir os processos de "aprendizagem" propõe-se hoje a "educação pela inteligência", isto é, educação através de combinatórias altamente complexas (a inteligência faz sempre os maiores rodeios e é sempre o caminho mais longo no tempo e no espaço). Quando, realmente, está em jogo processo inteligente, a situação é sempre ampla, abrangente e generalizável, de modo que não se sabe bem quais são os "objetivos" de que falam os tecnocratas da educação. Noventa por cento do que se ensina nas faculdades sobre planejamento para treinar futuros professores gira em torno de identificação de "objetivos", quando o que se pretende é criar estrategistas que não sabem ainda como vai ser a guerra. Se os "objetivos" são muito visíveis, provavelmente, trata-se de "aprendizagem" (justaposição — *ad hoc*), pois não se pode prever o resultado de uma reorganização geral. Mas, não vai ser com pesquisas científicas que se vai mudar quatro mil anos de rotina escolar baseada em "aprendizagem". Ainda hoje, noventa por cento da humanidade está convicta de que a terra é o centro do sistema planetário e que o sol é que se desloca na abóbada celeste — e Galileu continua a correr o risco de terminar na fogueira...

"O Homem que Calculava"

(A TEORIA DOS SISTEMAS E O CONSTRUTIVISMO SEQÜENCIAL)

A sociologia é uma espécie de "ciência matriz" a que se subordina verdadeira constelação de "ciências-filiais", cada uma das quais representando enfoque setorial do grande *círculo sociológico*: se constituíssemos uma equipe interdisciplinar com representantes de todas as atuais ciências sociais, não haveria lugar, provavelmente, para o segmento vetorial denominado Sociologia. As ciências-partes da sociologia são disciplinas como economia, política, finanças, planejamento, lingüística, cibernética, psicolingüística, semiologia, etnologia, psicossociologia, ecologia, história, antropologia, biogenética e uma porção de outros setores ultra-especializados que, apenas, ensaiam debutar na passarela do quadro das ciências humanas. A superação epistemológica da concepção estática do fenômeno levou à concepção de um universo *in fieri* (construtivismo) cujo motor é a interação de seus elementos em busca de um equilíbrio que não se conclui (equilibração), constituindo cada reequilibração uma ultrapassagem que explica a superação da lei da entropia a que estão sujeitos os sistemas fechados (equilíbrio). O estudo do homem em sociedade — o estudo da construção do *equipamento coletivo* e da *planetarização (um mundo: uma humanidade)* — o estudo do homem em sociedade tornou-se de complexidade tal que é impossível ser feito por uma ciência particular. Numa teoria construtivista, cada estrutura superior explica-se pela *ultrapassagem* da estrutura inferior (inferior no sentido genético ou diacrônico), de modo que, em certo momento da explicação, é impossível conservar a departamentalização das ciências, sobretudo considerando-se o moderno conceito circular da classificação das ciências (Piaget). É chegado, pois, o momento de se criarem "equipes interdisciplinares", da mesma forma como, no terreno da prática, por exemplo, uma empresa hoje não pode ser dirigida, como sempre fora, simplesmente, por um "capitão de indústria", sem a cooperação do engenheiro de operações, do especialista em *marketing*, do diretor de pessoal, do relações públicas, do especialista em racionalização e organização do sistema de produção, do psicólogo industrial, da equipe de reciclagem, do setor de propaganda, da equipe de processamento de dados, do analista da conjuntura econômico-financeira, do analista da flutuação da política governamental (economia dirigida), sem falar, evidentemente, nos vários outros tipos de executivos que compõem o quadro tradicional da direção das empresas. Tudo isto significa, evidentemente, que esta "estrutura" (empresa) se complexificou a tal ponto que ultrapassou seu modelo tradicional, isto como conseqüência do processo natural de equilibrações sucessivas. Assim, se a estrutura anterior explica geneticamente a nova estrutura, não podem, contudo, a antiga e a nova estrutura serem abordadas pelo mesmo modelo, assim como um modelo químico (que dá origem ao fenômeno biológico) não pode ser explicativo para o fenômeno vital. A criação de uma escola superior de Direção de Empresas é a prova mais cabal de que certos núcleos sócio-econômicos do *equipamento coletivo* (no caso a empresa) não podem ser abordados senão pela cooperação de especialistas. Ora, o que aconteceu com o aglutinamento pragmático das mais diversas qualidades de *know-how* em torno de uma instituição (outrora artesanal) denominada empresa, ocorre, também no plano teórico e da pesquisa das ciências humanas. Aliás, a analogia com o fenômeno empresarial não é casual: a direção de empresas tornou-se complexa e interdisciplinar, justamente porque complexo e interdisciplinar tornou-se o estudo de qualquer manifestação de *operação de conjunto*, no terreno dos fatos sociais (entre os quais sobressaíam os fenômenos econômicos de produção, distribuição e consumo). O empresário sem descortino interdisciplinar pode não perceber esta intercomplementaridade informacional de que depende a direção de sua empresa, mergulhado, talvez, até as narinas, no pantanal das operações parciais, supondo estar envolvido num simples somatório. É sabido que a "quantidade gera a qualidade" (salto qualitativo), o que não constitui, aliás, mistério nenhum se interpretarmos o fato à luz, por exemplo, da cibernética. A nova empresa, pois, não é mera inchação da empresa antiga: é uma nova estrutura com novas leis internas. O grande impacto dos conglomerados e das fusões de empresas é, justamente, a reação dos pequenos "capitães" (até então, aparentemente autônomos) diante da necessidade de *cooperar* numa direção colegial, com a participação técnica (por vezes inacessível ao patrão...) de especialistas das mais diversas procedências intelectuais ou tecnológicas. A súbita complexificação da direção da empresa (independentemente de ser um reflexo da complexificação do fenômeno empresarial) cria problemas de *relações humanas*, tanto no plano afetivo (como todos admitem sem maior exame), como no plano intelectual (o que poucos treinadores de pessoal sabem).

A *cooperação*, isto é, a construção de algo em comum, é, ao mesmo tempo, um problema afetivo e um problema intelectual, talvez mais intelectual (formal) que afetivo (energético): a boa vontade mútua (amortização) pouca contribuição traz na solução de um problema intelectual, quando os parceiros não têm nível suficiente para enfrentar a situação (a maioria dos conflitos entre as pessoas pode ser atribuída a impasses de caráter cognitivo, sobretudo as incompatibilidades decorrentes dos níveis de maturação psicológica dos parceiros). Como é natural, o esforço dos pedagogos das relações humanas concentra-se, universalmente, em desobstruir os "canais afetivos", na suposição de que mais virá por acréscimo (*sensitivity training*), como se o apelo milenar dos místicos ao "amor ao próximo" fosse suficiente para criar uma sociedade complacente (o amor exige também uma tecnologia!). A dinâmica de grupo procura encarar todas as faces do problema do relacionamento entre as pessoas que tentam cooperar em vista de um objetivo (grupo de treinamento para a produtividade por oposição a um grupo de mera "participação" como o constituído por um aglomerado de pessoas que procura, por exemplo, apenas divertir-se). Mas, embora a dinâmica de grupo decorra das teorias epistemológicas sobre interação dos elementos, não é este o objetivo destes comentários. No plano da cooperação interdisciplinar das ciências humanas existe também uma metodologia denominada Moderna Teoria dos Sistemas. A teoria dos sistemas está para a globalização dos conhecimentos setoriais das ciências humanas, como a dinâmica de grupo está para o relacionamento dos especialistas "forçados" a cooperar para a produção de um resultado (produto) unificado. A teoria dos sistemas serve à dinâmica de grupo e a dinâmica de grupo serve à teoria dos sistemas, pela razão muito simples de que todo conhecimento precisa de um suporte orgânico (isto é, de um indivíduo) e todo indivíduo precisa de um mínimo de dinâmica de grupo (isto é, de capacidade de complementariedade) para pôr em comum seus conhecimentos, num produto cooperativo. O livro *A Sociologia e a Moderna Teoria dos Sistemas*, Walter Burckley, Cultrix/Edusp — SP., refere-se, não apenas à sociologia, em sentido restrito, mas a todas as ciências humanas, ou à sociologia, *lato sensu*. Em especial, mostra o aproveitamento de várias disciplinas novas na criação de uma metodologia sociológica comum a toda constelação de "filiais": a) *teoria da informação* (subsistema da teoria das comunicações, tão importante também em Dinâmica de Grupo); b) *cibernética*, a ciência do comando e da direção (ciência tronco de todas as teorias que envolvem regulação de estruturas, totalidades, sistemas e conjuntos, entre os quais, *a empresa* é o protótipo mais evidente, envolvendo a vida de todos os membros de uma sociedade); c) *teoria dos jogos* (formalização e matematização da teoria das decisões e dos conflitos, hoje experimentada até pelos generais na guerra, no planejamento das campanhas bélicas). Se uma equipe interdisciplinar se reunisse para tomar uma decisão (um ataque aéreo, uma jogada política, uma operação econômica, etc.), não poderia fazê-lo se não aceitasse, *a priori*, um *método* comum como a teoria dos sistemas. Se cada especialista ficasse centrado na metodologia particular de seu subsetor, seria impossível a cooperação, tanto relacional (dinâmica de grupo), quanto informacional (intercomplementaridade das ciências humanas). A teoria dos sistemas, pois, está para a fusão informacional dos especialistas setoriais das ciências sociológicas como a dinâmica de grupo está para a fusão relacional do esforço de um grupo de indivíduos na realização de um objetivo comum. Tanto se pode chamar a cooperação intelectual, na execução de uma tarefa, de dinâmica de grupo, quanto se pode chamar de teoria dos sistemas as explicações psicossociológicas do relacionamento cooperativo de um grupo de indivíduos que resiste à interação e à superação do egocentrismo, (e, por que não dizer, do egoísmo?). Por aí se vê a *microssociologia* (dinâmica de grupo) poder fornecer elementos teóricos e práticos preciosos à macrossociologia: de fato, já não se acredita, em sociologia, em totalidades coletivas emergentes, em "alma coletiva", em "contrato social" e outras figuras globais mais ou menos "mágicas" de que se serviram os sociólogos clássicos. "O característico de um estruturalismo metódico é procurar a explicação deste sistema em uma estrutura subjacente que permite, de certo modo, sua interpretação dedutiva, estrutura que se trata de reconstituir pela construção de modelos lógico-matemáticos" — (J. Piaget): é nesta perspectiva que a microssociologia (dinâmica de grupo) se torna um modelo explicativo para a macrossociologia. Ora, uma metodologia deste tipo faz desmoronar todo acervo de pesquisa sociológica acumulado através de processos indutivos e técnicas estatísticas que jamais darão uma informação interacional, isto é, explicação de conjunto. "Tal como a *causalidade física*, a estrutura social deve ser reconstituída, *dedutivamente*, e não pode ser constatada a título de dado, o que significa que ela está para as relações observáveis assim como, na física, a causalidade está em relação às leis, por outro lado, como na psicologia, a *estrutura não pertence à consciência* e, sim, ao comportamento, de modo que o indivíduo adquire dela, apenas, um conhecimento restrito, através de tomadas de consciência incompleta, que se efetuam através das desadaptações". (J. Piaget). Ora, tudo isto é um escândalo para os sociólogos neopositivistas para quem a ciência é uma observação (desarmada) dos fatos... A teoria dos sistemas procura (generalizando uma metodologia para as ciências humanas) aproveitar as modernas técnicas explicativas de várias ciências sociais ou para-sociológicas. Da biologia, por exemplo, aproveita a teoria da homeostase (divulgada por Claude Bernard), segundo a qual as várias funções do organismo possuem sua própria auto-regulação através de processos de retroação e antecipação, "fazendo do *organismo o próprio protótipo das estruturas*" (Piaget). Aliás, o primeiro trabalho científico que visou criar uma "teoria geral dos sistemas" foi de um biólogo (L. von Bertalanffy). Da Psicologia aproveita a teoria da gestalt que, embora restrita às estruturas motoras e perceptivas, sugere vasta área de aplicação, como foi feito por Kurt Lewin e seus discípulos, criadores da Dinâmica de Grupo (explicação das interações através dos "efeitos do campo", comparando o campo psicológico ao campo eletromagnético, modelo infeliz que, segundo Piaget, teve, de certo modo, influência nefasta sobre sua teoria, ainda que tenha sido estimulante no princípio). Da matemática, vale-se das "estruturas-mães" dos Bourbaki que procuraram subordinar às matemáticas todas à idéia de estrutura. Da lingüística, "a partir de Saussure (pai de quase todos os estruturalismos modernos) retira a idéia de que além da história existe um sistema (sincronia), vez que a diacronia de uma palavra está muito longe de, freqüentemente, dar conta de sua significação atual". (Piaget). Da Economia, aproveitou a "análise do equilíbrio", primeiro, e, depois, a "dinâmica dos ciclos" ou "deslocamentos de equilíbrio". Do Direito, através do Kelsen, por exemplo, reteve a "teoria da implicação entre as normas" que formam em seu conjunto uma pirâmide, no cume da qual está a "norma fundamental" que funda a legitimidade do todo ("teoria da imputação"), etc., etc., etc. Piaget, em epistemologia, consagra uma vida de reflexão e de pesquisa para *encontrar uma teoria geral de todos os sistemas vitais*, vindo desembocar, como todos que procuram uma explicação englobante e polivalente, na cibernética e na teoria dos sistemas, embora não se fixe neste nível, justamente, pela generalização da formalização que persegue em epistemologia: o termo genérico que explica para ele todo funcionamento de qualquer estrutura é *equilibração*, quer apareça com ritmo, quer como regulação cibernética, quer como operação (teoria dos grupos). Pode-se historiar a arqueologia metodológica das explicações estruturalistas (como faz o autor de *Teoria dos Sistemas*, Walter Burckley) a partir das explicações transcendentais essenciais (que o autor omite, por não apresentar interesse dialético no presente momento. histórico), passando pela análise causal tradicional, análise funcional, interação mútua, sistemas cibernéticos (onde para o autor), indo-se até a teoria piagetiana da equilibração. Kurt Lewin já tinha, em outra angulação, tentado a reconstituição histórica idêntica através da análise do Pensamento Aristotélico-Tomista (essência, ato, potência, formas), do Pensamento Galilaico (Bacon, Copérnico, Kepler, etc.) — causalidade linear — e do Pensamento Dialético Hegeliano (tese-antítese-síntese; princípio da contradição, identidade dos contrários, salto qualitativo). Restringindo-nos somente às teorias chamadas científicas, acompanhando o autor, temos: *a) Análise Causal Tradicional* — que se baseia na "causa eficiente" próxima — é a explicação linear de causa-efeito (causalidade), que tem por fim determinar "leis" que expliquem as regularidades de determinados fenômenos (em ciências humanas resvalando para o "leito de Procusto" dos questionários exaustivos e das estatísticas facilmente manipuláveis para provar qualquer coisa); *b) Análise Funcional* (pesquisa da função ou da causa final) "que focaliza os acontecimentos indo dos presentes para os futuros e procura compreender ou explicar um fenômeno presente em função de suas conseqüências (utilidade) para a continuidade, a persistência, a estabilidade ou a sobrevivência do complexo de que ele faz parte", como se tivesse pré-ciência dos resultados. Assim como a homeostase (Claude Bernard) explicou a auto-regulação de um processo sincrônico, a homeorese (conceito de Waddington) explica o equilíbrio cinético do desenvolvimento, mantendo este desenvolvimento dentro dos "caminhos necessários (creodos) estabelecidos pela carta genética (combinatória fundada sobre os componentes do ADN), ao mesmo tempo que o genótipo procede "assimilações genéticas" (fixação dos caracteres e recombinações) que modificam os caminhos necessários (restabelecimento do significado dialético da evolução). Burckley, pois, exagera quando — para introduzir a teoria dos sistemas — nega a validade das explicações funcionais que, aliás, não são incompatíveis com as explicações por auto-regulação (explicações cibernéticas); *c) Interação mútua* (sistema de equilíbrio estático que nada tem a ver com a explicação construtivista seqüencial de Piaget baseada na teoria cinética da equilibração) para o autor consiste "numa mútua dependência entre existentes, uma rede estática de dependências recíprocas como a que se nota entre as partes de uma estrutura de aço" ou, como acrescenta, "um eterno e simultâneo de variáveis correlativas", algo parecido com as estruturas gestálticas regidas pelas leis gerais da boa forma ou da simetria (totalidades emergentes — Durkheim); *d) Sistema cibernético* (circuitos de retroalimentação) que é, finalmente, para o autor, a "moderna análise de sistemas modernos", teoria que encara os processos sócio-culturais como "sistemas complexos, abertos, adaptativos (por oposição aos sistemas fechados regidos pela segunda lei da termodinâmica: entropia); este processo não depende, simplesmente, das mútuas relações das partes, mas de espécies muito particulares de inter-relações mútuas (W. Burckley, *Sociologia e a Moderna Teoria dos Sistemas*, Cultrix). Mas, lamentavelmente, já não se pode parar aqui no histórico das teorias explicativas sociológicas (como fez o autor) depois da teoria da equilibração de Piaget que leva o processo de auto-regulação até ao nível da formalização lógico-matemática das operações que constituem modalidade de auto-regulação transfenomênica. O autor cai no defeito de todas as explicações estruturalistas que é não atentar para o ponto-chave da teoria: a variabilidade dos níveis e dos tipos de interação (logo, de autorregulação e de funcionamento) o que torna extremamente complexa a aparentemente simples teoria dos sistemas (estruturas, totalidades, conjuntos). Evidentemente, é nas matemáticas e na logística que iremos encontrar este último tipo de explicação que, aplicado sobre as estruturas de nível inferior, enriquece e clarifica aspectos que as explicações menos operatórias (por exemplo, cibernéticas) não alcançam. Sobretudo, é preciso evitar o a-historicismo de Lévi-Strauss que se fixa numa evidente explicação de caráter sincrônico: "seu estruturalismo constitui o *modelo* (nem funcional, nem genético, nem histórico) *dedutivo* mais surpreendente que se tenha usado em uma ciência humana empírica" (Piaget, *Estruturalismo*, pág. 86) — donde o *slogan* do construtivismo seqüencial do pensador genebrino: "*não há gênese sem estrutura, nem estrutura sem gênese*". Ainda J. Piaget: "Todavia, no real, existe um processo *formador* geral que conduz das formas às estruturas e que assegura a auto-regulagem inerente a estas: *é o processo de equilibração* que, já no terreno físico, situa um sistema num conjunto de seus trabalhos virtuais; no terreno orgânico, assegura ao ser vivo suas homeostases de todos os níveis; dá conta, no terreno psicológico, do desenvolvimento da inteligência; e que, no domínio social, poderia prestar serviços análogos. Com efeito, se se recorda que toda forma de equilíbrio comporta um sistema de transformações virtuais que constituem um grupo (matemático) e se distinguem os estados de equilíbrio e a equilibração como processos tendentes para estes estados, este processo dá conta não só das regulações que marcam suas etapas, mas também de sua forma final, que é a *reversibilidade operatória*. As explicações pré-operatórias do autor contêm elementos usados pela explicação total e abrangente de J. Piaget (como a teoria de Einstein contém a teoria de Newton), como *organização* (definida como a neguentropia dos sistemas), *sistema aberto* (sistema adaptativo complexo cujo funcionamento implica no aumento da organização interna e na maior adaptação ao meio), *equilíbrio* (sistema de transformações virtuais), etc., etc., etc., mesmo porque a explicação piagetiana é, fundamentalmente, apoiada no princípio da complexidade crescente, mais móvel e mais estável, que elimina o conceito de "finalidade" como regulador fora do sistema. Para a teoria da informação (que é a própria teoria da organização ou teoria moderna dos sistemas) o processo de auto-regulação e de autodireção exigem três tipos de retroalimentação (em forma de cognição): *a)* do mundo exterior; *b)* do passado (memória do computador); *c)* de si mesmo (consciência (?) de seu próprio funcionamento). Piaget chama a atenção para mais uma — inédita —

retroalimentação informacional que é a possibilidade que a reversibilidade cria de *antecipação* (pré-correção = informação sobre o futuro = funcional). De qualquer forma, seja qual for o nível explicativo, na linha da teoria dos sistemas, quando eleva a explicação sociológica a um plano, infinitamente, mais complexo e abrangente que as simplórias intuições arqueológicas dos sociólogos dos questionários e das correlações estatísticas... "Já vimos — diz W. Burckley — que excesso de simplificação existe nos velhos axiomas causais, tais como *tudo que acontece tem uma causa*, ou *causas semelhantes produzem efeitos semelhantes*, ou ainda: *quando há uma diferença no efeito, houve uma diferença na causa*", etc. A moderna pesquisa dos sistemas preferiu propor os conceitos de "equifinalidade" e de "multifinalidade", de acordo com os quais "condições iniciais diferentes conduzem a efeitos finais semelhantes ou condições iniciais semelhantes conduzem a efeitos finais diferentes", ao mesmo tempo que demonstrou a insuficiência da análise causal tradicional para lidar com fenômenos tão importantes como *emergência, intenção* ou *busca de meta, auto-regulação, adaptação*, e outros do mesmo teor. Como Piaget, W. Burckley dá toda ênfase à *teoria da organização* (e à sua gênese) — manejando os conceitos de contingência, asserção e graus de liberdade (ver Wiener) frente ao de entropia: "a razão do alvoroço é que a teoria da informação ministra um escalão para medir a organização: a informação, a organização e a previsibilidade moram juntas, nesta causa teórica". (Piaget prefere usar as várias estruturas matemáticas de grupo para medir a complexidade dos sistemas). O estruturalismo, *tout court*, apesar da ponderável contribuição que trouxe para a superação do pensamento substancialista (elementarista) aristotélico-tomista e do pensamento causal linear de causa-efeito (galilaico), tendo tido seu nascimento na "teoria da forma", muita vez levou a explicações fixistas ou de puro equilíbrio estático (gestalt perceptiva), ao passo que a "teoria dos sistemas" demonstra o dinamismo reconstrutor de toda estrutura: "A estrutura nunca se mantém a si mesma: é necessário um constante dispêndio de energia de alguma espécie para manter em estado constante" um sistema aberto. As discrepâncias ou exigências de uma espécie ou de outra conduzem ao remapeamento e à reorganização contínua. Isto significa que toda e qualquer estrutura social não só deixará, até certo ponto, de definir, especificar ou ministrar, adequadamente, algumas exigências ou acontecimentos não estruturados, mas também que ela mesma gerará, efetivamente, estas exigências; conflitos de interesse, padrões ambíguos, discrepâncias de papel, e incapacidade de alcançar metas".

Os cientistas das ciências humanas, especialmente, os sociólogos de questionários... empolgam-se com a "matematização" de seus resultados, secreta inveja da inacessibilidade das explicações dadas pelas ciências naturais e normativas. Para eles, se não mostrarem algum malabarismo matemático, *não parecerão científicos*, donde a enxurrada de cálculos, verdadeira festa de artifício de variações matemáticas com os dados obtidos, a tal ponto de, em certo momento, não se saber mais se o objetivo é mostrar habilidade calculadora ou demonstrar a existência de regularidades, nos fatos pesquisados (chegam a fazer acrobacias com amostragens mínimas, dando a impressão de que o artifício de cálculo supre a deficiência das informações). Nos congressos, é comum aparecer "cientista" que nada sabe de sua especialidade (e dos problemas tratados no congresso), mostrando-se verdadeiro prestidigitador de *cálculo estatístico*. Outros, por não saberem fazer estes cálculos, encomendam-nos a especialistas que, nada conhecendo do assunto, sabem tudo de cálculo, o que equivale a nadar no vazio. Se perguntarmos, no final do *show* de ilusionismo, o que, afinal, provam todos estes cálculos, obteríamos uma resposta, se tivessem coragem de dá-la, que a "água é um líquido"... Já ninguém suporta este "cientificismo" estatístico que a nada leva, sobretudo, quando, para o comum das pessoas, *só interessam os resultados* (sobretudo, se as pessoas querem aplicar os resultados, por exemplo, em educação, medicina, etc.). É atitude típica de rara dramatização para suprir a pobreza de nossa pesquisa científica. As revistas de divulgação científica tornam-se inteiramente ilegíveis para quem não manobra estes cálculos simplórios, sem nada acrescentar em cientificidade. Em geral, nos grandes centros científicos, este tratamento é feito por especialista em estatística, nela não se envolvendo o pesquisador, senão como interrogador. Por outro lado, o costume é deixar este material nos arquivos, como mero protocolo que será consultado por quem, em especial, neles tenha interesse. Mas estes problemas são a doença infantil dos cientistas dos países subdesenvolvidos que têm a veleidade de parecerem prêmios Nobel... Se não fossem feitos *pour épater le bourgeois*, nada se tinha contra eles, mesmo porque é boa metodologia científica fazer cálculos estatísticos. Entre especialistas, todo um raciocínio pode ser desenvolvido a partir deste tipo de material (se não for mero malabarismo). O que se reclama é o hermetismo que se cria, dificultando, totalmente, o acesso à informação, com o propósito infantil de parecer profundo e rigoroso (existe toda uma "gíria" pseudo-científica que é ensaiada nas universidades usadas pelos debutantes, como os adolescentes intelectualizados usam as palavras difíceis: há uma obra que circula nas aulas de metodologia científica, com mais de duzentas páginas, ensinando como fazer uma "monografia científica" em que os milímetros de margem do papel têm tanta importância quanto os processos de isolamento das variáveis, o eterno cacoete brasileiro de confundir os meios com o fim, a forma com o conteúdo, a realidade com a aparência). Mas, deixemos os prestidigitadores com seu cálculos (*noli tangere calculos meos* — gritou Arquimedes ao romano que o ia degolar)... O grave da história é que os utilizadores de estatística supõem que estão matematizando a sua pesquisa, utilizando-a... o que é grosseira deformação do que seja *matematizar*. Diz-se, hoje, que uma ciência é matematizável, quando pode ser expressa, matematicamente, o que equivale a *axiomatizar* (a axiomatização permite o cálculo logístico, elevando para o plano da abstração os dados de realidade). Por outro lado, existe outra forma, tão válida ou mais que a estatística, de aplicar a matemática numa pesquisa: é o uso dos *modelos matemáticos* (como a aplicação de grupos, redes e combinatória).

O lamentável, em tudo isto, nesta dramatização de profundidades e cientificidades, é o engavetamento da pobre pesquisa produzida, nos países subdesenvolvidos e a falta de sentido social do trabalho científico que passa a ter por única utilidade glorificar o "gênio" que o realizou (todos os cientistas têm um pouco de paranóia que, dentro de certos limites, é útil na manutenção de seu esforço solitário). É tempo de mais humildade e de mais sentido comunitário: *o povo é que paga tudo isto*...

A Violência Institucional e a Aprendizagem da Agressão[*]

(O PENSAMENTO SIMBÓLICO E O COMPORTAMENTO)

Durante séculos, tem-se discutido as relações entre a linguagem e o pensamento, entre a lógica e a linguagem, entre a linguagem e a ação. Dados recentes da pesquisa científica (Centro de Epistemologia Genética de Genebra) modificaram, fundamentalmente, os termos clássicos deste problema, sobretudo porque o termo *linguagem* ganhou amplitude imprevista (índices, sinais, símbolos e signos). Pode-se até dizer que a totalidade dos fenômenos pode ser encarada: a) como *realidade* (significados) ou b) como linguagem (significantes). Ou melhor: pode-se dizer que há dois planos de realidade: a dos *significados* (*reália*) e a dos *significantes* (representações). O aparecimento de uma "ciência dos sinais" (semiologia) deixa bem nítida a distinção básica entre *significante* e *significado*, o que, por si, seria suficiente para determinar clara diferença por exemplo, entre pensamento (significado) e sua expressão (significante), do processo de comunicação. Quando falarmos, neste contexto, em pensamento, por uma questão didática, imaginamo-lo como uma *atividade interiorizada* (portanto, como um *significado*), como se fosse possível interiorizar algo sem recorrer-se a significantes (por exemplo, sem imagens mentais). Neste contexto, *pensamento* refere-se à atividade mental que imita (representa) a atividade real do organismo. A toda hora precisamos, também, distinguir "atividade" de objeto e "estado de ação". O significante, portanto, pode referir-se a uma atividade ou a um objeto, a um estado ou a uma ação. Chamaremos *pensamento* a atividade mental por oposição a imagem mental do objeto, embora a imagem mental resulte de uma atividade (imitação). Da mesma forma que a atividade real ou motora manipula os objetos dentro do espaço físico, assim a atividade mental (pensamento) manipula a imagem mental (pensamento

---

[*] Conferência realizada na Escola de Comunicações e Artes da Universidade de São Paulo, no seminário "A TV e a violência".

simbólico), os conceitos e noções (pensamento operativo). Para Piaget, a atividade mental que manipula a imagem mental é pré-lógica e terá leis diferentes das do pensamento operacional que deriva, diretamente, da "lógica das ações". Normalmente, o pensamento é inconsciente, como inconsciente é a ação, atentos que estamos, não à atividade em si, mas ao resultado que visamos. J. Piaget, em suas últimas obras, mostra como é difícil e penoso "tomar consciência" da ação física e, ainda muito mais, do pensamento. A psicanálise não é senão o esforço didático para a "tomada de consciência" do pensamento simbólico (Freud), ao passo que a J. Piaget interessa, basicamente, a "tomada de consciência" do pensamento operacional, inclusive da atividade imitativa (semiótica) que constrói a imagem mental e as noções e os conceitos (as noções e os conceitos são esquemas de ação, enquanto a imagem mental é a reprodução do objeto ou do estado, funcionando para o pensamento como a percepção funciona com relação à ação). Postas estas premissas teóricas da interpretação piagetiana, vejamos como o pensamento se relaciona com a ação.

Note-se que, muito antes de haver representação mental, processos elétricos e bioquímicos já ocorrem, neuronicamente, quando o organismo entra em atividade, de modo que não é absurdo falar-se em "pensamento" como uma atividade dissociada de sua representação mental. Se não houvesse o fenômeno da representação mental, tudo se passaria ao nível sensório-motor, isto é, tudo seria fenômeno de *percepção* (sensório) e atividades (motor), a percepção funcionando como regulador cibernético da ação. Ocorre, porém, que, mesmo ao nível sensório-motor, a ação tem por objetivo: *a)* não só intervir na realidade para modificá-la; *b)* mas, também imitar a realidade (modelo), o que equivale a dizer que a atividade (isto é, a inteligência) pode ter por objetivo fabricar uma linguagem (modelo). A linguagem pode resultar tanto da própria atividade, quanto de um significante que se destaque do modelo (entendendo-se que a fabricação dos significantes decorre, também, da atividade do organismo), ou melhor: o significante pode ser produto de uma fabricação (gestos, sons, desenhos, ícones, etc. que, de uma forma ou outra, imitam a realidade) ou provir dos objetos, fenômenos ou formas, etc. que são captadas pelos órgãos dos sentidos (percepção), funcionando como indicadores ou sinais que regulam a ação. Não existisse a função semiótica (capacidade de imitar), a atividade, como lembramos, reduzir-se-ia à leitura destes significantes materiais (índices e sinais) presentes no contexto dentro do qual atua o organismo. Neste último sentido, não pode haver, portanto, atividade objetivada (por opinião, a atividade aleatória) sem uma linguagem, isto é, sem significantes reguladores desta atividade (neste caso, linguagem confunde-se, simplesmente, com informações, embora o objetivo de toda linguagem seja informar). Como toda atividade não programada hereditariamente tem uma embriologia (construção), assim também a construção e o uso dos significantes têm sua história. Jean Piaget, analisando geneticamente a origem da linguagem, verifica que a linguagem é o termo final de um longo processo evolutivo, iniciado como mera "leitura de experiência", em que o material simbólico, finalmente, passa a ser um complexo constructo autônomo, codificado mediante regras convencionais, apoiadas em mecanismos generativos (Chomsky) de natureza psicológica, que possibilitam um desdobramento criativo indefinido. Antes de chegar a este estádio final de codificação artificial (como aparece nas diversas línguas), os produtos semióticos passam por várias etapas em que não é clara ou, mesmo, necessária ainda a relação *significante* — *significado*, portanto, permanecendo impróprios para o processo de comunicação. Não se pode chamar ainda, propriamente, de linguagem a informação recebida do contexto (o ruído de um avião, por exemplo) pelos órgãos dos sentidos (percepção), sob pena de confundirmos linguagem com informação. A linguagem, para J. Piaget, procede desta função imitativa do organismo (função semiótica), isto é, da capacidade de fabricar significantes (modelos), a princípio de maneira grosseira e, progressivamente, de forma cada vez mais sofisticada, até chegar aos códigos altamente complexos. É evidente que os primeiros significantes são meras cópias ativas dos indicadores e disparadores (índices e sinais) percebidos no contexto (a criança indica os animais, por exemplo, através de suas manifestações sonoras), até que esta cópia ativa construa a *imagem mental* (símbolo), de onde procede, propriamente, a linguagem, segundo seu significado corrente. É em razão desta embriologia que J. Piaget distingue: *a*) pré-linguagem; *b*) *linguagem propriamente dita* e *c*) pós-linguagem, formalização e axiomatização progressiva da ação, uma espécie de independentização do processo semiótico que vai muito além do mero processo de *comunicação* (uso prático da linguagem). Numa certa altura, a linguagem ganha autonomia, passando a reger-se por sua própria lógica interna, independentemente de sua função prática, como ocorre com o pensamento. É por isto que Jean Piaget considera a *linguagem comum* como um caso particular de uma função muito mais geral que ele denomina de *função semiótica*. A função semiótica para J. Piaget é esta capacidade de a ação desviar-se de sua tarefa básica de assimilação da realidade para construir *modelos* da realidade (o que não deixa, por sua vez, de ser uma forma *sui generis* de assimilar virtualmente a realidade). Embora não se possa distinguir a função semiótica da atividade geral do organismo, não se deve esquecer que, no começo da embriologia das linguagens, já existe uma diferença fisiológica entre *ação* e *percepção*, embora se saiba que a percepção, funcionalmente, depende da atividade, isto é, da inteligência (*ativi-*

dade perceptiva por oposição a *percepção* como fenômeno fisiológico puro). Provavelmente, a embriologia das linguagens decorra do resultado da ação inteligente sobre os dados da percepção pura, pois, como J. Piaget comprova, não há *leitura direta da experiência*, embora a percepção, através de seus próprios mecanismos, seja o instrumento de captação desta experiência (é a inteligência que interpreta os dados perceptivos). Pode-se, pois, como já assinalamos, distinguir a ação do organismo sobre o objeto e essa mesma ação agindo sobre a percepção desse objeto com o objetivo de reproduzir seu modelo. A "figura" seria resultante deste segundo aspecto da atividade. Piaget e Inhelder postulam uma dicotomia fundamental nas estruturas cognitivas posteriores, distinguindo fenômenos *operatórios* (atividades) e fenômenos *figurativos* (imagem mental). Os fenômenos operatórios ou *procedurais* caracterizam as formas de experiência que consistem em modificar o objeto, podendo esta modificação ser real (esquemas sensório-motores) ou virtual (esquemas mentais). A atividade semiótica ou presentativa tem por função reproduzir os caracteres e atributos da realidade, ganhando relevância, como resultado desta atividade, a figura e a imagem mental. Tudo se passa, nas relações entre a operação e os produtos da atividade semiótica, como nas relações entre a ação e os objetos. A figura e a imagem mental são modelos da realidade que possibilitam a ação real e virtual sobre objetos virtuais. A função semiótica, portanto, cria uma *nova realidade* no que se distingue da informação retirada do contexto, informação que só tem significação porque a ela atribuímos um sentido, ao passo que os produtos semióticos foram fabricados para terem sentido (significantes).

Antes de qualquer linguagem propriamente dita, quando a inteligência humana se limita a processos puramente sensóriomotores, uma séria de pré-significantes guiam a atividade (índices e sinais), menos porque fatos, artefatos ou fenômenos que funcionam como índices e sinais tenham natureza semiótica, do que por passarem a funcionar como tais numa relação, por exemplo, de antecipação ou de causa e efeito. A ação precisa informar-se sobre a realidade para não cair no aleatório: a informação entra no organismo através da percepção (mecanismos sensoriais), da mesma forma como o termostato aciona ou freia o motor de uma geladeira (regulação). É óbvio que para que um sistema (a ação perseguindo um objetivo gera um sistema em funcionamento) mantenha-se estável é necessário que disponha de um subsistema de regulação (*termostato,* no caso da geladeira e *percepção,* no caso da atividade sensório-motora do organismo). O fato de a ação precisar de retro-efeitos (*feedback*) para garantir-se de sua própria eficiência e eficácia (auto-regulação) gera uma multidão de *indicadores e sinais* que, ao interiorizar-se, criam a figura. Estes indicadores e sinais não são senão os objetos e as ocorrências (como um todo, como partes, como fontes de fenômenos, etc.) que estão presentes no contexto dentro do qual o organismo age. Os objetos e as ocorrências, pois, quer concretos, quer representados, passam a servir de significantes através de uma atividade lógica ou infralógica e não porque tenham "natureza" de significantes. Assim, todo objeto ou ocorrência pode aparecer como parte da ação ou como mecanismo de auto-regulação da ação. Ao materializar-se, em notação gráfica de volta à realidade, a imagem mental cria o ícone (se por ícone entendermos, generalizando, tudo que reproduz materialmente, a imagem mental). A representação mental, geneticamente, procede dos índices e sinais que regulam a ação, estando ligados, primitivamente, à percepção. Não se trata, evidentemente, de uma interiorização da percepção, que é um fenômeno meramente fisiológico. Todos os fenômenos mentais são construções realizadas pela atividade (neste caso, a atividade é uma imitação interior do dado perceptivo, isto é, uma atividade figurativa). Temos aí, já no início da embriologia dos fenômenos mentais, a mesma distinção entre a *ação* e a *percepção* existente na atividade sensório-motora. A vida mental reproduz a atividade sensório-motora (evidentemente, de forma infinitamente mais ampla), nela encontrando-se os mesmos mecanismos de auto-regulação que possibilitam a eficiência e a eficácia de ação. É preciso nos acostumar a ver na linguagem e no pensamento formas transpostas ou substitutivas da ação ou uma *ação virtual*. Sem isto não saberemos localizar a "informação" que se transforma em "linguagem".

A função semiótica que, na origem, é o mecanismo informacional que garante, pela percepção, a eficiência e a eficácia da ação (no sentido cibernético do *fenômeno*), passa a ser um "interiorizador" (copiador) do mundo real (significado), permitindo posteriormente um tipo virtual de ação denominado "pensamento". Tratando-se de um processo embriológico, compreende-se que esta interiorização da realidade passe por muitas etapas antes de alcançar a capacidade de funcionar de forma autônoma, como significante, através de uma estrutura com capacidade generativa (Chomsky).

Para J. Piaget, "os signos verbais (palavras) constituem, apenas, um aspecto parcial da função simbólica (semiótica). Além dos signos (palavras), a criança tem necessidade de outro sistema de significantes: são os *símbolos*". J. Piaget define os símbolos como "significantes individuais, diferenciados e motivados" (1968), isto é, como significantes que mantêm relações estreitas com seu significado (por oposição ao arbitrário do signo). Encontraremos estes símbolos em diferentes atividades da criança, como no jogo "simbólico", na imitação diferida, na imagem mental, na mímica gestual. Ora, o *"jogo simbólico"* aparece, mais ou menos ao mesmo tempo que a linguagem (no desenvolvimento da criança), mas independentemente dela. "Desempenha papel considerável no pensamento das crianças a título de *representação individual* ao mesmo tempo cognitiva e afetiva e de esquematização representativa igualmente individual" (1964). No jogo simbólico (como quando "a criança finge estar dormindo"), a criança adota uma série de atitudes que evocam ações que executa em situação ordinária, o que esclarece o caráter ativo e objetivado do pensamento, representação somática (expressão corporal) que aos poucos se transforma em atividade puramente verbal (a dramatização é o mediador entre a atividade corporal e a verbalização). Tem-se aí uma representação, na medida em que a criança reproduz gestos de uma ação evocada e essa representação é bem diferente da linguagem em seu sentido comum. O mesmo ocorre no caso da imitação diferida e da imagem mental. Em todos estes casos, estamos em presença de símbolos ou atividades simbólicas, o que mostra a diferença entre a ação real, conduta objetivada e o "faz-de-conta" próprio das atividades simbólicas, com a agravante de que esse "faz-de-conta" do simbólico longe está ainda do "faz-de-conta" operacional (se é que se pode comparar a operacionalidade do pensamento discursivo, lógico matemático e hipotético, com os ensaios da fantasia experimentando a reprodução da ação, algo como se comparássemos um tapete mágico com um avião).

"Podemos admitir que existe uma função simbólica muito mais abrangente que a linguagem e que engloba, além do sistema de signos verbais, o dos símbolos em sentido estrito. Pode-se dizer, então, que a fonte do pensamento deve ser procurada na função simbólica (semiótica)" (1964). Pode-se explicar a função simbólica (semiótica) pela formação da *representação*. O papel da função simbólica (semiótica) é diferenciar *significantes* (signos e símbolos) e *significados* (coisas). Mas como "a linguagem é, apenas, uma forma particular do pensamento simbólico e como o símbolo é, certamente, mais simples que o signo coletivo, é permitido concluir-se que o pensamento precede a linguagem e que esta se limita a transformá-lo, profundamente, ajudando-o a alcançar sua forma de equilíbrio por intermédio de uma esquematização mais acentuada e uma abstração mais móvel" (1964). O pensamento simbólico, pois, é um ensaio arcaico pré-lógico da interiorização da ação equivalente ao sonho (é um sonho acordado), e ninguém diria que um sonho influencia a ação real, ou melhor, ninguém diria que o indivíduo confunde o sonho com a realidade.

Uma etapa bem nítida (já reconhecida empiricamente por Saussure) é a do *símbolo individual motivado* que já é um significante, mas não alcançou ainda o nível do código convencional (é a área em que trabalham os artistas, quando se limitam a pura "expressão individual", sem pretensões de "comunicação", ou de fazer da arte uma argumentação com o fim de persuadir, como a chamada "arte engajada"). É, precisamente, este material semiótico objetivado que serve de instrumental para a chamada *comunicação visual* (cinema, televisão, teatro), de certa forma uma violação da natureza individual e meramente expressiva (afetiva) destes significantes. Estes instrumentos figurativos, dado seu caráter individual, motivado, afetivo, pré-lógico não se destinam à comunicação e, portanto, à ação. São formas vivenciais virtuais e, quando objetivadas em forma icônica ou verbal, são meras formas de *expressão* (algo como o ruído de um avião: o significado que se atribui ao ruído é um processo lógico de causa e efeito). Forçar estes instrumentos a funcionarem como uma linguagem, tentando codificá-los, é uma violação de sua própria natureza ou função. Daí Piaget denominar estes processos de pré-linguagens. O cinema, a televisão e os recursos visuais em geral, são arcaísmos modernizados pela eletrônica. A forma "moderna" (evolutivamente) de comunicação é o código verbal convencional, diretamente ligado à ação, tendendo para estruturas progressivamente mais artificiais. Não fosse a capacidade do organismo de fazer vir de volta o *símbolo mental*, objetivando-o, os símbolos seriam apenas uma *representação mental* (individual, afetiva, motivada) da realidade. Mas, ocorre que a mesma atividade que, através da imitação construiu a imagem mental, pode, de volta, objetivar essa imagem, inicialmente, através do *gesto* (e o gesto é, em última análise, a linguagem fundamental) e, posteriormente, através de ícones, figuras (cinema, televisão) e, finalmente, através de signos (linguagem convencional). Para que estes significantes venham a corresponder à ação objetivada, como se vê, percorrem longo caminho (embriologia), caminho que vai da pré-lógica ao mais sofisticado código convencional, terminando por ganhar autonomia (lógica das proposições) nas ciências normativas (gramática generativa, lógica, matemática). É o mesmo caminho percorrido pelo desenvolvimento da atividade mental: do mais puro subjetivismo para a objetividade (iniciando-se, como J. Piaget demonstra, por um *adualismo* congênito). É muito provável que os meios de comunicação de massa sejam o "jogo simbólico" das camadas sociais que não atingiram o pensamento operacional (talvez, 99% da humanidade: daí o prestígio destes fenômenos junto ao povo).

O confronto permanente do símbolo individual motivado (afetivo) com o real termina gerando a pseudo-objetividade do *ícone* (figura) que, perdendo sua natureza individual e afetiva, passa a ser um *material cultural* (exterior), como tal servindo, precariamente, para a comunicação. Não devemos esquecer que a escrita inicia-se, no alvorecer da História, pelo pictograma e que a escrita (signos) é o marco definitivo que separa a História da pré-história (ao contrário do que pensa McLuhan, não chegamos ainda à galáxia de Gutenberg: o cinema e a televisão são formas pré-históricas (pré-linguagens eletronizadas). É esta iconização (objetividade) que dá à obra de arte seu pretendido valor de "comunicação" tanto assim que, quando a obra de arte perde seu caráter icônico (arte abstrata), afirma-se que "não tem significado" (realmente: o "significado" resulta da codificação e da convenção). Na última etapa embriológica, a função semiótica gera os *signos* e as *linguagens convencionais* em que se apóia a comunicação, podendo-se dizer que, neste nível, perde em expressão individual (vivência) o que ganha em comunicabilidade (generalização). A objetividade do símbolo (imagem mental) e a tentativa de codificá-lo, retiram dele seu caráter subjetivo (o caráter individual e afetivo), quase transformando-o em um tipo *sui generis* de signo (linguagem cinematográfica). Como tal, perde em expressividade o que ganha em objetividade, o que não parece ser uma vantagem como se pretende (tudo se passa como se a *criação poética*, através da qual o vivencial, o subjetivo, o afetivo se manifesta, se tornasse "didática", passando a ser mero meio de comunicação, com tudo que a comunicação tem de coletivo, de convencional e de afetivamente neutro). Da mesma forma como a criança recicla em forma de "jogo simbólico" as frustrações decorrentes de seus desejos não realizados (atividade que o adulto interioriza em forma de sonho), assim a humanidade utiliza o material simbólico como mera *realização substitutiva* (é por isto que a "terapia" psicanalítica não atinge a *atividade real*: é um mero jogo de espelho na área do "faz-de-conta").

Assim, o primeiro fato a destacar na nova concepção dos fenômenos da linguagem — é uma tese fundamental como veremos — é que a ação (isto é, a inteligência) não se confunde com a linguagem (isto é, com a representação do mundo — situações e ações —, tese de importância fundamental e inteiramente revolucionária. A atividade mental, este fenômeno que, em linguagem popular, chama-se "pensamento", não deriva da função semiótica, mas da própria ação sensório-motora. Isto não fica claro para todos pelo preconceito de confundir-se inteligência e pensamento, como se não existisse uma inteligência (sensório-motora) não só sem linguagem, como sem pensamento e como se não existissem dois tipos de pensamento (produtivo e não produtivo). Só muito tardiamente a linguagem passa a ser a condição necessária (mas não suficiente) do processo de desenvolvimento da inteligência. Durante muitos anos, o comportamento inteligente da criança nada tem a ver, propriamente, com sua função semiótica, em geral, e com a linguagem, em particular. Enquanto — na manipulação dos objetos reais —, a criança já atingiu o ápice da "logicidade" (*lógica das ações*, como J. Piaget diz), na manipulação das figuras e das imagens mentais e, conseqüentemente, na manipulação dos *signos* (linguagem propriamente dita), a criança comporta-se como um recém-nascido (ela terá que, em longos anos, reciclar, mentalmente, todo o comportamento sensório-motor). Assim como a objetividade do objeto não "impressiona" o recém-nascido (a atividade da criança depende não apenas do meio em si, mas da construção de seus próprios esquemas de ação), da mesma forma a "objetividade" dos códigos de comunicação (sejam icônicos — figurais — ou sinais) não supera o ritmo embriológico da lenta construção da atividade inteligente e da linguagem operacional (linguagem conectada com a ação). A construção da linguagem operacional, isto é, da linguagem que reproduz mentalmente a *lógica das ações*, faz-se com muito mais lentidão (quando não fracassa totalmente na construção) que a construção dos esquemas de ação, no período sensório-motor. É baixíssima a percentagem dos indivíduos capazes, de um lado, de transformar a ação em linguagem e, de outro, de transformar a linguagem em ação. O fato de a linguagem transformar-se em código artificial com suas próprias leis generativas e com seus significados culturalmente determinados, pode dar a impressão de que seu usuário possui os mecanismos mentais imanentes à linguagem (algo como se acreditássemos que o passageiro do avião, necessariamente, compreende seu funcionamento e sabe guiá-lo). Aliás, este é, precisamente, o drama da vida sócio-cultural que se apresenta como uma "esquizofrenia" entre as relações *sócio-culturais reais* (infra-estrutura) e o "discurso" que pretende justificá-las (supra-estrutura), o que prova que a humanidade como um todo não atingiu o nível operacional nas relações que se estabelecem entre os indivíduos. Da mesma forma como a maioria dos indivíduos comuns não compreende a tecnologia dos instrumentos de que se serve na vida diária, assim pode acontecer e, realmente, acontece que o comportamento nada tenha a ver com o discurso...

Assim, esta disciplina de origem genética entre inteligência (ação) e processos semióticos (percepção) traduz-se numa autonomia, pode-se dizer permanente, entre os fenômenos do *comportamento* e os *fenômenos da linguagem*. O grande problema do desenvolvimento da inteligência da criança é, precisamente, conseguir que a função semiótica ponha-se a serviço da ação (operacionalidade), acoplagem que, quando conseguida, produz o pensamento operacional ou hipotético-dedutivo e indutivo. O âmago da pesquisa de Jean Piaget é, precisamente, determinar como se realiza esta acoplagem, tão rara nos seres humanos. Todos sabem que a própria lógica pode funcionar num mundo virtual que nada tem a ver com o mundo real. Chega-se a perguntar, por exemplo, como pode o formalismo e o axiomatismo da matemática aplicarem-se ao real... Preocupado com isto (seu objetivo era explicar a genética do pensamento lógico), J. Piaget deixou um pouco de lado a genética da *inteligência prática* que predomina nas relações objetivas dos seres humanos (construção das cidades, invenções tecnológicas, guerras, trocas de mercadorias, trabalho cooperativo, etc.). Recentemente, Apostel (*Bulletin de Psychologie* — Univ. de Paris) propôs que se retomassem as pesquisas de J. Piaget sobre a inteligência sensório-motora dos recém-nascidos e se elaborasse uma axiomática de inteligência prática equivalente à axiomática da inteligência teórica representada pela lógica e a matemática. A discussão sobre os efeitos das linguagens (sinais convencionais ou *simbólicos*) sobre o comportamento situa-se, precisamente, nesta perspectiva com a agravante de os símbolos objetivados dos m.c.m. sequer terem atingido a codificação operacional da linguagem comum... Demos como estabelecida esta dicotomia (ação-operação *versus* figura-símbolo; ou pensamento operacional *versus* pensamento simbólico), centremo-nos no tema deste simpósio que é sobre a influência da televisão.

Inicialmente, podemos dizer que tratar da influência da televisão sobre a conduta da criança equivale a tratar da sincronia entre o comportamento e a linguagem da criança, isto é, equivale a indagar se a criança diz o que faz e faz o que diz. Ou ainda: se o pensamento simbólico da criança é operacional e se o simbolismo da linguagem dos m.c.m., tem efeitos comportamentais. Para J. Piaget não há, propriamente, continuidade entre o pensamento simbólico da criança (esse pensamento que aparece em sua pureza no "jogo simbólico e no sonho") e o pensamento operacional, da mesma forma como não há relação entre, por exemplo, *tecnologia* e *ideologia* (infra-estrutura e supra-estrutura). Assim como a ciência é a síntese, com ultrapassagem, entre o pensamento simbólico e a atividade prática. Já vimos que a função semiótica inicia-se com os processos perceptivos de regulações (*feedback*) da ação (inteligência sensório-motora), e só posteriormente, passa a funcionar como mecanismo de interiorização da ação, mediante imitação mental. Era de se esperar que a imitação mental da atividade inteligente (sensório-motora) produzisse, imediatamente, uma atividade inteligente (usando-se aqui inteligência em seu sentido operacional, evidentemente, de vez que a palavra "inteligência" tem mil sentidos). Mas não é o que ocorre. Comparando-se a ação real da criança com seus pensamentos verbalizados (existe um método clínico para extrair estes pensamentos da criança), verifica-se que não há quase relação entre o pensamento e a atividade da criança, o que equivale a dizer que a "linguagem" nada tem a ver com o comportamento, salvo aquela parte da linguagem que de volta passa a funcionar como *índices* e *sinais* (reguladores). Verificou-se que a pretensa logicidade da linguagem infantil é mero *psitacismo*, decorrente primeiro dos condicionamentos circunstanciais (neste sentido é uma atividade sensório-motora, como outra qualquer) e, em segundo lugar, decorrente da lógica interna da própria linguagem (a linguagem possui uma lógica imanente independente do nível mental de quem a utiliza, o que aparece nas formas paradigmáticas da linguagem usadas pelas crianças apesar da pressão cultural sugerir formas irregulares — *fazi* por *fiz*). Assim, a linguagem nem reflete o nível operacional da criança, nem serve de veículo para conseguir-se formas de comportamento superiores ao nível de desenvolvimento atual da criança. Pesquisas minuciosas feitas no C.I.E.G. de Genebra mostraram que a sugestão lingüística não influencia (salvo precária e finalmente, por intermédio de condicionamento imposto que permanece puramente verbal) a maneira simbólica e figural com que a criança concebe a realidade. Recentes estudos sobre a memória revelaram que a evocação é inferida, pondo em grave dúvida os pseudo-efeitos traumáticos dos fatos que os psicanalistas supõem ficarem "armazenados" num misterioso porão inconsciente: a evocação reorganiza as lembranças de acordo com o nível de desenvolvimento do indivíduo, por ocasião da recordação, o que equivale a dizer que nada é definitivo e tudo se reconstrói, de acordo com o desenvolvimento geral da criança, tornando inútil a *recherche du temps perdu* dos psicanalistas...

Mas, não é, propriamente, o problema da linguagem codificada convencional que está em discussão aqui, embora quase todos imaginem que uma linguagem icônica (televisão-cinema) tenha não só efeitos de comunicação, como poderes mágicos para determinar comportamentos presentes e futuros nas crianças. Sabe-se como é penoso o trabalho de transformar o ícone (derivado geneticamente do símbolo individual motivado não codificado) em instrumento de comunicação, sobretudo, por não dispor este tipo de linguagem dos *conectivos* que dão operacionalidade à linguagem verbal (falada e escrita). Mas, admitamos que esta *pré-linguagem* (como a denomina Jean Piaget) seja um verdadeiro instrumento de comunicação. Ora, se a linguagem verbal (falada e escrita) que representa o esforço de transformar a atividade real em atividade virtual, isto é, de pôr a linguagem a serviço da ação (pensamento operacional) quase nenhum efeito tem sobre o comportamento ("aprende-se fazendo-se"), que se dirá de uma pré-linguagem icônica, diretamente ligada à incomunicabilidade egocêntrica do vivencial da criança?! *O pensamento simbólico* (é assim que se chama a atividade mental que não alcançou ainda o nível operacional) está a serviço dos *desejos* da criança, regido que é, como Freud descobriu, pelo 'princípio do prazer". Sabe-se que, mentalmente, a criança tem o formidável poder de reduzir ao nível de sua fantasia (jogo simbólico), podendo transitar dentro das circunstâncias pretensamente traumáticas, incólume, como se independesse dela e até como se a realidade toda estivesse a seu serviço. O pensamento simbólico (antes de iconizar-se em forma de símbolos convencionais) é de natureza estritamente individual e carregado de altas cargas emocionais, de modo que é muito mais provável que a criança ponha o material icônico a serviço de suas emoções que tenha emoções específicas provocadas pela linguagem icônica. Temos a mania de analisar os fenômenos infantis pelos paradigmas adultos. Da mesma forma que só adultos excepcionais (artistas) conseguem individualizar e emocionalizar a realidade (fazer da realidade um jogo simbólico), assim também dificilmente uma criança consegue usar o pensamento simbólico com sentido de realidade. Pode-se até dizer que o uso da linguagem imagética intensifica e prolonga esta antinomia entre "o princípio da realidade" e "o princípio do prazer", conservando, mesmo nos adultos, um clima de pura fantasia (neste sentido a linguagem imagética corresponde a sua *infantilização*). O problema, pois, é muito mais de infantilidade dos adultos que de contaminação das crianças com realidades indesejáveis. A imagem (fenômeno presentativo) é incompatível com o pensamento operacional (fenômeno procedural), donde o grave perigo que os recursos visuais representam para a aquisição da linguagem discursiva nas escolas (suspeita-se que uma das causas do baixo rendimento escolar atual seja os recursos audiovisuais). A nosso ver, todo problema da "influência da televisão" está mal colocado. Não é que se defenda a pletora de violência na televisão. Mas o problema é menos de "temática" que de qualidade. A própria linguagem imagética é um *arcaísmo* (ontogenético e filogenético), de modo que o perigo (se perigo existe) está na própria televisão. Neste sentido McLuhan tem razão quando afirma que "o meio é a mensagem": a televisão, usando como linguagem instrumentos icônicos, impede o desenvolvimento do pensamento operacional que é, fundamentalmente, verbal, caminhando para linguagens especializadas ou pré-linguagens, como J. Piaget as denomina. Neste sentido, deve-se reexaminar toda a pedagogia baseada na chamada "educação artística". Mas, isto não quer dizer que a televisão seja, essencialmente, um meio empobrecedor: para as crianças e para as populações brasileiras em estádios civilizatórios arcaicos, pode corresponder a um "curso de pósgraduação", exercendo papel homogeneizador de nosso arquipélago cultural, que vai da pré-história à era espacial. Por outro lado, mesmo esquecendo-se o código semiótico, a qualidade do material apresentado é do mais baixo nível, regido que é pelo *feedback* do IBOPE. Se o tema "violência" fosse apresentado em alto nível, nada mais desejável, mesmo porque violência é o mais grave problema que se apresenta à reflexão humana (todos sabem como são "violentos" os temas da tragédia grega e dos dramas de Shakespeare). É, pois, um alívio constatar-se que a criança se imuniza, com sua imaginação, não da violência que ela não tem capacidade de compreender ainda, mas da baixa qualidade do material que lhe é fornecido pelos meios de comunicação de massa. O ingresso da criança no mundo cultural dos adultos se faz, lentamente, de acordo com a progressão de seu desenvolvimento mental. Quando a natureza permitiu que a criança durante os longos anos de sua infância transformasse o real em fantasia (faz-de-conta), funcionalmente, estava protegendo a criança contra o *impacto molar da cultura adulta*. É tolice policialesca censurar filmes "para menores": a própria criança cuida desta "censura", na medida em que recebe a mensagem segundo os processos em curso em sua vida mental. A criança só assimila aquilo para que tem esquema de assimilação (o estômago dos carnívoros, por exemplo, não assimila a celulose com que se alimentam os herbívoros). Tudo que se diz sobre "influências" é ainda o preconceito behaviorista que supõe que o "estímulo" se impõe e transforma o organismo (comportamento) a despeito de sua estrutura prévia (toda reflexão sobre este tema está viciada por este preconceito alimentado pelas agências de propaganda). Se um mesmo filme fosse apresentado, sucessivamente, à mesma criança, dez anos seguidos, equivaleria a dez filmes *diferentes*... Tem-se até a esperança (oxalá o futuro confirme esta expectativa) de que os brinquedos de guerra, com armas fictícias, e os filmes chamados "violentos" levem as crianças de hoje, quando forem adultas, a desprezarem essas "coisas" como infantis (o adulto tende a abandonar, como infantis, suas brincadeiras de criança). Os "guerreiros" são, apenas, crianças grandes: se tivessem "brincado de guerra" enquanto pequenos não a fariam quando adultos. "*Na idade do gangster*" — lembra Meil — as crianças gostam de brincar de guerra com revólveres e fuzis: mas não é proibindo-lhes estes jogos que o gosto pelos instrumentos de destruição se sublimará: ao contrário, é jogando que elas farão a experiência do que é anti-humano nos conflitos armados, sem terem que submeter-se a uma guerra real". (Jean Goret, *Fourier et l'économie dialétique de l'autorité, apud Autogestion et socialisme.*)

Mas não se pode negar que esta massa presentativa de baixa qualidade seja introjetada na mente das crianças, passando a fazer parte de suas fantasias. É lamentável, mas não é trágico. O que se discute é se este tipo de mensagem tende a transformar-se em *comportamento* (atividade-procedural). A tragicidade está no rebaixamento do nível de fantasia e não no perigo de que estas fantasias venham a determinar comportamento antisocial. Pelo contrário, o "tapete mágico" da fantasia não é a didática para estimular o turismo. Prova-se que comportamentos anti-sociais são eliminados por processos simbólicos (a pornografia é válvula de escape para impulsos sexuais criminosos). O papel das religiões tem sido, menos determinar tipos de comportamentos (ninguém vive de acordo com a religião que professa), que evitar, através de processos simbólicos, comportamentos anti-sociais (como tais considerados comportamentos que só são anti-sociais porque a sociedade está organizada de determinada maneira: uma criança abandonada que rouba para comer é considerada como delinqüente, não porque o ato seja em si criminoso, mas porque a sociedade, que institucionalizou a propriedade privada, o considera como tal).

Decorrentes destes dois tipos de processos comportamentais (comportamento real e fantasia), existem, culturalmente, dois planos vivenciais: *a)* o *plano real da práxis* e *b)* o *plano virtual do discurso*. O grande esforço das religiões, dos moralistas, dos ativistas, dos pregadores, dos políticos é tentar conseguir que a *práxis* corresponda ao *discurso*, por exemplo, que os cristãos construam estruturas de organização social que traduzam em práxis as verdades evangélicas ou que os marxistas façam uma sociedade que corresponda ao discurso de Marx. Os capitalistas, neste sentido, são muito mais autênticos: seu discurso (quando se dão ao luxo de "discursar") corresponde, mais ou menos, à sua práxis (livre empresa, competição, fazer o bolo antes de distribuí-lo, etc.). Os cristãos e os marxistas vivem de processo "esquizofrênico": seu discurso nada tem a ver com sua prática, salvo quando sofismam o discurso para aproximá-lo do que, realmente, ocorre ("consciência possível" de Lenin).

Se a sociedade é assim (e a sociedade é feita de indivíduos), por que os indivíduos não seriam assim também? Observando-se uma criança, percebemos perfeitamente esta "esquizofrenia": enquanto sua atividade prática é extremamente lógica e objetivada (tanto nos jogos motores, como na satisfação das necessidades práticas), sua verbalização é inteiramente desligada da realidade (fantasia). Se o discurso lógico do adulto apresenta esta *decalagem* com relação à *práxis*, que se dirá da fantasia da criança? Evidentemente, esta "esquizofrenia" não justifica a baixa qualidade das mensagens que a criança recebe, assim como ninguém desiste de levantar o nível do discurso político, apesar de a *práxis* da vida social cada vez mais degradar-se. Não é porque a ditadura impera em toda parte que deixamos de aperfeiçoar o discurso democrático. Mas, desta constatação pode-se tirar uma regra prática de ação. Em vez de cuidarmos apenas de preservar as crianças das mensagens "perigosas", passaremos a propor atividades reais que, objetivamente, influenciem seu comportamento, da mesma forma como deveríamos transformar o discurso democrático em propostas reais de comportamentos democráticos (quase todos os defensores da democracia comportam-se em casa, na empresa, na cátedra, como pequenos tiranos esperando que da soma destas microtiranias resulte uma democracia molar). A meu ver, em vez de estarmos aqui cuidando de "violência na televisão", deveríamos estar planejando atividades e organizações que eliminassem a violência da vida social... sobretudo cuidando da "violência institucional" que é introjetada nas crianças a partir da "autoridade paterna", fazendo os homens sentirem-se felizes mesmo num campo de concentração... Neste sentido, a família é fonte muito mais perigosa de comportamentos violentos, que os inóquos meios de comunicação de massa. É na família que a criança incorpora a dominação como forma "natural" de comportamento, preparando-se para a aceitação de todas as tiranias posteriores (empresarial, política, religiosa, etc.). Aliás, é estranho que haja muito mais preocupação com a "aprendizagem da violência" que com a aprendizagem da magnanimidade (escola, família e empresa). A violência, numa sociedade democrática, termina por resolver-se através de um contrato social negociado, a forma mais inteligente de resolver os conflitos.

Como se pode perceber, as idéias em voga sobre os efeitos dos m.c.m. são todas de origem *behavioristas*, teoria totalmente superada como explicação dos fenômenos semióticos, em geral, e lingüísticos, em particular (não esquecer que a criança ouve, apenas, *fiz* e diz, invariavelmente, *fazi*...) A propaganda destas idéias superadas decorre, primeiro, da natural inércia na mudança dos paradigmas explicativos, e, em segundo lugar, dos interesses comerciais que têm as agências de propaganda de fazer crer que podem aumentar o consumo de mercadorias mediante "mensagens" sugestivas... Por trás de toda propaganda está implícita a falsa convicção de que as vítimas terminarão por aderir às sugestões mesmo contra sua vontade... De fato, a explicação do efeito da propaganda é inteiramente outra. Todo organismo, basicamente, busca dois objetivos: "1.º) ampliar seu espaço vital, como previsão das futuras necessidades e como precaução contra possíveis agressões; 2.º) aumentar o poder do organismo sobre o meio a fim de colocá-lo a seu serviço" (Jean Piaget, pág. 172 de *Conversations libres avec Jean Piaget*, 1977, Jean Claude Bringuier). Ora, estes dois objetivos explicam, sobejamente, o consumismo sem necessidade de recorrer-se às simplórias explicações behavioristas: o organismo está, altamente, interessado em "consumir" qualquer coisa inclusive material simbólico... Descartada, portanto, a explicação behaviorista (que coincide com as explicações moralistas da "contaminação" usadas pelas instituições religiosas e policiais), resta saber se o material informacional fornecido pelo m.c.m. é do interesse destes objetivos básicos. Coincidentemente, a pesquisa mostra que são os indivíduos que "precisam" destas informações e são os atraídos por ela, como compensação de comportamentos reprimidos pela censura sócio-cultural... podendo-se acreditar, por incrível que pareça, que a violência, no contexto social, não é maior porque extravasa através destas realizações simbólicas! Mas, não analisemos o problema, por enquanto, por este ângulo. Permaneçamos na análise das relações dos fenômenos semióticos com o comportamento (como se os fenômenos semióticos não fossem, como realmente são, formas transpostas de comportamento substitutivo).

Vimos que a atividade do organismo seria aleatória, se não recebesse *retroefeitos* (informações) reguladores. Assim, a função semiótica, como fornecedora de informações reguladoras de atividade do organismo, é tão primitiva quanto a própria ação, através da leitura dos *índices* e *sinais*, utilizando-se da percepção como instrumento de registro. Mas, já neste nível, é a inteligência que atribui sentido aos dados da experiência que caem no campo perceptivo (é a inteligência que transforma certos "significados" em "significantes", pois doutra forma, tudo se transformaria em informação, o que equivaleria a dizer que não haveria informação alguma, por falta de o que informar). Se a violência está no campo comportamental (e existe uma violência no campo comportamental que, em geral, não interessa aos pesquisadores de violência), é evidente que ela funciona como informação (retroefeito) na regulação do comportamento, o que não é o caso dos m.c.m.! O indivíduo precisa regular seu comportamento para sobreviver num meio hostil, tipo de reação que aparece em qualquer animal agredido. É este tipo de circunstância que deve ser pesquisado para determinar-se como evitar que a violência se incorpore ao comportamento da criança. Mas aí já estaríamos em plena análise sociológica, política e econômica, o que não parece ser área específica do comunicólogo, embora interesse, fundamentalmente, ao pedagogo, pois, afinal, ao pedagogo interessa tudo que influencia o comportamento das crianças. Posto que é óbvio que a violência concreta disseminada no corpo social tem poder regulador decisivo sobre o comportamento de todos os organismos que estiverem inseridos neste espaço, voltamos à função semiótica, como linguagem propriamente dita, embora não seja possível diferençar, basicamente, *informação* de *linguagem*.

O organismo, para poder orientar-se dentro de seu espaço vital, precisa organizar este espaço em modelos presentativos. Sabe-se que o primeiro modelo presentativo que o organismo constrói é o da *permanência* do objeto, porque, como diz Poincaré, "é necessário que alguma coisa se *conserve*, sob pena de não se poder raciocinar". Sabe-se, também, que a construção destes modelos se faz por *imitação motora*, mediante manipulação do objeto. Aos poucos, esta atividade perceptiva, por um mistério que a psicologia está longe de explicar, interioriza-se em forma de *símbolo*, entendendo-se como tal, na linguagem piagetiana, uma cópia ativa interior do objeto ou da ação. Nesta altura, começamos a falar em simbolismo e em linguagem (nota-se a coincidência entre o aparecimento da imagem mental e a linguagem na criança: a linguagem na criança não aparece muito mais cedo porque não está diretamente ligada ao objeto, mas à imagem mental). Ora, enquanto este processo de interiorização imagética da realidade desenvolve-se, de forma mais ou menos autônoma, prossegue a *atividade prática* (procedural) da criança que regula seu comportamento pelos dados perceptivos, entendendo-se que só interessam à percepção os fatos que, realmente, estiverem implicados na solução dos problemas concretos que enfrenta (por exemplo: a violência com que os pais tratam a criança tem profunda influência em seu comportamento, ao passo que um filme violento que assistiu pode nada influenciar em sua conduta). Aos poucos, a massa de imagens mentais (objetivadas pela linguagem, o desenho, a mímica, a dramatização, etc.) ganha autonomia, estabelecendo sua própria forma de funcionamento. Freud e seus discípulos estudaram profundamente as leis (pré-lógicas) do funcionamento do pensamento simbólico, esclarecendo que este funcionamento não está conectado com a *experiência prática* (princípio de realidade), mas com a *experiência subjetiva* (*princípio do prazer*). É por isto que o pensamento simbólico presta-se tão bem à expressão dos desejos (os desejos são projetos quase sempre irreais de ação, não podendo normalmente expressar-se mediante mecanismos lógicos). Diante da estrita objetividade da experiência prática, pouca utilidade tem o mecanismo pré-lógico do pensamento simbólico. Em compensação, é o melhor veículo de expressão dos impulsos gerados pelas emoções, como se constata no *jogo simbólico* da criança e no mecanismo adulto de compensação analisados por Melanie Klein. São dois mundos paralelos: primeiro, o da *experiência objetiva* com todas as suas exigências práticas (procedurais) e segundo, o *mundo dos desejos* que não se podem realizar por falta de instrumentos práticos adequados. Durante muito tempo, nas crianças, e durante o tempo todo, na maioria dos adultos, estes dois mundos convivem sem se interpenetrarem, cada um a serviço de um tipo de *necessidade*. As crianças (e muitos adultos) consomem material simbólico com grande avidez, não para transformá-lo em comportamentos objetivos, mas porque esse material fornece condições para sua *atividade imaginativa*, através da qual "realiza" ("liqüidação") seus desejos e expressa suas emoções (o que não deixa de ser uma forma virtual de ampliação do espaço vital e de domínio do real para pô-lo a serviço de seus desejos e emoções). Quem sabe se, diante da violência real do mundo atual, a violência dos m.c.m. não funciona como proteção da integridade psicológica da criança? Nenhum fato, na vida sócio-cultural, ocorre por mero acaso. Se não preenche uma necessidade, não provoca interesse... pois o interesse é, precisamente o sintoma da necessidade: gostar de algo significa que esse algo satisfaz uma necessidade.

    O grande problema do desenvolvimento, tanto ontogenético (criança), quanto filogenético (humanidade) é, precisamente, colocar o *pensamento a serviço da ação prática* (por exemplo: usar a matemática como instrumento da ação). Aliás, é esta a função sociológica e política da ciência. É, talvez, por isto que, no momento, haja a repulsa generalizada à ciência (contracultura): é a resistência do pensamento simbólico (princípio do prazer) à objetivação (princípio da realidade). Ora, esta acoplagem faz-se na linha da linguagem codificada, socializada e neutralizada com relação aos fenômenos afetivos que regem o pensamento simbólico. A subjetividade do pensamento simbólico (a serviço do vivencial e do individual) é incompatível com a objetividade dos problemas práticos, de modo que a conexão se fará, como tudo indica (ver linguagem matemática), através de linguagens cada vez mais denotativas e sem equívocos, donde J. Piaget falar em pós-linguagens (linguagens científicas). Note-se que estamos distinguindo: a) *informações* (leitura da realidade, dentro da qual estão as manifestações simbólicas que enriquecem a vida mental dos informados, de b) *comunicações* (intercâmbio de informações em vista de uma atividade cooperativa), distinção, aliás, que está no âmago do problema do "realismo artístico" (uso da arte como "pedagogia"). Por aí se vê como são tolos os pretensos programas "pedagógicos" da TV Educativa, por exemplo —, baseados em instrumentos puramente imagéticos, salvo se por pedagogia se entendesse, no caso, alimentar simplesmente a imaginação, sem nenhuma pretensão pragmática ou moralista. Realmente, há uma pedagogia do pensamento simbólico, cujo objetivo é ativar, precisamente, os mecanismos de realização imagética dos desejos e vivência e dar vazão às cargas emocionais polarizadas pelas ações irrealizáveis (frustrações) diante da concretude e dos obstáculos da realidade. Em vez disto, os "pedagogos" dos recursos audiovisuais pretendem ensinar comportamentos práticos (procedurais) através de instrumentos imagéticos, (presentativos) quando é a *linguagem codificada, socializada e neutralizada* que serve para isto, supondo-se (veja-se bem isto, de suma importância) que a linguagem tinha-se *conectado à ação* (linguagem operacional ou logística). Como se sabe, isto raramente ocorre, como prova o fracasso da verbalização nos processos escolares (transmissão de conhecimentos objetivos). *É ilusão supor que a criança aprende o que a linguagem contém se não dispõe de estruturas mentais para assimilar o mecanismo operacional contido na linguagem.* Como se vê, existe uma montanha de preconceitos sobre a natureza dos instrumentos semióticos e sobre a eficácia das linguagens na determinação do comportamento dos indivíduos. Jean Piaget demonstra que se ensinarmos a uma criança uma seriação, por exemplo, quando a criança tenta reproduzi-la, não se guia pelo modelo que lhe ensinamos, mas pelo mecanismo mental de que dispõe na ocasião. Se mandarmos a criança desenhar uma garrafa contendo um líquido (primeiro, em posição vertical e, depois, em posição horizontal), no segundo desenho o líquido contido na garrafa aparece em sentido vertical, por mais que a criança perceba seu deslocamento real concomitante para a forma horizontal, por onde se pode avaliar como os skinnerianos estão inteiramente iludidos com relação ao conceito de "estímulo"...

Tudo isto nos leva a deslocar, profundamente, nossas preocupações pedagógicas com relação ao fenômeno da *violência no mundo atual*. Não é que seja irrelevante o problema da violência nos m.c.m., pois, afinal, a vida mental das crianças e dos adultos infantilizados é uma realidade vivencial tão importante quanto seu comportamento prático (a felicidade é, por exemplo, mais um fenômeno de vida simbólica que da vida prática, na medida em que está mais ligada nos desejos e emoções). Trata-se de dois problemas diferentes e o que se indaga, aqui, é como se desenvolvem os processos simbólicos frente aos m.c.m. na aprendizagem da violência pelas crianças. Se o problema é este, não nos iludamos com diversões imagéticas e vamos diretamente ao âmago do problema.

O grande equívoco histórico da pedagogia tem sido atribuir valor dinamogênico excessivo à verbalização, no processo educativo (entendendo-se que não se inclui, como tal, a pedagogia que visa ao desenvolvimento da própria linguagem, função incontestavelmente relevante no processo mental. O grande mérito de Piaget foi, precisamente, ter mostrado, de um lado, a profunda diferença entre atividade concreta e real (procedural) e as atividades, puramente, semióticas (presentativas) e, por outro, as relações tardias entre o pensamento (operacional) e a linguagem, o que, em síntese, demonstra a profunda diferença entre *pensamento* e *comportamento*, sobretudo, a diferença radical entre *pensamento simbólico* e *comportamento*. Uma das heresias que mais choca a ciência oficial é a afirmação piagetiana sobre a falta de continuidade funcional entre o *pensamento simbólico* e o *pensamento operacional* (ou hipotético-dedutivo ou lógico-matemático). Para J. Piaget, o *pensamento simbólico* típico da criança, mas que pode conservar-se incólume nos adultos, e que aparece em sua pureza original no sonho, é, fundamentalmente, pré-lógico (evidentemente, sem ser ilógico), permanecendo a serviço da *subjetividade*, do *vivencial*, do *afetivo*, constituindo a matéria-prima com que trabalha o artista, o que demonstra a contrafação da chamada arte realista ou engajada e o equívoco da pedagogia dos recursos audiovisuais que tem sua manifestação suprema, no momento atual, na chamada televisão educativa. Os especialistas em televisão educativa ainda não se convenceram de que o papel dos m.c.m. não é ensinar, mas, simplesmente, apresentar o material que deve ser trabalhado, em classe, através de processos realmente didáticos. O *pensamento operacional* tem como objetivo funcional reproduzir, mentalmente, a atividade sensório-motora, reciclando o *grupo de deslocamento* já realizado, na atividade prática, pela criança, o que equivale a dizer que a função do pensamento operacional é interiorizar a ação, elevando-a no plano formal, onde é possível a logicização (álgebra das proposições), a matematização, a axiomatização, os processos hipotético-dedutivos. Mas, esta interiorização não leva, necessariamente, a uma correlação entre a ação (o comportamento) e as atividades mentais e, muito menos, entre a verbalização operacionalizada e a logicização do comportamento. Todo o pensamento filosófico tradicional e o fenômeno religioso ainda presentes mostram que a logicização, apesar de derivada da própria atividade sensório-motora, pode nada ter a ver com o comportamento real dos indivíduos. O mais grave problema da educação (quer como fenômeno micrológico da relação do aluno com o professor, quer como fenômeno macrológico da educação da humanidade) é, precisamente, conectar pensamento e atividade real, isto é, *pôr o pensamento a serviço da ação*. Ora, se o problema é dificílimo, em termos de pensamento socializado (isto é, em termos de pensamento operacional e sua respectiva linguagem), imagine-se a distância que deve separar o pensamento e a linguagem (pré-linguagem) imagéticos dos comportamentos reais sancionados por costumes e regras sociais... Não é por acaso que só recentemente (faz menos de 500 anos...) a humanidade começou a sistematizar os processos operacionais de caráter indutivo (o denominado — falsamente — "método científico", pelos positivistas). É que o método indutivo (hoje se sabe que ele nunca atua sem o hipotético-dedutivo) consiste, precisamente, numa *relação disciplinada e objetiva entre o pensamento e a realidade* (causalidade e regularidade). É que o pensamento é, naturalmente, subjetivo, mesmo quando altamente disciplinado pelas regras da lógica e mesmo sabendo-se que a lógica é, apenas, a interiorização da atividade tornada racional (lógica das ações). Sabe-se hoje que a mensagem verbal não tem poder sequer para provocar processos lógicos no pensamento, de modo que se chegamos a ser lógicos, não é porque convivemos com uma verbalização logicizada, mas porque a pressão social termina por forçar a logicidade ("a reflexão é uma discussão em voz alta", diz J. Piaget). Talvez seja por isto que Apostel reclama uma axiomatização da ação prática, isto é, desta inteligência concreta que, realmente, comanda o comportamento quando não está pressionado pelas formas de ação socialmente aprovadas...

E. Mounier, já há muito tempo atrás, chamava a atenção dos analistas para a *violência institucional*, aquela que rouba, legalmente, direitos fundamentais do ser humano. Todo mundo sabe que as sociedades são organizadas de tal forma que uns tenham mais privilégios do que outros, quase sempre ocorrendo que os privilégios de uns decorrem da supressão de direitos e oportunidades de outros, o que exige *uma ordem jurídica de violência*, para conter a revolta dos usurpados. Neste sentido, é até estranho que a violência dos oprimidos não seja muito maior. Hoje se pesquisa, em psicologia social, os mecanismos que permitem, com tanta eficiência e por tempo indeterminado, os dominadores manterem em estado de sujeição, por vezes até com certo grau de "felicidade" aparente, como é o caso da tranqüila dominação masculina exercida sobre as mulheres, aparentemente satisfeitas... O controle policial não é mecanismo suficiente para explicar a passividade bovina de grandes massas de oprimidos (conta-se que existia um funcionamento aparentemente normal e tranqüilo nos campos de concentração e todos sabem que a rotina diária da vida nos presídios dispensa a violência ativa). Acredita-se que a violência institucional modifica, essencialmente, a estrutura do funcionamento psicológico, suprimindo os impulsos fundamentais de ampliação do espaço vital e de busca contínua e permanente de segurança, característica intrínseca dos organismos vivos, o que implica na "infantilização" típica de todos os oprimidos que se adaptam à opressão, desistindo da revolta, passando a tirar proveito da dependência e da irresponsabilidade. A liberdade implica em *agressividade* frente às dificuldades apresentadas pelo meio (entropia) e em responsabilidade individual pelas decisões tomadas. Assim, existe um processo de violentação que corrompe as próprias características básicas do organismo vivo. A chamada "conscientização" dos filósofos não é senão a reciclagem dos oprimidos para retomarem a *agressividade* e a *responsabilidade* que definem os organismos autônomos, por onde se vê como é ingênua a proposta de Rogers que imagina um reequilíbrio espontâneo entre o dominador e o oprimido!... Até há pouco, parecia inexplicável, por exemplo, que vastas camadas da população admitissem sem revoltar-se, que a poupança para a formação do capital de investimento nacional (a célebre e repugnante teoria da "confecção do bolo" antes de reparti-lo) se fizesse exclusivamente às suas custas (contenção do nível do salário mínimo, apesar da inflação e da correção monetária). Hoje, já se começa a compreender que a verdadeira dominação não é feita através da violência física (real ou figurada), mas *através de bem elaborados processos psicológicos*. O melhor exemplo destes sutis mecanismos de violentação da integridade e da autonomia dos indivíduos é o processo de dopagem permanente das mulheres através dos mitos da *fragilidade* (num mundo em que já não se usa a força muscular), da *maternidade* (num mundo que adotou para todos os problemas equipamentos coletivos), de *virgindade* (num mundo em que o problema é a ignorância do funcionamento sexual), da *fidelidade unilateral* (num mundo em que a mulher tornou-se parceira do macho no sistema de produção), etc., etc., etc... Poder-se-iam rastrear processos de dopagem como estes em todas as situações de dominação, podendo a dopagem consistir, simplesmente, como hoje ocorre, pletoricamente, em suprimir ou tornar inacessível a *informação*. E não se trata, como alguns pretendem, de uma *alienação* geral de dominados e dominadores. Quase sempre, o processo é planejado, consciente e astuciosamente, por vezes implicando em vasto investimento contabilizável nas despesas necessárias à manutenção da paz social (paz da violência). A consciência de que certos atos ou omissões são verdadeira usurpação de direitos é tão clara que, recentemente, um ministro afirmava, com sua simplória e característica astúcia de quem se supõe malabarista frente à platéia, que "não podemos estimular aspirações que não podem ser satisfeitas", o que equivale a dizer que não devemos deixar que os ingênuos (tratava-se do problema de alfabetização) tomem consciência de seus direitos fundamentais, no que repetia, sem suspeita da falta de originalidade, a célebre declaração de outro parlamentar, igualmente defensor dos privilegiados, quando, no parlamento francês, depois da Revolução de 1789, discutia-se a extensão da escolaridade primária a todas as crianças do país: "Não se deve pôr no fogo uma panela vazia"... É evidente que a classe dominadora sabe claramente que a consciência dos direitos fundamentais leva os homens à reivindicação e o nome dessa reivindicação para ela é *violência*. Como se vê, os advogados das classes privilegiadas não são tão tolos como nós que buscamos a fonte da violência em anódinos seriados enlatados que os americanos nos remetem junto com outros detritos de sua lata de lixo industrial. Eles não só sabem que a violência não é a melhor forma de manter a dominação, quando não se dedicam à divulgação de mitos entorpecedores. Se os m.c.m. despertassem — como alguns ingênuos supõem —, a violência contida dos oprimidos, há muito tempo que ela teria sido supressa do contexto social sem precisar de anódinos conselhos, dos moralistas. Os efeitos dos m.c.m., a nosso ver, são outros, muito diferentes — efeitos que, provavelmente, não podem ser controlados pelos que temem "alimentar aspirações que não podem ser satisfeitas". É evidente que, mesmo evitando-se, como quer o ideólogo citado e o parlamentar francês, um processo educacional sistemático que leve as massas a tomarem consciência de seus direitos fundamentais, o próprio contexto geral das relações sociais, e, dentro dele, os m.c.m., em particular, são suficientes para despertar mesmo as consciências mais obtusas, gerando o que as classes dominadoras irão denominar de violência, senão de criminalidade. Oxalá estes fenômenos dispensem a necessidade pedagógica de despertar nos oprimidos a agressividade necessária para sua própria autolibertação. A este propósito, Robert Merton afirma, comentando a violência generealizada nos EUA: "A sociedade americana propõe a seus membros objetivos, mas não fornece aos cidadãos meios adequados para alcançá-los, coletivamente. Desta maneira, a virtude cordial cultivada pelo modo de vida dos americanos, isto é, a ambição, está na origem do vício capital dos americanos — o comportamento delinqüente."

Este diagnóstico contundente mostra que as elites tradicionais latino-americanas são muito mais astutas que as norte-americanas com seu messianismo simplório que promete uma "sociedade de abundância" para todos, quando o sistema capitalista não pode dar isto senão a alguns. Nós, matreiramente, sabemos que "não se pode alimentar aspirações que não podem ser satisfeitas"... salvo se as classes privilegiadas desistissem de uma parcela de seus privilégios tradicionais (conclusão implícita na premissa, que o autor dispensa de enumerar, porque clara). É óbvio, até para a inflexibilidade intelectual das mentes formadas dentro do espírito elitista, até para os temperamentos fascistóides (como W. Reich demonstra), é óbvio que a proposição de um modelo ideológico inacessível gera o contramodelo, neste caso, a *violência*, embora, presentes os cuidados supra-referidos. O processo é de lentidão enervante, dado o fraco efeito dos fenômenos mentais sobre a práxis. Já vimos que os indivíduos são capazes de aprender até a viver num campo de concentração. Se as imagens e os enredos transmitidos pelos m.c.m. fossem realmente eficientes na mudança de práxis, era de bendizer-se os enlatados americanos... O que os m.c.m. provocam (é o que se espera) não está nos filmes de Kojak e na SWAT, mas no efeito geral de demonstração entre dois tipos de vida. Os m.c.m., por sua própria natureza, como quer McLuhan, além de transmitirem mensagem intencional, tornam óbvia a desigualdade entre os homens, desigualdade que, tradicionalmente, era ocultada pelos muros que protegiam a vida suntuosa dos privilégios. Recente obra de Jacques Léauté — *Nôtre Violence* (Ed. Denoël), torna patente este fenômeno subliminar dos m.c.m.:

"*Se a violência explode, é que os homens tentam forçar as portas do gueto social e econômico, onde se sentem confinados. Rejeitam a ordem social e econômica e tentam dar a si mesmos, por meios interditos, aquilo que a sociedade lhes mostra e os impede de ter.*"

É este aspecto subliminar dos m.c.m. que muitos intelectuais, preocupados com a irrelevância e as más intenções da temática, não percebem. Os seriados didáticos que abundam no cinema e televisão, sobre o papel de justiceiro do *cow-boy* e sobre a eficiência da polícia, terminam por cansar o espectador, levando-o a despreocupar-se do enredo padrão, para examinar os contrastes implícitos, desenvolvendo sutil simpatia pelos "delinqüentes", tudo isto sem levar em conta, que fica patente a tese de uma "boa violência", a *violência institucional*. Não se sabe se os m.c.m. são capazes de convencer o público de que a violência não pode ser um monopólio do Estado, como fica evidente nestes filmes. O fato é que, se a primeira tendência é a identificação com os agentes da ordem, não é de estranhar-se que se dê uma transferência, sobretudo quando for ficando patente que os "agentes da ordem" protegem apenas os privilegiados, nada contribuindo para resolver as dificuldades reais, as frustrações, as diferenças de nível que ficam evidentes no contexto da informação. Robert Badinter, *comentando o mesmo Nôtre Violence*, de Jaques Léauté, em *Le Nouvel Observateur*, conclui:

"Em situação de carência, a violência explode. A carência do outro, da solidariedade humana, o desaparecimento das comunidades integradas de outrora, o isolamento do homem moderno na multidão e nas cidades arrastam aqueles que se sentem excluídos, rejeitados para uma violência que, como o suicídio é, ao mesmo tempo, protesto e apelo aos demais, salvo se o solitário se junta a outros isolados, a outros como ele excluídos, com os quais forma um grupo, um bando, uma *gang* cuja violência é, apenas, a expressão comum de uma solidariedade humana reencontrada, mas dirigida contra os outros".

("L'overdose de la violence", *Le Nouvel Observateur*, n.º 659, 27 de junho de 1977)

Realmente, nada mais gerador da violência que o sentimento da impotência diante do que nos ocorre, isto é, a proibição da participação. As prisões, todos sabem, são focos vulcânicos da violência potencial, não tanto pelo confinamento (o ser humano é capaz de aprender a viver nas situações mais abjetas), mas pela supressão de qualquer poder de iniciativa para atender a suas próprias necessidades. Saber e não poder é, talvez, a fonte fundamental de violência, pois nada justifica que alguém não interfira num processo quando tem capacidade para fazê-lo, sobretudo se o processo diminui a capacidade e o espaço vital do excluído. Reproduz-se, socialmente, a situação típica da fera esfaimada na jaula, enquanto não foi *domesticada* (sabe-se como a fera domesticada torna-se incapaz de sobreviver livre, ao voltar a participar, com os demais seres, da luta pela sobrevivência). É fundamentalmente antibiológico deixar a sobrevivência de um organismo por conta do arbítrio de outros organismos. Todo organismo está equipado para *sobreviver sozinho*, isto é, para obter os meios que garantem sua sobrevivência, inclusive possuindo os instrumentos de defesa contra seus predadores. A vida natural desconhece a chamada "caridade cristã", através da qual seres com sentimentos altruísticos garantem a sobrevivência de outros da mesma espécie, como se quisessem provar que a igualdade específica não é tão igual como se supõe. Se um estado de coisas assim se generalizasse, a vida, como fenômeno global, correria perigo de extinguir-se, pois, em momentos de crise, cada um cuida apenas de si mesmo. No caso de sociedades humanas, ao que parece, a crise é permanente. Todo organismo torna-se agressivo diante dos obstáculos que limitam sua capacidade de ação e seu desejo de ampliação do espaço vital. É uma agressividade básica, inerente ao próprio processo vital (é daí que decorre o cuidado das classes dominantes com relação à não conscientização das massas). Se o mecanismo vital não tivesse um poderoso impulso intrínseco para transpor os obstáculos que se antepõem a sua *sobrevivência* (note-se que o "sobre" desta expressão não é um eufemismo: a vida é sempre uma sobre-vivência, na medida que a evolução faz parte é do fenômeno vital), se não tivesse este impulso generalizado da vida para sobreviver, mesmo usando sua especial "criminalidade", a vida correria perigo de extinguir-se... todo organismo privado dos meios de sobrevivência (conquanto a privação não lhe tira a capacidade de reagir) torna-se, naturalmente, agressivo, em nome do próprio princípio vital. Ora, o espaço vital do homem e sua capacidade de modificar-se são ilimitados. Tudo que parece ser possível, torna-se, imediatamente, *uma necessidade vital*, salvo se o estado de inanição (física ou mental) não permite que se ativem os mecanismos de acesso a um estado de funcionamento mais amplo e mais seguro. Os m.c.m. funcionam como o *suplício* de Tântalo, sendo mesmo estranho que não se generalize muito mais a violência (daí o cuidado em evitar processos de educação que despertem aspirações). A confusão proposital que se faz entre *violência* ("necessidade de ter mais e impossibilidade de obter = violência") com *criminalidade* tem por objetivo manter o *status quo* de violência institucional, que garante um aparente equilíbrio pacífico das relações sociais.

Quando se analisam, mais finamente, as estatísticas (ver *op. cit.*), percebe-se nitidamente esta diferença. A violência mais característica (a própria violência) é aquela que atinge, fisicamente, o outro (a chamada violência de sangue), precisamente a que mais preocupação causa aos que se alarmam com a temática dos m.c.m. Pergunta-se: os m.c.m., com a abundância de assassinatos mostrada no cinema e na televisão, estarão aumentando os índices de *violência física* no mundo moderno? O comentarista supracitado revela sobre isto o seguinte: "Em doze anos, de 1963 a 1975, o total de crimes intencionais levados ao conhecimento da polícia quase quadruplicou (na França), passando de 591.000 para 1.900.000. Mas, a criminalidade de sangue, a de mortes e violências sem intenções de roubo, quase não cresceu, ao passo que o aumento de formas de violência inspiradas no lucro é espetacular: para 2.000 mortes sangüíneas, 1.200.000 roubos sem violência física denunciados em 1975, sem contar os que não chegaram ao conhecimento da justiça. A criminalidade nas transações é mais comum que a vagabundagem sádica de *A Laranja Mecânica*... Não é por acaso que a organização criminal mais temível do mundo, a máfia, seja, em primeiro lugar, uma empresa econômica de lucros consideráveis. Qual a explicação mais aceitável para esta tendência geral do aumento da criminalidade e, portanto, da "violência" (se teimarmos em confundir uma com a outra)? Os assassinatos mostrados, abundantemente, no cinema e na televisão ou o efeito de demonstração "intrínseco" (McLuhan) aos m.c.m. que, de par com a temática das mensagens intencionais, revelam simplesmente os tremendos contrastes das formas de vida coexistentes dentro da sociedade. É mesmo provável que a tônica violenta das mensagens seja um aspecto da ideologia que manda não criar aspirações, criando diversões sofisticadas que desfocam a análise das verdadeiras causas do problema... É preciso desmistificar estas diversões pseudocientíficas, senão em nome das verdadeiras aspirações de paz social, como se pretende, pelo menos em nome da pedagogia e dos processos gerais de formação das crianças. A pesquisa psicológica já esgotou o tema e se a opinião pública não se convenceu, é que a superstição é propagada, maciçamente, em nome de interesses puramente comerciais. Imagine-se se o público se convencesse da inanidade destes instrumentos, na determinação dos comportamentos! A mais poderosa indústria moderna ocidental (a da propaganda) veria seus alicerces abalados... Contudo, mesmo lutando com as mais poderosas forças econômicas, é preciso acabar com este mito que atribui poderes misteriosos e incontroláveis a esta "lanterna mágica" que provoca (área presentativo-emocional) terrores noturnos nas crianças mórbidas. Jamais os recursos audiovisuais virão a ser instrumentos fundamentais de educação, de vez que os processos figurativos, simbólicos e verbais (presentativos) não são, sobretudo durante a infância, e para os indivíduos primitivos, instrumentos que modificam o comportamento (área procedural). Se fossem eficientes, os efeitos de demonstração das desigualdades já teriam levado as massas à rebelião e, como se verifica, o efeito atinge, apenas, pequena parcela que pode ser perfeitamente controlada pela polícia, em nome da repressão à criminalidade...

Quem trabalha, pedagogicamente, com nossas populações interioranas, como tais considerados inclusive os habitantes de cidades de alto nível de desenvolvimento material e que já dispõem de um equipamento coletivo bastante moderno, fica geralmente impressionado como o cinema e a televisão nenhum poder têm para a mudança dos valores básicos das comunidades, mesmo esses valores que já foram modificados *urbi et orbi*. As modificações são, exclusivamente, superficiais. Lembro-me ainda da desilusão que foi a chamada "revolução do transístor": supunha-se que o rádio portátil — que invadiu as zonas rurais do Nordeste — teria um efeito catastrófico na mudança de comportamentos dos sertanejos. Nada aconteceu com o rádio de pilha: em vez de os indivíduos se adaptarem ao rádio... foi o rádio que se adaptou ao processo cultural vigente: hoje as rádios só irradiam músicas que já eram uma tradição na região (por exemplo: as cantorias)... Todos sabem que os m.c.m. funcionam através do IBOPE (*feedback*): o que não agrada é eliminado até conseguir-se um tipo de mensagem que não viole os padrões culturais dos ouvintes. Os filmes eróticos não modificam os comportamentos arraigados das pessoas e são tidos como uma espécie de licença permitida a pessoas já maduras (impróprios até dezoito anos) ou como "maus pensamentos" que são eliminados logo depois de terem ocorrido... A linguagem não convencional funciona, mais ou menos, como a anedota pornográfica que serve para animar um grupo em momento de lazer, não incorporando-se à maneira de falar corriqueira. A rigidez dos "quadros mentais" e dos comportamentos socialmente aprovados está muito além das possibilidades "detergentes" das mensagens figurais e verbais dos m.c.m. É evidente que os jovens estão muito mais expostos a "contaminação", mas a determinação do comportamento, em última análise, decorre das regras sociais a que todos estão submetidos, regras geralmente de caráter implícito que ninguém ousaria violar, salvo em situação de dramatização. Há nítida distinção entre os comportamentos reais e o "faz-de-conta" dos enredos apresentados pelos m.c.m. A coisa vai a tal ponto que mesmo os documentários mais realistas e objetivos, apresentados por intermédio dos m.c.m., perdem seu valor de realidade. Ainda hoje os sertanejos não acreditam que o homem foi realmente à lua, afirmando que "são coisas de cinema"... A própria expressão "de cinema", mostra bem que os indivíduos sabem separar nitidamente o que é real e o que é simbólico, separação que as crianças normais muito cedo aprendem a fazer, sob pena de caírem num processo autista (o autismo é, precisamente, a valorização excessiva do processo simbólico frente à realidade). Pode-se até supor que a presença de violência nos m.c.m. seja uma válvula de escape para a violência real proveniente das frustrações objetivas geradas pelos confrontos desequilibradores das relações sociais. Pode, pois, ocorrer que nosso problema esteja sendo visto pelo avesso... Por vezes, pergunto-me se as televisões educativas não estão transformando em ficção as informações científicas! Sem levar em conta as deformações que a apresentação figurativa imagética imprime em noções operatórias, como quando um programa de educação infantil muito popular ensina noções lógicas (como a numeração) através de mecanismos de reflexos condicionados... Se a televisão tem a influência que se supõe, seria muito mais grave ensinar coisas assim erradas que expor as crianças a cenas de violência: o ensino de noções erradas modifica o próprio mecanismo mental, enquanto a violência é apenas uma sugestão de valor que pode ser contrabalançada por valores opostos no contexto sócio-cultural.

Para que não se diga que estas conclusões são apenas extrapolações, de uma teoria científica sobre as relações entre os processos mentais (presentativos) e o comportamento real (procedural) dos indivíduos, comentaremos recente comunicação saída no boletim de Psicologia da Sorbonne, em que as afirmações corriqueiras sobre os efeitos da m.c.m. no comportamento dos indivíduos são postas em séria dúvida. O dr. David Victoroff, professor da Universidade de Caen, (França), baseado em ampla bibliografia, fez um comunicado ao XVI Congresso Francês de Criminologia, em que analisa a relação entre a comunicação de massa e o comportamento violento (*Bulletin de Psychologie*, 328, XXX. 10-13-1976-1977). O professor relata que um pesquisador anglo-saxão (F. Werthan) constatou que uma cadeia de televisão americana apresentou, numa única semana, no curso de emissões destinadas a crianças, 334 assassinatos ou tentativas de assassinatos. Exemplos como estes são enumerados abundantemente na comunicação, sendo desnecessários maiores índices diante da experiência de todos, em todos os quadrantes do mundo moderno. A presença de cenas brutais de violência na televisão é um fato corriqueiro nos países em que os canais de televisão são explorados pela iniciativa particular. O que o professor pretende não é provar que existe violência na televisão, mas salientar certas circunstâncias em que a pesquisa é feita e a maneira como os dados estatísticos são trabalhados. "É estranho — diz o professor — que os pesquisadores não contabilizem como sugestão de violência os documentários que apresentam cenas de guerra, acidentes de carro ou avião, atos de depredação, de seqüestros, de banditismo e atuação violenta da polícia". Poderíamos acrescentar, de nossa parte, que os pesquisadores omitem a pregação brutal da violência quando esta se manifesta na condenação de seitas, de ideologias, de grupos minoritários e através das ameaças constantes de represálias mútuas feitas pelas grandes potências. Existe, pairando no ar, um clima de "beligerância permanente" (difundido pelos próprios juristas), dentro das sociedades modernas, segundo o qual os cidadãos pacatos devem estar permanentemente em guarda para atacar ou responder ao ataque dos "subversivos" que tramam a destruição da liberdade e da democracia (Segurança Nacional), uma espécie de quebra do monopólio da violência que, até bem pouco, era privilégio do Estado. Uma doutrina como esta põe sob suspeita quase todos os cidadãos, quebrando a confiança social e preparando os cidadãos para aceitarem, como medida de defesa coletiva, qualquer violação dos direitos fundamentais do ser humano. Já não se trata sequer da violência institucional decorrente dos aparelhos do Estado, mas de uma excitação doutrinária para que todos participem da repressão a idéias e atitudes que violam o *pacto institucional*. A todo momento, nos m.c.m. aparece a advertência de que inimigos internos rondam as instituições, sendo necessário descobri-los e destruí-los antes que eles destruam as instituições vigentes, sobretudo as que garantem a "democracia" e a "liberdade". Evidentemente, num clima assim, a confiança mútua em que se baseia o *contrato social* de convivência é substituída pela suspeita e pelo açulamento contra os heréticos, não sendo surpreendente que a violência se manifeste nos atos mais comezinhos da vida comunitária. Fatos como estes não são arrolados nas pesquisas, muitas vezes, porque outro é o clima em que atua o pesquisador. Basta saber que as pesquisas giram, em geral, em torno da "criminalidade", predeterminando-se, *a priori*, o que é ou não é violência, e excluindo-se a violência praticada pelos representantes do Estado, mesmo que se configure como violação dos direitos humanos (por convenção, o Estado nunca é criminoso mesmo quando os tribunais usam de arbítrio, como nos erros judiciários: há sempre presunção de boa fé nos agentes de Poder Público). Centrar a pesquisa apenas nos produtos de ficção, precisamente os mais inócuos, como vimos, é corromper *a priori* as conclusões, de vez que o poder de sugestão dos fatos reais, sobretudo de fatos que envolvem os preconceitos dos espectadores (como na pregação da violência contra os que têm ideologia diferente), deve ser muito mais catastrófico, como é óbvio. H. T. Himmeleit — citado pelo professor francês — constatou que insultos e ameaças verbais (precisamente os instrumentos usados na guerra ideológica e na guerra fria) produzem efeitos muito mais perturbadores sobre as crianças do que os atos de agressão física que podem ser confundidos — acrescentamos nós — com as dramatizações que as crianças usam em suas brincadeiras coletivas. É que as palavras (instrumentos sociais codificados para efeito da comunicação e de comando de ação de subordinados) estão muito mais próximas, funcionalmente, da práxis do que meros jogos figurais. As crianças, aliás, quase não usam frases em suas dramatizações, salvo as que funcionam, estereotipadamente, como sinais ("mãos ao alto"). Verifica-se — diz o professor — que a violência apresentada num contexto de ficção produz maior impacto (emocional?) sobre as crianças do que através de documentários, talvez (acrescentamos nós) porque a criança vive mais intensamente as construções de seu *pensamento simbólico* que os fatos da realidade, o que não implica em conseqüências comportamentais. O fato de uma situação ter ampla repercussão emocional numa criança prova apenas que a vida emocional dela está mais ligada aos fenômenos simbólicos do que à realidade dos fatos, como se a criança fosse "esquizofrênica". Basta saber que quase não fica vestígio dos jogos de "faz-de-conta" infantis no adulto (amnésia infantil). Por outro lado, não ficou provado ainda que as recordações infantis, por mais vivas que sejam, tenham efeitos objetivos no comportamento real dos adultos (os problemas de psicoterapia resolvem-se, quase todos, na área das atividades presentativas, podendo nada ter com as formas de comportamento objetivo). Esta "esquizofrenia" existe um pouco em cada um de nós: basta saber que Freud afirma que quase todos nós temos desejos parecidos quanto ao genocídio dos pais... Percebe-se que as crianças procuram, entre excitadas e temerosas, situações que provocam medo, solicitando por exemplo a narração de contos terroríficos, como se este tipo de experiência vivencial fizesse parte da gama de emoções que precisam experimentar, tudo se passando na área do puro simbolismo, tipo de mecanismo mental que será soterrado, definitivamente, quando ascender ao nível do pensamento operacional. É fato corriqueiro que os indivíduos primários acorrem, em multidões, aos filmes de terror. Ninguém ignora que o romance policial é a coluna mestra da indústria editorial. Ao que parece, o "terror" provocado por estes instrumentos decorre da natureza mágica do pensamento simbólico, sobre o qual é impossível estabelecer controle, de vez que — ao que tudo indica, — o medo é o sentimento de impotência para controlar a situação (quando as cenas de violência estão dentro de um contexto de ciclagem conhecida, como nos filmes de *cowboy*, o impacto é muito menor, como verificam os pesquisadores). Tudo se passa como se tudo que se é capaz de fazer devesse ser feito e sentido pelo menos de forma substitutiva (repressão social). O que se deve pesquisar é o motivo porque este tipo de material atrai, assim compulsivamente, as multidões...

1) O professor da Caen põe em dúvida as conclusões clínicas de Wertham ("os m.c.m. são verdadeira escola de violência"), já porque sua amostragem é pequena (200 crianças delinquentes), já porque nada assegura que "as desculpas usadas pela criança para justificarem suas ações violentas sejam verdadeiras e a única motivação possível. Poderíamos acrescentar que milhões de crianças que assistiram às mesmas cenas não se tornaram delinquentes (...) Com a amplitude adquirida hoje pela televisão, pode-se considerar sua "influência" como molar, atingindo todos, indiscriminadamente, como o valor do verão nas regiões equatoriais... Não há razão, pois, para que seus efeitos não sejam, também, molares. É preciso que se prove a existência de "epidemias" para que algum fato possa ser atribuído à televisão...

2) Quanto às experiências de laboratório que confirmam a influência das cenas violentas no comportamento *imediato*, o professor as considera muito artificiais, podendo parecer aos sujeitos que se trata de uma sequência que a expectativa (esta poderosa força motivadora do comportamento, acrescentamos nós), seria o uso da violência. Só agora se começa a estudar em profundidade o efeito da expectativa no comportamento das pessoas que estão em estado de subordinação (como ocorre no laboratório): o desejo de fazer cessar a dor ou de agradar é, talvez, a força mais poderosa com que contam os carrascos e os líderes carismáticos. Assim, pode ser que os indivíduos submetidos a

experiências de laboratório tenham percebido intuitivamente o que o pesquisador pretende provar...

3) Quanto à pesquisa de campo com amostragens muito maiores, o professor chega às seguintes conclusões:

A) *Os efeitos psicossomáticos* das cenas de violência que aparecem em algumas crianças são menos alarmantes do que em geral se imagina (podendo serem atribuídos — acrescentamos nós — à predisposição de certas crianças, dada a fraca percentagem de crianças atingidas). Mas, mesmo que fossem mais freqüentes — acrescentamos — nada prova que não seja uma relação que corresponda ao exercício de uma função latente, como sugere a popularidade dos filmes e livros de terror (para um marciano, poderia ocorrer que o orgasmo fosse um perigoso efeito psicossomático).

B) *a)* quanto aos *efeitos no comportamento* propriamente dito, o professor lembra que dificilmente ocorrem comportamentos violentos logo após a assistência de espetáculos violentos (pode-se até supor — acrescentamos — que o espetáculo pode ter funcionado como catarse); *b)* "A influência global da televisão sobre o comportamento agressivo das crianças é muito fraca", conforme comparação de duas amostragens; *c)* As crianças que mais apreciam cenas de violência têm personalidade marcada, antes de influenciadas pela televisão, pela constatação em vista de problemas consigo mesmas e com seus familiares e camaradas; *d)* Verifica-se que os sentimentos de frustração provocam maior consumo de informações carregadas de cenas violentas (um meio de evasão). De maneira geral, os indivíduos normais (crianças e adultos) não são particularmente atraídos por cenas de violência.

C) Para o professor, citando como apoio Jean Cazeneuve, a grande influência da TV deve se fazer sentir na *mentalidade coletiva*: "Acostumar-se a cenas de violência pode provocar um rebaixamento da sensibilidade para com a dor do outro ou da capacidade de indignação. A indiferença à violência não é um crime, mas corre o risco de ter conseqüências sociais importantes". (*La société de l'ubiquité*, Paris, Denoël, 1972, pág. 131).

Como se vê, não há provas inquestionáveis da influência negativa dos m.c.m. sobre as crianças. Sequer questiona-se o que vem a ser esta possível negatividade. Um senhor de escravos deve considerar negativa toda influência que põe em questão o conformismo de sua senzala... Se alguém se dispusesse a ensinar caratê aos escravos, poderia ser considerado um agente da violência. Ao que parece, os mecanismos reais objetivados e onipresentes de *conformismo* nem de leve são arranhados pelas "sugestões" de violência dos m.c.m., tanto assim que esta violência de "faz-de-conta" é tolerada pelos órgãos de controle de rebelião social. Mas, isto não elimina o problema fundamental da educação das crianças para virem a ser cidadãos pacíficos, cooperadores e atuantes. O que a pesquisa sugere é a irrelevância dos meios audiovisuais na determinação de comportamentos reais dos indivíduos, o que nos leva a buscar noutras áreas os instrumentos de educação realmente afetivos. A educação das crianças é um grave problema de desenvolvimento de *sua capacidade de ação,* capacidade que, nos níveis mais altos de desenvolvimento, chama-se *operacionalidade mental,* pensamento lógico-matemático, pensamento hipotético-dedutivo, logicização, capacidade lógica, processos indutivos, isto é, um problema de aquisição e treino nos instrumentos com os quais o homem domina a natureza (sem recorrer às magias) e constrói sua própria história (sem temer a mudança permanente). É o ambiente total da sociedade que deve ser mudado para dar às crianças clima de saudável desenvolvimento e não a temática dos m.c.m. (o que não impede que os comunicólogos cuidem destes subprodutos do processo sóciocultural: é infinitamente mais desejável que as crianças fantasiem a partir de um poema de Cecília Meireles que das sugestões dadas pelas revistas de quadrinhos). Que devem fazer os pais? — uma pergunta a que me devia ater se aceitasse de plano a voz corrente sobre "os perigos da televisão". Em vez de dar um formulário, prefiro tentar explicar como funcionam os mecanismos do comportamento humano, explicação deturpada por velhos preconceitos que se vêm perpetuando nos programas e currículos escolares dos países subdesenvolvidos. Em vista desta explicação, o que se pode dizer aos pais é que cuidem do desenvolvimento da inteligência de seus filhos com o mesmo afã com que cuidam de sua mamadeira. E a inteligência pouco tem a ver com os símbolos e com a verbalidade nas etapas iniciais do desenvolvimento, mas aí já estamos entrando no vasto mundo desta nova pedagogia que alguns educadores rebeldes estão criando, lentamente. Mas educação é, sobretudo, um clima *sócio-cultural,* de modo que não se pode falar em educação sem perguntar que tipo de sociedade, realmente, educa um novo homem criativo, produtivo, participante e autônomo. Marx antevia, profeticamente, o clima necessário para a educação das crianças, a partir de uma nova sociedade que seus seguidores não souberam ou não quiseram construir:

"Tal é a educação do futuro, educação que unirá (para todas as crianças de determinada idade) o trabalho produtivo com a instrução e a ginástica e isto, não somente como método de fazer crescer o produto social, mas como o único método de produzir homens". — Marx (*Le Capital,* pág. 18).

Bibliografia do professor David Victoroff, *Bulletin de Psychologie*, 328, XXX, 10-13-1976-1977. *Communication faite au XVI.º Congrès Français de Criminologie.*

Sur l'ampleur de ces inquiétudes, cf. A. Glucksmann, "Rapport sur les recherches concernant les effets sur la jeunesse des scènes de violence au cinéma et à la télévision", *in: Communications,* 1966, n.º 7, págs. 74-119.

F. Werthan, "School for Violence", *in:* O.N. Larsei, *Violence and the Mass Media,* Nova York, Evanston e Londres, Harper and Row, 1965, págs. 36-39.

G. Mirams, "Drop that gun", *in: Quarterly of Film, Radio and Television,* 1951, VI, págs. 1-19.

H.T. Himmelweit, A.N. Oppenheim, P. Vince, *Television and the Child,* Londres, Nova York, 1958, Oxford University Press.

M. Graalfs, "Violence in comic books", *in:* O.N. Larsen, *op. cit.,* págs. 91-96.

P. French, "Violence in the cinema", *in:* O. N. Larsen, *op. cit.,* págs. 59-70.

O.N. Larsen, L.N. Gray, J.G. Fortis, "Achieving goals trough violence on television", *in:* O.N. Larsen, *op. cit.,* págs. 97-111.

H.T. Himmelweit, A.N. Oppenheim, P. Vince, *op. cit.,* pág. 204.

Ibid., pág. 210.

Ibid., pág. 461.

Ibid., pág. 194.

F. Wertham, "School for violence", *in:* O.N. Larsen, *op. cit.,* pág. 39.

R.H. Walters, Cité dans O.N. Larsen, *op. cit.,* pág. 129.

A. Bandura, "What TV violence can dote your child", *in:* O.N. Larsen, *op. cit.,* págs. 123-130.

H.T. Himmelweit, A.N. Oppenheim e P. Vince, *op. cit.*

W. S. Dysinger e C.A. Ruckmick, *The Emotional Responses of Children to the Motion Picture Situation,* Nova York, Macmillan, 1933, e S. Renshaw, V.L. Miller e D. Marquis, *Children's Sleep,* Nova York, Macmillan, 1933.

H.T. Himmelweit, A.N. Oppenheim e P. Vince, *op. cit.,* pág. 200.

Lesauteurs seulignent, par ailleurs, qu'à cet égard la radio provoque les mêmes effets que la télévision. La lecture, par contre, serait moins traumatisante.

Cf. J.P.T. Klaper. *The Effects of Mass Communication, Free Press of Glencoe,* Illinois, 1960, págs. 140-141.

L. Bailyn, "Mass media and children: a study of expesure habits and cognitive effects", *in: Psychologycal Monographs,* 1959, LXXI, págs. 1-48.

Cf., especialmente, E.E. Mac Coby — "Why do children watch TV?" *in: Public Opinion Quarterly,* 1954, XVIII, págs. 239-244, e M.W. Riley e J.W. Riley (Jr), "A sociological approach to communication research", *Ibid.,* 1951, XV, págs. 440-460.

Ver, entre outros, P.G. Gressey e F.M. Trasher, — *Boys Movies and City Streets,* Payne Fund Studies, Nova York, Macmillan, 1933.

J. Cazeneuve, *La société de l'ubiquité,* Paris, Dencel, 1972, pág. 131.

Cherkaqui (M.). — "Structure de classes, performance linguistique et types de socialisation; Bernstein et son école", *in: R. franc. de sociol.,* 1974, XV, págs. 585-599.

Bastide (R.). — *Sociologie des maladies mentales,* Paris, Flammarion, 1955.

Bernstein (B.). — *Langage et classes sociales: codes sociolinguistiques et contrôle social*, Les Editions de Minuit, 1975.
Bourdieu (P.). e Passeron (J.C.). — *Les Héritiers, Les Editions de Minuit*, 1964.
Bruner (J.S.), Oliver (R.R.), Greenfield (P.M.) et al. — *Studie in cognitive growth*, Nova York, John Wiley and Sons, 1966.
Furth (H.G.). — *Thinking without language: Psychological interpretation of deafness*, Nova York, Free Press, 1966.
Girard (A.). — *Le choix du conjoint, Cahiers de l'I.N.F.D.*, n.º 44, Paris, PUF, 1966.
Hornemann (J.). — *Influence de contenu sur la résolution de problèmes logiques*, Enfance, 1974, 1-2, págs. 45-64.
Inhelder (B.) e Piaget (J.) — *De la logique de l'enfant à la logique de l'adolescent*, PUF, 1970 (2.ª edição).
Longeot (F.). — *La filiation des opérations intellectuelles lors du passage du stade préformel au stade formel*, Enfance, 1968, 5, págs. 367-379.
Labov (W.). — *The social stratification of English in New York City*, Washington, Center for applied linguistics, 1966.
Labov (W.). — *The logic of nonstandard English, in*: Williams (F.), Chicago, Markham Publishing Company, 1970, págs. 153-189.
Lawton (D.). — *Social class, Language and Education*, Londres, Routledge and Kegan Paul, 1968.
Leontiev (A.N.). — *Le concept de reflet: son importance pour da psychologie scientifique*, XVIII. Congrès international de psychologie, 4-11 de agosto de 1966, Moscou, 1969, págs. 7-20.
Leontiev (A.A.). — "Le principe heuristique dans la perception, la prodution et la compréhension du langage", 1972-1975, XXVI, 304, 5-9, págs. 200-269.
Marceliesi (J.B.) e Gardin (B.). — *Introduction à la sociolinguistique: La linguistique sociale*, Larousse, 1974.
Mead (G.H.). — *Mind, Self and society*, The University of Chicago Press, 1934.
Miller (G.A.), Galanter (E.), Pribam (M.A.). — *Plans and the structure of Behavior*, Nova York, Holt, 1960.
Moscato (M.). — "Le rôle des fecteurs intellectuels dans la résolution de problèmes à trois termes", *Année Psychologique*, 1976, I, págs. 79-92.
Motter (G.). — "Les rapports du langage et du développement dans l'oeuvre de Piaget", *Bull. psychol.*, 1975-1976, XXIX, 320, 1-5, págs. 36-44.
Cleron (P.). — *Langage et développement mental*, Dessart, 1972.
Piaget (J.). — *La formation du symbole chez l'enfant*, Delachaun et Niesle, 1968.
Piaget (J.). — *Biologie et connaissance*, Paris, Gallimard, 1967.
Piaget (J.). — *Six études de Psychologie*, Genève, Gonthiers, 1964.
Piaget (J.). — "Le langage et les opérations intellectuelles", *in Problèmes de Psycholinguistique, Symposium de l'A.S.L.F.*, PUF, 1965, págs. 51-72.
Piaget (J.). — *Le langage et la pensée chez l'enfant*, Neuchâtel, Delachaux, 1923.
Pranderie (M.). — "Changements d'emploi et changement dans l'emploi", *in* DARRAS, *Le partage des bénéfices*, Ed. de Minut, Paris, 1966.
Simonot (M.). — *Les animateurs socio-culturels, Étude d'une aspiration sociale*, Paris, PUF, 1974.

Sinclair de Zwart (H.). — *Acquisition du langage et développement de la pensée*, Dunod, Paris, 1967.
Snyders (G.). — *Où vont les pédagogies non directives?* PUF, 1975 (3.ª edição).
Vigotski (L.S.). — *Thought and Language*, Cambridge, MIT, Press, 1962.
Warner (L.), Meeker (N.), Eels (K.). — *Social class in America*, Chicago, S.R.A., 1949.
Warner (W.L.), Lunt (P.S.). — *The social life of modern community*, Yale University Press, 1941.
Zazzo (R.), et coll. — *Des garçons de 6 à 12 ans*, PUF, 1969.
Pour une réforme de l'enseignement du français, Ministère de l'Education, I.N.R.D.P., 1975.

Inteligência Sensório-motora

(NASCIMENTO DA INTELIGÊNCIA NA CRIANÇA)

1. Toda vez que o comportamento consiste em inventar ou descobrir uma nova estratégia de ação (esquema de ação), temos um comportamento inteligente (a inteligência, diz Jean Piaget, é um adjetivo). O contrário da inteligência é o instinto e hábito (automatismo). A característica fundamental da inteligência é a intencionalidade (ligação de um meio a um fim). Todos os animais usam um mínimo de inteligência em suas atividades (a inteligência, nos animais, é uma questão de grau). Os hábitos podem provir de uma *imitação* (reprodução do comportamento de outros indivíduos) ou provir da *automatização* do processo de solução de um problema (podem, pois, provir de um ato inteligente). J. Piaget acha que só se imita o que se compreende, de modo que mesmo os hábitos adquiridos através da imitação exigem um mínimo de inteligência (compreensão). De que maneira aje a inteligência ou o comportamento inteligente? O método geral da inteligência é a *coordenação de esquemas*. É a combinação dos esquemas ou estratégias de ação. Por isso, para J. Piaget, o desenvolvimento da inteligência é uma *construção* (funcionalmente a construção consiste em assimilar e acomodar, isto é, incorporar a realidade e em modificar-se para adaptar-se à realidade). Grosseiramente, poder-se-ia comparar o desenvolvimento da inteligência com a combinação de fios (esquemas-estratégias) com que um artesão inventa desenhos e figuras (estruturas) num tecido ou tapete. O desenvolvimento da inteligência é, rigorosamente, encadeado (construtivismo seqüencial). É por isso que Jean Piaget compara o desenvolvimento da inteligência com o desenvolvimento de um embrião no útero materno (embriogênese).

2. O desenvolvimento da inteligência, assim como o comportamento, em geral ocorre em dois planos: *a*) plano *presentativo* (representativo) e *b*) plano *procedural* (operativo). No plano presentativo a inteligência capta a realidade (leitura da experiência) e informa o organismo ou a mente qual foi o efeito da atividade

(*feedback*). Os instrumentos de captação da realidade do organismo são os *órgãos dos sentidos* (percepção). Aos poucos, a percepção transforma-se em representação mental (internalização da percepção ou percepção diferida, isto é, feita na ausência do objeto). A percepção capta da realidade sinais disparadores que põem em ação os hábitos (automatismos — nos animais, instinto) e índices (partes dos objetos) que guiam as estratégias da inteligência. No plano procedural, a inteligência: *a*) ou se organiza em estruturas permanentes (redes, grupos), *b*) ou realiza tentativas de novas combinações (aberturas de novos "possíveis"). A lógica é uma destas estruturas permanentes; por isso J. Piaget diz que a lógica é a inteligência, mas não *toda a inteligência*.

3. Antes de a inteligência interiorizar-se, isto é, ser capaz de agir de forma representada (mental), é chamada inteligência *sensório-motora*, em que se apóia a vida prática. A expressão sensório-motora abrange, como se percebe, os dois planos da inteligência: *a*) sensório-presentativa, representativa, leitura da experiência, captação da realidade, leitura de sinais e índices, compreensão (ainda não há representação mental) e *b*) *motora*-procedural, esquemas de ação, ensaio e erro, coordenação de esquemas, combinação de estratégias, descobertas, invenções, explicações (não há ainda operações, expressão reservada para certo tipo de atividade mental). Ao acompanharmos o desenvolvimento teremos que estar atentos a estes dois aspectos da inteligência (sensório-motora). De fato, trata-se sempre de atividades (pois a inteligência é uma atividade), devendo-se apenas distinguir se a atividade visa captar a realidade (índices e sinais), ou se visa conduzir o organismo ou modificar a realidade. J. Piaget, a partir desta dicotomia, distingue por exemplo, a percepção (primária) — quase um ato puramente fisiológico — da *atividade perceptiva*, isto é, da atividade que tem por objetivo interpretar os índices e sinais. É evidente que a atividade perceptiva, ligada que está aos órgãos dos sentidos, não pode ir muito longe (ficando dentro dos processos tão bem descritos pela psicologia da forma ou *gestalt*: equilíbrios de campo). A inteligência motora, por sua vez, não vai além das combinações e coordenações permitidas pelas articulações dos membros do corpo humano (uma bailarina só pode dançar um balé compatível com suas articulações). Jean Piaget distingue seis estádios bem diferenciados no desenvolvimento da inteligência sensório-motora (de zero aos dezoito a vinte e quatro meses).

4. O *primeiro estádio* (exercícios reflexos) consiste em ativar e atualizar as *montagens hereditárias* (movimentos dos órgãos) dando aos movimentos os *ritmos* que o façam funcionar. É como um motor que produz seus primeiros movimentos, centrado em si próprio, sem utilização com relação à função para que foi construído (esquentar o motor do automóvel antes de dar a parti-

da). Neste estádio, a função é puramente assimilativa (repetição, reconhecimento e generalização) sem possibilidade ainda da acomodação (coordenação e combinação). Evidentemente, não pode haver ainda neste estádio qualquer intencionalidade, pois a máquina apenas tenta seu próprio funcionamento. Cada órgão funciona por sua própria conta, não havendo, por exemplo, relação entre a preensão e a visão. Vai de 0 a 1 mês.

5. O *segundo estádio* (primeiros hábitos) consiste em fixar pequenas estratégias de ação (como sugar o dedo), mas sem intencionalidade (reação circular primária). Se a inteligência vai ser coordenação de esquemas, é preciso partir de algum esquema (hábito), isto é, das montagens hereditárias ligadas aos próprios órgãos (abrir e fechar a mão, por exemplo). O principal esforço do desenvolvimento, neste momento, é iniciar a *assimilação recíproca dos esquemas* (pegar no que vê) para dar unidade à atividade do organismo (o organismo passa a agir como um todo). Vai de 1 a 4 meses.

6. O *terceiro estádio* (primeiras aprendizagens ou acomodações) é o momento crítico (quatro meses) em que se percebe, pela primeira vez, algo de *intencionalidade* (a atividade do organismo unificada é usada para obter um fim: puxar o cordão que faz soar o chocalho). Qualquer resultado obtido é repetido (reação circular secundária) para solidificação da conquista (prolongar o espetáculo obtido por acaso). É neste momento que a criança parece partir, ainda titubeante, para a "conquista do universo, demonstrando, por exemplo, "satisfação" (afetividade) quando consegue um resultado. Neste momento tem-se a sensação de que a criança começa a perceber-se como um "eu" e a fazer as primeiras atividades considerando a existência do espaço e do tempo. Vai de 4 a 8 meses.

7. O *quarto estádio* (coordenação dos esquemas e funcionamento, propriamente dito, da inteligência com intencionalidade) é quando a criança consegue (proceduralmente) *afastar um obstáculo* para pegar um objeto e, do ponto de vista presentativo, demonstra preocupar-se (atividade perceptiva) com a *permanência do objeto*. Toda conquista passa a ser repetida (reação circular terciária) com o objetivo de ser solidificada (esquema de ação). Pode-se dizer que, neste momento, a criança aprendeu o *processo inteligente*: combinar, coordenar, compor, isto é, construir novos esquemas a partir de esquemas já dominados (reações circulares anteriores). Mas estas combinações são prejudicadas pela incapacidade de *reversibilidade* (de voltar, de desfazer, de retornar do ponto de partida, daí para a frente a característica fundamental da inteligência). De 8 a 12 meses.

8. O *quinto estádio* (descoberta de novos meios: de onze a doze meses) é como o nascimento do *homo faber*, o homem que constrói instrumentos para facilitar a obtenção de fins que tem

em mira (puxar o tapete para pegar o objeto que está em cima dele). Neste momento começa a fazer uma combinatória de alto nível matemático (*grupo de deslocamento*: ação direta, inversa, anulação da ação, associatividade (rodeio), capacidade de todos os deslocamentos possíveis). Neste ponto, está capaz de caçar (curiosidade) pois sabe ir e vir (retorno), sabe anular ou repetir a ação e sabe fazer rodeios para chegar ao objetivo. Tornou-se o animal mais inteligente da escala zoológica (mais inteligência que o macaco adulto). Vai de 12 a 18 meses.

9. O *sexto estádio* (descoberta de meios novos por combinação mental e a transformação do motor no mental; começa a usar o corpo como se fosse um objeto qualquer; revolução copernicana do "eu". A solução do problema não depende mais de ensaio e erro (o ensaio e erro é feito mentalmente, percebendo que já existe *planejamento* — abrir a boca ao tentar abrir a caixa de fósforo). Neste momento começa a nascer o *pensamento*. É esta inteligência que a maioria da humanidade usa na vida prática.

10. As atividades da inteligência sensório-motora (superadas as reações circulares) consistem em *manipular* os objetos segundo todos os esquemas (grupo de deslocamento) e segundo todos os "possíveis". Nesta manipulação, a inteligência:

a) extrai dos objetos seus *atributos* (experiência física);

b) extrai das ações seus modelos (experiência lógico-matemática). Como a inteligência é atividade, termina sobrepondo-se a tudo a construção dos modelos (esquemas), isto é, a atividade lógico-matemática. As atividades lógico-matemáticas preparam as três futuras estruturas mentais:

a) estruturas algébricas (grupo);

b) estruturas de ordem (redes);

c) estruturas topológicas (geométricas).

As atividades preparatórias destas estruturas são:

a) encaixar (colocar dentro);

b) alinhar (enfileirar);

c) fazer correspondências.

O desenvolvimento da inteligência sensório-motora prossegue mesmo depois de iniciar-se a vida mental (representação), de modo que se poderia fazer um estudo completo e extensivo de como se comporta, através de todo o desenvolvimento, a "*inteligência prática*".

O Pensamento Simbólico: Nascimento da Imagem e da Representação Mental

1. Nunca é demais salientar que, para J. Piaget, a inteligência é um *atributo* (adjetivo) da *ação* (combinatória resultante de sua mobilidade crescente). Esta concepção é uma das maiores revoluções por que passou a psicologia nos últimos tempos (tradicionalmente, supunha-se que a inteligência, sobretudo quando em forma de pensamento, derivava da percepção). A atividade do organismo, como vimos, persegue dois objetivos: a) *atividade presentativa* (percepção, representação, leitura da experiência, linguagem, simbolismo, *compreensão*) e b) *atividade procedural* (motricidade, deslocamento, modificação do meio, automodificação, pensamento, classificação, seriação, operações, explicação). Podemos, de certa forma, fazer equivaler a atividade presentativa com função semiótica (operações infralógicas posteriores), apesar de ser próprio da função semiótica *dublar* a realidade (construir substitutivo ou significante para as coisas ou significados). O problema é que, no nível sensório-motor, não há ainda, propriamente, *dublagem da realidade*: os índices e sinais (que representam, neste nível, os elementos presentativos: percepção) não são propriamente *dublagens* — pertencem à coisa que significam, quer como parte (índice), quer como causa-efeito (sinal), não constituindo ainda um substitutivo da coisa, como é próprio da função simbólica. Em todo caso, índices e sinais são significantes, podendo desta forma serem incluídos na função semiótica (daí, J. Piaget não falar em função simbólica, a fim de não parecer que se trata sempre de dublagem da realidade). Deste modo, podemos dizer que a percepção está para a motricidade, como a representação (e seus derivados) está para o pensamento, ou ainda, como os produtos presentativos estão para os fenômenos procedurais. É que a atividade (isto é, a inteligência) não pode agir senão sobre um "objeto", quer este objeto seja apreendido pela atividade perceptiva, quer pela atividade representativa (o mesmo mecanismo que constrói *a percepção*, constrói também a *representação*: relações colaterais).

2. No período sensório-motor, os procedimentos (motricidade), através dos *deslocamentos* (encaixes, ordenações e correspondências, esboços das futuras estruturas mentais), alcançam a estrutura denominada *grupo dos deslocamentos* (coordenação ou soma dos movimentos, retorno ou inversão, anulação, repetição e rodeios ou desvios, esboço do futuro grupo algébrico de nível operatório). Estes deslocamentos procedurais (inteligência motora), aplicados na leitura da realidade, constroem o *real* (produzem as categorias práticas fundamentais da realidade: *objeto permanente, tempo, espaço* e *causalidade*). Assim, para o grupo de deslocamento, na área procedural, a inteligência produz, na área presentativa, as categorias da realidade (espaço, tempo, causalidade e objeto permanente). Para J. Piaget, neste nível, o mecanismo formador da realidade é o *deslocamento* (topologia que se irá mais tarde converter-se em geometrias projetivas e euclidianas). A percepção (um fato quase exclusivamente fisiológico), não vai além dos chamados *efeitos de campo*, que a *gestalt* explora exaustivamente (é como se a percepção fosse o correspondente presentativo das montagens hereditárias procedurais, uma semiótica fisiológica). As próprias *constâncias* perceptivas (conservação da grandeza, da forma, das cores, por exemplo, à distância) não são resultantes desta percepção primária, mas dos deslocamentos, isto é, da atividade perceptiva (inteligência), da mesma forma que as *conservações* (parentes colaterais das constâncias) não resultam da mera representação (estados), mas da operatividade (reversibilidades) assim como a motricidade (deslocamento) vai ser reciclada em forma de atividade mental (pensamento), da mesma forma, o real vai ser reconstruído como representação (representação do mundo na criança: conservações, espaço, tempo, causalidade).

3. No sensório-motor, o método de ação foi a assimilação-acomodação (função invariante ao longo de todo o processo de desenvolvimento) mas, no período simbólico, esta função toma o aspecto de *jogo simbólico* (assimilação) e de *imitação* (acomodação), atividades de que resultam, como produto: *a)* internamente a *imagem mental* e *b)* externamente o *desenho* e a *linguagem*, o que explica o aparecimento tardio da linguagem (a linguagem resulta da imagem mental, não podendo ser explicada por mero reflexo condicionado, como pretendem os behavioristas) e as ligações da linguagem com a representação mental do mundo, sobretudo em seu aspecto especial (os distúrbios de linguagem estão ligados, deste modo, a problemas de representação mental das categorias fundamentais da realidade). O desenho e a linguagem, pois, são retornos objetivados da representação do mundo (categorias do real), de tal forma que nos podemos guiar por elas para

avaliar o que ocorre com a função semiótica. Note-se, contudo, que parte da linguagem é incorporada como produto social por mera imitação sonora (psitacismo): há uma tendência para fazer a atividade ser acompanhada de sonorização onomatopaica e, depois, de palavras. Como o desenho é pouco utilizado, socialmente, como instrumento de expressão dos estados mentais (estados cognitivos e afetivos), pode servir de elemento diagnosticador do desenvolvimento dos processos mentais (a sociedade não criou um código gráfico de comunicação, como fez com a linguagem oral e escrita, de modo que cada desenho é um produto original do seu autor, apesar de hoje ser cada vez mais divulgada uma *linguagem imagética* que J. Piaget chama de *pré-linguagem*: revistas em quadrinho, cinema, televisão, sinais de trânsito, etc.). Como não se pode, nesta altura do desenvolvimento, obter da criança uma *introspecção falada* (método clínico criado por J. Piaget), o educador só dispõe destes produtos para avaliar como transcorre o desenvolvimento do *pensamento simbólico* (pensamento com imagens e figuras), por oposição ao *pensamento operativo* (com noções e conceitos). Em todo caso, é bom que fique claro que o pensamento (inteligência) não é produto das representações, mas as combinações que a atividade mental faz com estes produtos.

4. Já durante o período sensório-motor, muito cedo aparece um procedimento denominado *imitação* (a criança fingir, por exemplo, que está dormindo). Imitar é substituir a ação real ou o objeto-coisa por outra ação ou o objeto que passa a ter o mesmo significado (o produto da imitação passa a chamar-se *significante*) embora, como vimos, possamos encontrar significantes (índices e sinais) que não são ainda dublagens ou *substitutos* (substitutos são, propriamente, os símbolos e os *signos*, os primeiros, reproduções quase fiéis da ação ou objeto — como uma fotografia —, tendo caráter individual, motivado e afetivo e os segundos são convenções escritas ou sonoras de caráter arbitrário, geral e pouco afetivo). A imitação, isto é, a função semiótica, portanto, tem por objetivo criar *substitutivos* (significantes) das coisas e das ações, quer estes substitutivos sejam individuais, reprodutivos de forma original, motivados e afetivos (símbolos), quer sejam sonoros ou práticos, convencionais, coletivos, gerais e pouco afetivos (signos ou palavras). Quando esses substitutivos (significantes) funcionam como *expressão* do eu (vivencial) e da *operatividade mental*, passam a chamar-se *linguagem*. Temos, pois, uma linguagem *simbólica* expressa por *símbolos* (gesto, música, desenho, artes plásticas, linguagem poética descritiva, dramatização) e uma *linguagem operativa* expressa por *signos* ou *palavras* (linguagem, propriamente dita, logicizada, convencional, codificada, comum a todo agrupamento, transmitida, culturalmente às crianças). As manifestações vivenciais expressam-se muito mais afetiva-

mente, através da linguagem simbólica, mas por isto mesmo guardam caráter individual não codificado, ao passo que as manifestações operativas (procedurais) são melhor expressas pela linguagem codificada e convencional (lógica). Assim, o que a linguagem simbólica ganha em expressividade do vivencial e do afetivo (singularidade) perde em comunicabilidade, e o que a linguagem codificada ganha em comunicabilidade (generalidade), perde em expressividade vivencial e afetiva. (Por aí se vê que a arte não é comunicação, mas expressão vivencial e afetiva, ao passo que a linguagem operativa não é expressão individual, mas logicização, (socialização) tendendo a perder em conotação o que ganha em denotação). Hoje, a linguagem simbólica (afetiva e individual) está em pleno apogeu através das histórias em quadrinho, fotografias, desenhos, cinema, televisão, já começando a ser até codificada (como nos sinais de trânsito), notando-se certa decadência na linguagem operativa (lógica das proposições) que fica reservada para a política, a ciência e as relações interindividuais. Os meios de comunicação de massa, usando a linguagem simbólica, atingem profundamente, tanto as crianças, quanto as camadas da população atrasadas no desenvolvimento mental (na medida em que a linguagem simbólica, como diz J. Piaget, é uma pré-linguagem pouco apropriada para as operações e cooperação). Pode-se compreender então porque, aumentando a informação (fornecida através dos meios de comunicação de massa por meio de uma pré-linguagem) não aumenta, proporcionalmente, a *comunicação* (a comunicação exige linguagem codificada, convencional, codificada, logicizada, arbitrária, pouco tendo a ver, propriamente, com o vivencial e o afetivo). Note-se que a linguagem, sendo um código fornecido pela sociedade e não criação de cada criança (como é a linguagem simbólica), pode, contudo, servir para expressar ou descrever símbolos individuais (poesia). Por outro lado, não se pode medir a operacionalidade do indivíduo por sua linguagem, pois a logicidade da linguagem pode provir de sua própria estrutura codificada e não da operacionalidade de quem a usa por mera imitação, fato fundamental para o *processo educativo*, pois, até hoje, pensou-se que a linguagem era bom instrumento de desenvolvimento mental (só a atividade desenvolve a inteligência).

5. Deste modo, a imitação, dublando a realidade, cria novo universo (universo das significações, das representações e dos vários tipos de linguagem, notando-se que só *secundariamente* as linguagens servem à comunicação, constituindo, *primariamente*, um tipo substitutivo de ação ou de expressão. A comprovação da representação mental é a *imitação diferida*, isto é, a imitação na ausência do objeto (fato que já ocorre no final do sensório-motor). Se a imitação se faz sem o uso do corpo (gestos, dramatização, sonorização, etc.) torna-se interior (a atividade real permanece

residual) e passa a constituir-se *imagem mental* (note-se que a imagem mental é um esboço de imitação real produzindo efeitos elétricos equivalentes aos movimentos corporais correspondentes: ver resultados elétricos dos sonhos). Nesta altura a criança passa a dispor de dois sistemas de ação: *a*) o *sensório-motor* ou *prático*, que se prolonga vida afora, altamente adaptativo e subordinado às realidades concretas e *b*) *simbólica* (imaginação) a serviço dos desejos, do vivencial e da afetividade (princípio do prazer). Sendo profundamente impotente, a criança precisa de um meio de expressão própria que realize seus desejos e resolva suas frustrações (em muitos adultos, a imaginação continuará vida afora a desempenhar este papel). Pode-se dizer que a criança que exercita intensamente o *jogo simbólico* dispõe de um dispositivo para protegê-la de traumas afetivos e intelectuais (o jogo simbólico funcionaria como uma *psicoterapia* para criança). Aliás, qualquer tipo de jogo, seja de exercício, seja simbólico ou de regras (jogos tradicionais das crianças) cria um sistema de realizações fictícias que permite aumentar as limitações do real. O jogo simbólico está no limiar do inconsciente, equivalendo, funcionalmente, ao sonho (pode-se dizer do jogo simbólico o que a psicanálise diz a respeito do sonho). Ao socializar-se, a atividade simbólica construída pelo eu é modificável à medida das necessidades, transforma-se em *narração* (imagética ou icônica ou verbalizada). Enquanto a imitação é a subordinação do eu ao real (acomodação), o jogo simbólico, produto dela, é *assimilação* (subordinação do real ao eu). Durante quase cinco anos, a vida mental da criança oscila entre a imitação e jogo simbólico, mecanismo que funciona independente da atividade prática (sensório-motora).

6. Não se deve esquecer que a evolução (genética) da imagem mental não se limita à construção do *objeto* (circunstâncias de forma, grandeza, cores, etc.), referindo-se (como no sensóriomotor) à construção do *espaço*, do *tempo* e da *causalidade*. Assim como as primeiras percepções no sensório-motor eram dominadas pelas "leis de campo" (*gestalt*: centração), as primeiras representações do real são dominadas pelas formas *topológicas* (vizinhanças, fechamento, fronteira, envolvimento, etc.). Só aos poucos vão surgindo as projeções e as relações métricas (daí a importância para a vida mental da aprendizagem das geometrias). Como não existe forma pré-codificada de expressão gráfica, pode-se tomar o *desenho* como manifestação da vida representativa em sua pureza (o que não ocorre, por exemplo, com a linguagem, que é um misto de criação individual e aprendizagem social). Há, inclusive, quem pretenda usar o desenho como instrumento de análise dos estados afetivos (atitude ainda inteiramente empírica). Do bademeco e do rabisco sem significado, expressão da imagem do objeto e do espaço, o desenho irá mostrando todas as etapas do desenvolvimento, até alcançar a geometria euclidiana (coorde-

nadas), demonstrando assim, em que estado está a construção do real na mente da criança (como a linguagem é um substituto da realidade, o êxito ou fracasso na construção mental do real irá ter profunda influência na linguagem). A combinação do jogo simbólico, da gesticulação, do desenho, da imagem mental, da representação do real irá, no final, desaguar na *construção* (da mesma forma como a linguagem irá produzir, neste estádio, a *narração*). As imagens permanecem, até o final, estáticas (mesmo quando são antecipadoras e representam transformações), servindo de referencial dos *estados* (algo como os quadros de um filme que dão a ilusão de movimento ao serem apresentados com certa e determinada velocidade). A linguagem é que irá permitir a *operacionalidade* do pensamento e da comunicação.

7. Quando um esquema de ação (real ou representada) entra em atividade, isto é, é *atualizado* (não se pode falar na memória de um esquema, pois segundo J. Piaget "a memória de um esquema é o próprio esquema"), a memória fornece seu aspecto *figurativo* (reconhecimento ou evocação). Deste modo, para surpresa geral e refutação das teorias psicanalíticas, verificou-se que a evocação não atualiza uma memória estática, correspondendo, estritamente, ao nível de desenvolvimento da operacionalidade (a recordação de uma série, por exemplo, se faz de acordo com o nível de seriação atual da criança). A memória, pois, está na área presentativa e não procedural (função semiótica, portanto), dependendo, como todo fenômeno presentativo, da organização produzida pela operatividade, o que vem confirmar a tese básica de J. Piaget, segundo a qual a vida mental é a essencialmente, atividade (a experimentação demonstra que a conservação de uma experiência está estritamente ligada à atividade e não às percepções).

8. A linguagem é o ápice e a síntese dos produtos semióticos, permitindo à mente libertar-se do imediato e do real e engendrar a "álgebra das proposições" por oposição à "lógica da ação" (lembrar o exemplo da bailarina). Com a linguagem opera-se a transição para o social (superação do adualismo infantil), deixando de constituir-se mera expressão para passar a ser comunicação (ver solilóquio, monólogo coletivo e linguagem socializada). A linguagem opera também uma síntese entre o presentativo e o procedural (operações e cooperações). Sendo um produto coletivo e convencional, a linguagem — como estrutura cultural — representa um nível operativo superior ao de cada indivíduo isoladamente (o formigueiro, por exemplo, tem um nível "arquitetônico" superior ao de cada formiga individualmente). Como a linguagem é aprendida por imitação (na medida em que a função semiótica no indivíduo dá condições de imitação: só se imita o que se compreende), muitas vezes a linguagem do indivíduo dá falsas impressões de seu nível de desenvolvimento (a criança, por

exemplo, refere-se a outra denominando-a de "primo" sem compreender ainda as relações de parentesco, o que explica o equívoco de Lévi-Strauss sobre o valor das estruturas de parentesco como índice de nível mental dos "primitivos"). Como a comunicação é uma imposição irrecorrível da vida social, a linguagem pode apresentar-se como estrutura independente da seqüência do desenvolvimento da função semiótica e do desenvolvimento mental geral. Os surdos-mudos, por exemplo, inventam uma linguagem sensório-motora derivada diretamente da imitação e não da imagem mental (o gesto que acompanha a fala é o resíduo desta pré-linguagem). Assim, podemos ter, segundo J. Piaget, *pré-linguagens* (a dos gestos e a linguagem simbólica dos atuais meios de comunicação de massa), a *linguagem propriamente dita* (como aparece nas narrações) e as *pós-linguagens* inventadas pelos cientistas para expressar altos esquemas operacionais (como a linguagem matemática). Deste modo, não se ensina *pela linguagem* (verbalismo), mas verbaliza-se toda aprendizagem (transformação das operações em linguagem com o objetivo de dar maior plasticidade e permitir a comunicação). O ensino verbalístico pode produzir a ilusão de uma operacionalidade que, realmente, não existe (os testes operativos facilmente demonstram que a verbalidade é uma estrutura superficial aprendida por imitação). Mais grave ainda é a utilização dos recursos audiovisuais como instrumento de ensino, reduzindo a informação a atividades puramente figurativas (memórias). Se a função semiótica é a "libertação do real", é também a camuflagem da operacionalidade, se não for usada apenas como suporte da reflexão.

Função semiótica é uma fonte para representar o sensório-motor para a operação.

A linguagem está para a imagem mental como o índice está para o objeto.

Inteligência Intuitiva: A Inteligência Geral ou Natural da Humanidade

(A CONSCIÊNCIA INGÊNUA)

1. A inteligência operatória (agrupamentos concretos e grupos abstratos) exige do sujeito estado de *stress* e dispêndio de altas cargas sensoriais, na medida em que é o esforço do organismo para escapar à concretude das ações e das percepções, mesmo que estes fenômenos venham representados (intuição). No estado normal, a atividade (motora e representada) é puramente intuitiva (equilíbrio cibernético entre a motricidade e a representação mental). Nos estados de relaxamento a atividade cai para o nível simbólico, de que o sonho é a forma mais autêntica (ausência total de controle sensório-motor, salvo como processo residual).

2. A imitação e o jogo simbólico (do período anterior) correspondem, mais ou menos, aos quatro primeiros estádios da inteligência sensório-motora, em que a atividade (reações circulares e hábitos) tenta construir a *permanência do objeto* (o objeto, até então, é fluido, fenomenista, deformando-se e desaparecendo). Pode-se imaginar a imagem mental também sem "permanência", totalmente plástica diante da atividade (jogo simbólico). É esta falta de "permanência" que produz a *amnésia infantil* (ausência de lembranças deste período). Poder-se-ia, pois, dizer que a memória é uma espécie de "permanência da imagem" (conservação figurativa do esquema), devendo-se fazer corresponder à *memória* (retrospecção) a *antecipação* (prospecção), como se a memória fosse uma "antecipação no passado" e a antecipação uma "memória no futuro", o que significa que se trata de reconstituição e preconstituição, a ação atuando no *passado* (memória), no *presente* (imagem) e no *futuro* (antecipação).

3. Adquirida a "permanência" da imagem, o jogo simbólico fica cada vez mais difícil (cinco/seis anos) dado o *controle perceptivo* (as leis da "boa forma", já atuantes no campo perceptivo, passam a vigorar, agora, também do ponto de vista representativo). Por outro lado, a atividade mental que se assemelhava, até então, às reações circulares, passa a agrupar-se como no grupo

dos deslocamentos sensório-motores. É como se a mente, de repente, percebesse que pode relacionar os meios aos fins (intencionalidade mental), entrando na fase das "descobertas" (quinto estádio do sensório-motor). No limiar (sexta fase), estas ações representadas começam a ser operações, como na sexta fase sensório-motora a atividade começa a ser representação.

4. A inteligência intuitiva, pois, é, simplesmente, a *inteligência sensório-motora representada*, ainda controlada de fora (*feedback*) pela percepção e, internamente, com capacidade de *retrospecção* (memória) e antecipação (pré-correção). A retrospecção-antecipação permite, agora, *visão de conjunto* (capacidade de relacionar os objetos e ações entre si) donde a configuração (ainda de caráter sincrético) como característica da inteligência intuitiva (coleção figural). E, evidentemente, jogando agora com *imagens* (símbolos) e com *palavras* (índices de símbolos) a atividade torna-se muito mais móvel, ampla (campos) e estável, tendendo para as ações simultâneas (característica da operatividade). A rigidez das imagens (quer em forma de símbolos, quer já dubladas, em palavras), vai sendo superada pela *comunicação* que se inicia (monólogo coletivo), de tal modo que — diz J. Piaget — "o desenvolvimento da lógica, na criança e na história, está, necessariamente, ligado ao da cooperação dos indivíduos entre si" (Jean Piaget, *O Mecanismo do Desenvolvimento Mental*, pág. 77). A rigidez do ponto de vista de um (intuição) é descongelada pelo ponto de vista do outro, produzindo o agrupamento (operação). O homem prático altera o uso da inteligência sensório-motora com o da inteligência intuitiva (controle mútuo ou *feedback*) sem chegar aos agrupamentos reversíveis (classes, séries, árvores, tábuas de várias entradas ou correlatos, etc.), embora possa obter todos estes agrupamentos de forma prática (a reversibilidade, na inteligência prática, é, simplesmente, *reversão* ou *ação inversa*). O que a cooperação física (co-ação) faz pelo grupo de deslocamento sensório-motor, a discussão (cooperação verbal) fará pelos agrupamentos operatórios. A cooperação implica em decentração e a decentração é, precisamente, o mecanismo da operacionalização das intuições.

5. Todas as características do grupo dos deslocamentos sensório-motor e todos os aspectos da realidade prática (tempo, espaço, permanência do objeto, causalidade) estão também presentes na inteligência intuitiva, com a vantagem de as coisas e as ações serem substituídas por suas representações, o que aumenta o campo de atuação (generalização), a mobilidade e a estabilidade das estruturas, permanecendo, contudo, a irreversibilidade das ações reais (as operações diferenciam-se da ação por serem simultâneas: a operação direta implica na inversa, como se, numa balança, toda vez que se modificasse o peso contido num prato, modificação idêntica ocorresse no prato oposto para manter-se

o equilíbrio). A intuição, no campo da atividade mental (pré-operações), alcança as primeiras estruturas operatórias: *classifica* por encaixes especiais, *seria* por seqüências materiais, *estabelece correspondências* por semelhanças e, no campo presentativo (construção do real e representação do mundo) chega às *intuições geométricas* (linha reta, ângulo, paralelas, etc.). Mas, desfeito o resultado, é incapaz de antecipar ou relembrar o mecanismo utilizado (a operação, em última análise, é uma *tomada de consciência*).

6. O diagnóstico da intuição pode ser feito através de experiências de surpreendente simplicidade:

a) se, depois de copiar um modelo, por exemplo, de três montanhas encaixadas de aspectos diferentes, o indivíduo é incapaz de desenhar a visão que outro indivíduo teria, colocando-se no ponto de vista oposto, é que não consegue conceber senão um único ponto de vista aqui e agora (no sensório-motor, o indivíduo teria de, simplesmente, deslocar-se para o "outro lado" para poder percebê-lo: a reversibilidade — primeira operação do agrupamento — é a capacidade mental de "deduzir" o "outro lado" da paisagem sem ter que deslocar-se);

b) pergunta-se com o material presente ou verbalmente, ao sujeito: "Tenho trinta bolas de madeira, das quais dezoito são azuis e doze são vermelhas; se fizer um colar com as bolas de madeira e outro com as bolas azuis, qual o maior dos dois colares?"; o intuitivo é incapaz de lembrar-se que "bolas de madeira" é o todo;

c) finalmente, o teste clássico de J. Piaget, conhecido por todos, das bolas de argila, dos copos dágua, das bolinhas de gude colocadas num depósito.

Em todos os casos, se o sujeito testado for intuitivo, demonstra incapacidade de *reversibilidade* (a soma equivale à subtração, a altura compensa a largura, etc.).

7. Existe uma *decalagem* horizontal na aquisição das operações: mesmo depois de adquirir a *conservação* (reversibilidade) da substância (uma espécie de prolongamento representado da permanência do objeto), o indivíduo continua intuitivo com relação ao peso e ao volume (rigorosamente nesta seqüência), mostrando que cada estrutura já adquirida passa a ser parte compositiva da estrutura seguinte.

8. O homem prático busca, apenas, o êxito (*réussir*), ao passo que o homem teórico busca a verdade (*comprendre*). A transição entre o mero *resultado* (êxito-fracasso) e a busca da verdade (falso-verdadeiro) ocorre precisamente no período intuitivo, como se a verdade fosse um êxito representado. Este fato demonstra como é tardia a aquisição dos valores morais (a princípio, a maior mentira é a que parece mais absurda, a gravidade do roubo está ligada ao valor do objeto roubado e o fato vale mais que a intenção), por onde se vê como os intuitivos julgam, do

ponto de vista moral, o comportamento das pessoas com quem convivem (muitos professores aplicam a seus alunos uma moral totalmente intuitiva: *moral do dever*).

9. O homem operatório deixa de lado o real (concreto ou representado) para dar ao mundo uma ordem que ele mesmo concebe (classificação, seriação, correlação, correspondência, etc.), ao passo que o intuitivo permanece adstrito à realidade (donde parecer tão objetivo, apesar de *sua objetividade ser seu ponto de vista e sua própria ação*). Mas a realidade, no intuitivo, pode ser uma *experiência mental* (donde confundir-se, muita vez, os intuitivos com os operatórios, supondo-se que todo pensamento é operatividade). O intuito já "raciocina" mentalmente, mas com a lentidão e os percalços da imagem que reproduz os objetos e ações. A operatividade resulta da libertação progressiva destes resíduos concretos, de modo que se estenda, cada vez mais, o campo de aplicação da atividade, a mobilidade (capacidade de composição) e a estabilidade (agrupamento das ações que se compensam).

Construção e Organização das Coisas e do Universo

(OPERAÇÕES CONCRETAS OU O "USO DA RAZÃO")

1. A criança e o "homem primitivo", mas também a grande maioria da humanidade atual (como facilmente se constata, por exemplo, com o teste das montanhas), comportam-se perante o mundo como se não o pudessem *transformar*: é uma atitude (pensamento) de *deslumbramento,* no máximo, permitindo-se um "faz-de-conta" (pensamento simbólico), isto na melhor das hipóteses, pois grande parte da humanidade acredita ser arrastada por *forças mágicas* (horóscopo) sobre as quais não mantém controle. Assim como no *sensório-motor,* a percepção deformadora da realidade (centração) teve de ser, a duras penas, corrigida pela decentração (grupo dos deslocamentos), do mesmo modo, as *intuições* características da interiorização imagética (representação) terão de ser "descongeladas" pela reversibilidade (inversão e reciprocidade) para que a mente não se fixe apenas na aparência das coisas e dos fenômenos. Até seis, sete e oito anos, a criança (e durante a vida toda o "primitivo" e a maioria dos homens comuns) limita-se a constatar o que "vê" (percebe com seus sentidos), incapaz de experimentar (reversibilidade) para verificar se seus sentidos não iludem a compreensão dos fatos (a linguagem, produto coletivo superior aos indivíduos deste nível, não nos deve impressionar, pois as crianças e os primitivos são capazes de utilizá-la por imitação sem dominar as estruturas latentes: chama o filho do seu tio de *primo* sem compreender a relação co-unívoca implícita). Como a mente caminha, inexoravelmente, para *totalizações* (ver as "boas formas" da *gestalt,* fenômeno que mais tarde aparecerá como agrupamentos operatórios, nas operações concretas e como grupos e reticulados (redes), nas operações abstratas), já no intuitivo constrói "conjuntos" (ainda não é o conjunto da *teoria dos conjuntos*), denominados *configurações* e *coleções*, partindo daí para as classificações, seriações e correspondências elementares cuja "permanência" (realmente, cuja *conservação*) depende do controle perceptivo que não dispõe ainda

213

da operação de *reversibilidade* (ação simultânea em dois sentidos inversão ou anulação e reciprocidade). Na área do *contínuo* (atividade presentativa), a intuição conquista lentamente a *reta* (projeção), depois as *paralelas* (geometria dos afins), depois os *ângulos* (geometria das similitudes), para — finalmente — dominar as *distâncias* e os *lugares geométricos* que permitem os deslocamente com que irá fabricar (já nas operações concretas) a métrica euclidiana e as coordenadas euclidianas (as geometrias, como afirmam os Bourbaki, procedem das noções topológicas elementares).

2. Pode-se imaginar a fluidez e inconsistência de um mundo sem *conservações* quando o corpo ou os objetos se deslocam, e cujo espaço é regido por *morfismos* que não dispõem ainda das coordenadas euclidianas (vertical e horizontal; esquerda-direita; em cima-embaixo, antes-depois). As coisas mudam, as aparências mudam: eis a regra interpretativa usada pelos intuitivos, regra que atinge também os conceitos morais (moral do dever) e as relações interindividuais (hetoronomia-chefia). Toda criança já ouviu a pergunta: "Que pesa mais: um quilo de pluma ou um quilo de chumbo?" (raciocínio sobre as aparências das coisas); contudo, ninguém tomara consciência de que esta era a forma normal (e correta) de as crianças (e os "primitivos") pensarem. Foi J. Piaget que gritou: "O rei está nu!": as crianças e os "primitivos" não têm *conservações* (da substância, do peso, do volume, dos comprimentos, das superfícies, das correspondências, das distâncias, velocidade, etc.). É certo que a humanidade (com relação às crianças, pois com os "primitivos" não se pode convencer um antropólogo que o pensamento de um adulto pode ser "infantil") comportava-se *como se soubesse* desse fato (a Igreja, por exemplo, só ministrava os sacramentos depois do "uso da razão" e é sintomático que, em todas as épocas, as crianças tenham ido para a escola aos seis ou sete anos). Mas, ninguém sabia, até J. Piaget, o que diferençava, realmente, uma criança pré-escolar (de zero a seis/sete anos) de uma *escolar*: é que, sem as conservações, não se pode "ensinar" (*sic!*) a numeração (correspondência-série e classe), as medidas (partição-deslocamentos) e sequer convencer a criança de que a água de um copo, transvasada numa outra vasilha, não muda de quantidade (substância). De repente, aos seis/sete anos, a criança começa a mudar totalmente sua visão do mundo: de topológica passa à geometria euclidiana e da intuição (perceptiva-representativa-simbólica) à operação (reversibilidades). Presa até então à sucessão das ações (reversões motoras), adquire a capacidade de fazer ações simultâneas (isto é, operações). A conservação (capacidade de entender os efeitos das transformações) vem sendo preparada desde o sensório-motor com a *permanência* dos objetos e com as *constâncias* perceptivas (grandeza e distância) e, no período simbólico,

com as *identidades* (como se, kantianamente, a criança viesse, aos poucos, organizando — totalizando — os fenômenos, único aspecto da realidade apreensível pelos sentidos). Para J. Piaget, as relações interindividuais (dinâmica de grupo) são responsáveis, em grande parte, por este "descongelamento", pois a cooperação força a reversibilidade (reciprocidade dos pontos de vista). O sinal de que as aparências foram superadas e entrou-se no reino das transformações é a conquista das noções de *classe, série, correspondência, partição, deslocamento*, donde surgirão as operações aritméticas e a métrica euclidiana (operações com números, com medidas, com frações, até alcançar organizações de conjunto, como, por exemplo, o *sistema métrico*).

3. A idade escolar (não sei se, com o pré-primário, esta expressão ainda tem sentido), historicamente, começa com a *alfabetização*, aspecto sócio-cultural irrelevante do ponto de vista do desenvolvimento da inteligência. A sociedade toda, compulsivamente, pressiona o sistema escolar para alfabetizar as crianças na entrada do primário (seis/sete anos), quando este processo podia ter sido iniciado no sensório-motor (com os índices e sinais) e no simbólico (com as *gestalten* e símbolos). O máximo que a sociedade intuitiva e pré-operatória pode exigir das crianças é que sejam *letradas*, mero *know-how* de utilidade sociológica, pois nem sequer desagua nos hábitos de leitura (a grande maioria das pessoas adultas nunca escrevem, e raramente lêem: a leitura serve apenas para atividades práticas, como a identificação de placas ou topônimos). O resultado é perder-se o tempo todo do primário (correspondente às operações concretas tão complexas e difíceis de conquistar) com problemas de alfabetização e, o que é pior e mais trágico, com problemas de correção ortográfica, esta maldita convenção que azucrina as crianças (para não dizer os adultos) a vida inteira. No dia em que a aprendizagem compulsiva da leitura (e muito mais compulsiva, ainda, da escrita, atividade tardia que depende da linguagem interior que muitos adultos jamais conquistam) for substituída pela exercitação nas *operações-concretas*, a humanidade toda dará um espetacular salto para a frente. É uma imensidão de noções complicadíssimas que devem ser aprendidas pelas crianças neste período (a partir das conservações que devem ser dominadas no final do período simbólico-pré-operatório ou intuitivo). Nesta fase de quatro a cinco anos (de seis/sete a onze/doze), a criança tem que dominar a lógica das classes e relações, as operações matemáticas (aritméticas básicas) e a métrica euclidiana (dominando, no final, o sistema métrico, as projeções e as coordenadas geométricas). Não sei se o sistema escolar dispõe, nos modelos atuais, de tempo para tanta coisa, mesmo abandonando a anacrônica centração na aprendizagem da leitura e da escrita (lembrando que se pode, lentamente, começar esta aprendizagem puramente cultural a partir

do sensório-motor, de modo que a alfabetização se processe sem traumas e quase imperceptivelmente; afinal, as crianças estão aprendendo a ler sozinhas na televisão). O "jogo simbólico" desta idade é a *construção* (afinal é o período das operações concretas), o que mostra que a famigerada *profissionalização* (manualização, ferramentas, construções) deve ser colocada neste período (*homo faber*). O desenho é o instrumento absoluto para trabalhar nesta idade (um dia o desenho será muito mais importante neste período que a leitura e a escrita, o que será uma revolução copernicana na literatura pedagógica desta idade). Agora, tem-se um parâmetro para dividir os períodos de escolaridade: *a*) *uma escola sensório-motora*, até vinte e quatro meses; *b*) *uma escola de "conto de fada"* e *"jogo simbólico"* (leitura de símbolos, televisão, histórias em quadrinhos até quatro/cinco anos), em que a objetividade (relações com o meio) são dominadas pelas *identidades*, semelhanças, equivalências) e pelas *funções* (aplicações, causalidade, relações ou correspondências bi e co-unívocas); *c*) *uma escola elementar ou primária ou lógico-matemática e geométrica*, com intensa manipulação de objetos e forte incentivo às construções que irá de quatro/cinco anos (intuições) e onze/doze anos (numa das operações abstratas). Nesta data, inicia-se um período turbulento, caracterizado pela tentativa de ingresso na sociedade (adolescência), período que irá ser dominado pela linguagem que se operacionaliza com as discussões através de dinâmica de grupo. O empirismo com ares de cientificismo dos reformadores de nosso sistema escolar, por conta de não se sabe o que, fundiram o curso primário (operações concretas) com o curso ginasial (operações profissionais e abstratas) provocando o caos final em nosso processo escolar, já tão deformado pelos problemas de alfabetização.

4. Qual o mecanismo novo que a inteligência começa a pôr em ação para superar a ilusão dos estados perceptivos e representativos (imagens mentais)? *É a reversibilidade*, um dos elementos do grupo algébrico (inversão e anulação) e dos reticulados (reciprocidade). É a reversibilidade por reciprocidade (reticulados, redes e *lattices*), por exemplo, que gera mentalmente as noções de identidade, semelhança, analogia e vicariância, a noção básica de todas as assimilações (semelhança = assimilação). É a combinação destas duas reversibilidades que gera a *conservação*: 1.º) a água é a mesma (identidade); 2.º) se colocar de novo no copo fica igual (inversão ou anulação); 3.º) se um copo é mais largo, ou outro é mais alto (compensação ou reversão por reciprocidade das relações). Tudo começa com as identidades e funções do período simbólico, onde não cabe ainda a reversibilidade por inversão ou anulação (grupo). Com isto, como se vê, os *estados* atingem o nível das *transformações* (operações): é o início do "uso da razão" (poder de dedução baseado na transitividade: se A é igual a B, e B é igual a C, A é igual a C). Neste

momento a imaginação e a intuição passam a ser, propriamente, *raciocínio* (animal racional) e a criança é o "primitivo". Passam a outra etapa de sua vida e história (tecnologia). O "filósofo" e o "sofista" só vão aparecer no fim do curso primário (adolescência: onze/doze anos, no mundo ocidental), o que diz bem o que deve ser um curso ginasial (discussão de idéias). Neste período, a linguagem começa ter importância no desenvolvimento da inteligência pela possibilidade de imaginar (verbalmente) o que "podia ser" (certas operações não se podem fazer com os objetos, mas podem ser imaginadas "como se"). Por outro lado, o ponto de vista do outro (reciprocidade) muitas vezes tem que ser expresso verbalmente (dinâmica de grupo), como se alguém desse um palpite num jogo de xadrez (descentração do individual: "eu acho que"). A reversibilidade é o mecanismo que leva a ação à operação (ou "o ato ao pensamento", como diz Wallon), não se devendo esquecer que pensamento imagético (com ou sem palavras) é, apenas, *representação de ação* e não um pensamento raciocinado, propriamente dito. A reversibilidade, juntamente com as composições, associatividade, etc., *criam modelos* ou *estruturas* operativas que passam a substituir a *gestalt* da percepção e de representação (o mundo como que "descongela-se", como nestes filmes que se iniciam com a reprodução de uma tela cujas figuras, de repente, ganham movimento). Como estamos ainda manipulando (real ou representadamente) objetos, a reversibilidade produz apenas *equilíbrios mecânicos* (por oposições aos equilíbrios verbais da "alegria das proposições" do período seguinte), de modo que a criança não entende ainda o sentido dos provérbios, as ironias, as analogias, metáforas, desenhos equívocos (*charges*). Mas é nesta época que abandona as *crenças* (convicções sem raciocínio justificativo). A lua já não o acompanha quando caminha e "as coisas não mudam porque as aparências mudaram".

5. A passagem da dureza dos estados, imagens e configurações para as transformações (operações simultâneas reversíveis) exige intensa *exercitação* (criação de situações e questionamento das respostas intuitivas) e *intensa vida social* que provoque contradições (desequilíbrios) nas afirmações (dinâmica de grupo). Como a realidade não tem um *ponto de referência inicial donde tudo parta* (em cima, embaixo refere-se ao próprio organismo), a criança (como Lúcio Costa, quando projetou o plano de Brasília e começou traçando uma cruz no espaço), tem que *reticular* (estrutura de ordem) o espaço para *mover* (estrutura de grupo) dentro dele seu próprio corpo e os objetos (no sensório-motor, para isto, dispõe do terreno — topologia — e do grupo dos deslocamentos reais no terreno). Começa então a projetar um grupo algébrico e uma rede (álgebra de Boolev. computadores) que levarão de cinco a dez anos para serem construídos. O reticulado (estrutura de ordem), *encaixes* (classes hierárquicas, encaixes de clas-

ses idênticas, relacionados por correspondências bi e co-unívocas de classes) e como *relações* (séries assimétricas, encaixes de séries simétricas ou assimétricas, correspondências bi ou co-unívocas de séries), atividade que foi pronunciada no sensório-motor, pelas atividades de *encaixar, ordenar* (seqüências assimétricas) e *corresponder*, atividades que se tornam representadas (intuições articuladas ou semiológicas) antes do período das operações concretas. O defeito dessas atividades é não terem conservação, e conservá-las é precisamente a "finalidade" das operações concretas (pelo uso das duas reversibilidades, de rede e de grupo: inversão ou anulação e reciprocidade). Nas operações concretas, pois, a construção dos reticulados, encaixe e relações é acompanhada pelas reversibilidades citadas, de modo que o processo é sempre de *totalização* (conjuntos, sistemas, estratégias, agrupamentos, grupos e redes). Do ponto de vista lógico, as ações de encaixe, seqüências e correspondências equivalem à *inclusão* (pertence) *transitividade* e *equivalência*. Na prática, os agrupamentos das operações concretas são, simplesmente, atividades (matemáticas) muito conhecidas como *classificação, seriação, substituição-vicariância, correlatos, tábua de dupla ou mais entradas, árvores genealógicas, correspondências bi e co-unívocas*, modelos a que se aplica, pelo menos, as duas reversibilidades (inversão ou anulação e reciprocidade). Como estes modelos são usados nas atividades práticas (contínuas e descontínuas), nas operações numéricas (aritméticas), na geometria (partição, deslocamento, medidas, projeções, coordenadas euclidianas, etc.), na socialização, nos julgamentos morais, na afetividade e na linguagem... temos imenso programa a cumprir no *curso primário*. O objetivo é que estas operações alcancem o real todo (a maioria dos adultos deixa "compartimentalizadas" inúmeras noções intuitivas, da mesma forma como os indivíduos abstratos só conseguem formalizar as atividades que correspondem à sua especialidade). O sinal de domínio máximo destas estruturas é *causalidade comprovada* (experimentação) e o uso da *probabilidade* (a maioria dos adultos não admite a noção do acesso em todas as áreas e circunstâncias). Como seria uma sociedade em que, em vez do uso como animismo, artificialismo, finalismo, fenomenismo, nominalismo, etc., do pensamento simbólico, os indivíduos utilizassem para suas explicações e construções estas operações concretas? E não estamos ainda exigindo humanidade capaz de usar *hipóteses e possíveis* (operações abstratas). Privilégio de um pequeno grupo (alguns intelectuais chamados de filósofos, matemáticos, etc.) se os sociólogos e antropólogos admitissem que a ciência não é apenas a ciência deles (por baixo dos fatos sociológicos existem fatos psicológicos como os enumerados); a interpretação que dão dos fatos sociais ficaria tremendamente enriquecida. E mais: os ativistas da mudança social em suas estratégias de combate teriam um processo que atingiria a mentalidade dos homens que vão organizar uma *nova sociedade* (é lamentável que os militantes e ativistas não saibam psicologia).

Pensamento Abstrato: Libertação para as Hipóteses e para Todos os Possíveis

(SUPERAÇÃO DO OBJETIVO E A TEORIZAÇÃO)

1. O pensamento correspondente às operações concretas (sete/oito anos aos onze/doze anos) desenvolve-se por intermédio de *reticulados* (classes, séries, tábuas de dupla ou mais entradas, árvores, etc.) espécie de "grades", que a inteligência cria para dar organização geométrica ao polimorfismo anárquico do real. Este processo de organização imposta ao real pela mente não é senão a *logicização* da inteligência (da atividade), apesar de J. Piaget prevenir que "a lógica é a inteligência, mas a inteligência não é, apenas, a lógica" (o pensamento produtivo e heurístico, embora tendo a lógica como parâmetro, não é, necessariamente, lógico). Na medida em que a ação (motora, verbal e mental) se logiciza (equilibração proveniente das reversibilidades), transmite ao real (aos objetos) sua própria forma (classes, séries, número, partes, deslocamentos, medidas, etc.), de modo que o real tem, precisamente, *o nível de organização* alcançado pelo desenvolvimento (motor, verbal e mental) do indivíduo. Partindo de um *adualismo* (egocentrismo) que confunde, num só todo, sujeito e objeto, a ação (a mente) começa a estabelecer pontos de referência (dentro/fora, perto/longe, em cima/embaixo, direita/esquerda, etc.) e *combinações* (encaixes, ordenações e correspondências) mediante o que estrutura não só o objeto, o espaço, o tempo e a causalidade como estabelece os mais variados sistemas de relação, construindo círculos concêntricos cada vez mais amplos, dentro dos quais a inteligência, cada vez mais móvel, plástica, desenvolve sua operatividade. Através destas *redes* (lattices), os objetos como que são forçados a entrar em interação, encaixando-se uns nos outros (classes), dispondo-se em seqüências ordenadas (séries) e estabelecendo correspondências entre si (analogias, simetrias, identidades, funções). As *operações concretas* consistem, precisamente, nesta organização do real (aqui e agora), tanto do ponto de vista da "visão do mundo" (operações infralógicas), como do ponto de vista das relações dos objetos entre si (operações lógico-matemáticas). São estes *agrupamentos* (espécie da *gestalten* operatórias) que passam a ser os "entes" mentais com que a inteligência passa a trabalhar, depois de escapar ao figurativismo mental dos *pré-conceitos* próprios do pensamento simbólico e intuitivo. Não só os objetos (infralógica) são manipulados através destes mecanismos de ordenação. Aos poucos, a representação do mundo perde o contato com os objetos (conceitos), permitindo que o pensamento, por exemplo, trabalhe operativamente com os números, como se fossem "entes" reais passíveis, por exemplo, de ordenação em coleções discretas. O mecanismo das operações concretas atua, como se vê, na organização do real, não mais segundo as contingências de sua concretude (inteligência prática), mas segundo uma espécie de "boa forma" operativa, tudo se passando como se o vasto mundo da realidade desordenada fosse, progressivamente, transformando-se em microorganizações (agrupamentos) sob o efeito da *reversibilidade* e da *reciprocidade* (composição, associatividade, tautologia, etc.). Pode-se dizer que as operações concretas delimitam um "campo' (reticulados), dentro do qual começa a processar-se o "jogo" mental (grupos, grupóides, etc.). É com estes reticulados, combinados com as operações algébricas (grupo) que a mente examinará, dora em diante, os *fenômenos causais*, selecionando entre as explicações possíveis (estruturas abstratas do período seguinte) a que melhor descreve os mecanismos dos fenômenos. Mas, da mesma forma como a motricidade, em certo momento, escapa de seu caráter instrumental (movimentar os objetos) para organizar-se e funcionar por si mesma (ver, por exemplo, a dança), da mesma forma as operações concretas escapam da função organizadora do real para atuar, formalmente: é a entrada no mundo formal das hipóteses e dos possíveis.

2. Como a mente é totalizante, estes arquipélagos de *agrupamentos*, aos poucos, transformam-se num *sistema de conjunto* (combinatória), em que a reciprocidade (neutralização ou compensação) dos reticulados acopla-se às inversões (anulações = reversibilidade) dos grupos algébricos, dando *mobilidade* total (inclusive antecipação) à operacionalidade, num jogo entre o *fechamento* das operações e a permanente *abertura* para novos possíveis. J. Piaget descobriu que o desenvolvimento da inteligência percorre as mesmas etapas e desenvolve os mesmos modelos da construção matemática e da geometria (segundo sua arquitetura teorética), porque, como na matemática, o mecanismo da inteligência consiste em estabelecer *relações*. A matemática é, apenas, a ciência da formalização da ação libertada da concretude para atuar (formalizar-se) na área dos possíveis e das hipóteses: é a ciência que preside as possibilidades de relacionamento de todos os objetos ou classes. Os matemáticos não se cansam de discutir a natureza da matemática (se é uma axiomática regida pela

dedutividade, ou se é uma construção sem fim estimulada pela intuição): como a própria inteligência, a matemática (sua mais alta expressão) é, dialeticamente, ao mesmo tempo *fechada* (princípio da necessidade dedutiva) e *aberta* (caminhando para a amplitude dos possíveis), daí J. Piaget denominar as operações da inteligência de lógico-matemáticas (pensamento hipotético-dedutivo). Pode-se dizer que a adolescência é a conquista do pensamento lógico-matemático, quando a matemática e a lógica desprendem-se do real. A característica mais marcante do pensamento dos adolescentes é o fato de poder atuar por meio de *hipótese* e elaborar novos *possíveis*. É esta característica do pensamento abstrato (lógico-matemático) que dá à adolescência a tonalidade de "subversão", isto é, de questionamento do real (do já constituído), tanto do ponto de vista físico como do ponto de vista sócio-cultural. A lógica e a matemática, compreendidas como ordenação da ação (lógica das ações — álgebra das proposições), são a mais perfeita forma de manipulação virtual da realidade. Contudo, por mais formais e axiomáticas que sejam a lógica e a matemática, é com elas que se enriquece, no final das contas, a estrutura do real, fazendo saltar à luz da compreensão a intimidade mais profunda dos fenômenos. Foi com uma geometria não-euclidiana, aparentemente mero jogo elegante da mente alienada do real, que Einstein reinterpretou a realidade toda, permitindo que se compreendessem fenômenos que escapavam, até então, à observação "desarmada". É ilusão dos positivistas supor que o método científico consiste em mera generalização das observações (indução: estatística). Já vimos que as operações concretas impõem ao real uma ordem proveniente da ação (motora, verbal e mental), sem a qual não seria inteligível. Mas, a mente não se limita a ordenar (seriar, classificar, numerar, partir, deslocar, medir, etc.) os objetos: imagina (pensamento formal) ordenações que, muitas vezes, sequer são compatíveis com a concretude das coisas. Sem estes modelos mentais hipotético-dedutivos, a inteligência não iria além da superfície das coisas. A ciência aparece tão tardiamente na história da humanidade (aproximadamente no século XV), precisamente, porque não é fácil a síntese entre a mera dedutividade tautológica de caráter formal e a observação desarmada e ingênua (experiência) que os homens aprenderam a manipular desde seu acesso ao nível dos primatas (sem chegar, contudo, ao nível dedutivo). Há milênios, a mente humana (em certos grupos sociais) alcançou a dedutividade e, desde a pré-história, "induzia" leis, estabelecia relações e resolvia problemas, sem chegar à síntese (dedutiva-indutiva) do *método científico*. Note-se que, na genética da inteligência, desde o sensório-motor, a "indução" (isto é, a descoberta) precede a "dedução" (invenção), sem que estas duas formas autônomas de ação (física ou mental) tivessem gerado o *método cien-*

tífico, precisamente, porque o método científico é complexa síntese dos dois procedimentos (pensamento hipotético-dedutivo-indutivo). "Um fato é, apenas, um fato" se não pode ser enquadrado numa teoria axiomatizável ou se não confirma uma hipótese (os fatos sempre existiram sem que construíssem por si sós a ciência). O *método científico*, pois, é a grande síntese final (totalização) dos mecanismos físicos (experiência) e lógico-matemáticos (dedutividade). O preconceito popular contra a lógica e a matemática provém do fato de a operatividade (concreta e, sobretudo, abstrata) exigir enorme esforço de coordenação mental (alto dispêndio de energia) e de implicar no desligamento (*desengate*, como diz J. Piaget) da concretude (a concretude pode tornar-se, apenas, um referencial, como nas operações concretas). O pensamento simbólico (por oposição à atividade procedural) flui como a água de uma correnteza em declive repleto de acidentes, ao passo que a operacionalidade é como o represamento de água, numa barragem (formal), para impulsionar turbinas que gerem a força com que o pensamento irá transformar o mundo. O pensamento imagético (presentativo) descreve o real, ao passo que o operativo (procedural) transforma-o. A humanidade tem prestigiado demais atividades mentais "presentativas" (percepção e pensamento simbólico), em detrimento do pensamento operativo (motor ou mental). A lógica e a matemática (representantes da operatividade) são disciplinas que exigem profundas transformações logicizantes na ação espontânea mais ou menos aleatória, de modo que têm que contar com a resistência da inércia pré-lógica do vivencial. É na adolescência que esta disciplinação da ação (motora, verbal e mental) alcança a sua plenitude e funcionalidade, e, isto mesmo, apenas, em crianças que tiveram desenvolvimento normal, fato que não é muito freqüente, pois, sendo a sociedade predominantemente intuitiva, não apresenta estímulo para que o pensamento supere o real e o vivencial (normalmente, todos nós operamos ao nível das intuições, quando não resvalamos para as fantasias do pensamento simbólico). A aparente operatividade generalizada que constatamos nos constructos sociológicos não decorre do nível do desenvolvimento alcançado pelos indivíduos, mas de automatismos gerados pela imitação. A logicidade imanente da linguagem constatada, por exemplo, por Chomsky, não corresponde ao nível de desenvolvimento de seus utilizadores, decorrendo de uma espécie de "lógica da ação" (ver a explicação que Piaget dá à logicidade aparentemente abstrata das "relações de parentesco" encontrados por Lévi-Strauss entre os "primitivos" — *Le Structuralisme*, PUF). A juventude brasileira, por exemplo, só demonstra sinais de "adolescência" — acesso ao pensamento hipotético-dedutivo — depois de entrar na universidade, com cerca de 7, 8 ou 10 anos de atraso, se é que, realmente, conquista esta fase conclusiva do desenvolvimento.

Para Piaget, os fenômenos da *adolescência* (que os autores explicam pela sexualidade, pela puberdade, pela maioridade, etc.) resultam, estritamente, do modelo novo de pensamento que a criança conquista: dada a vastidão do sistema de pensamento adquirido, o jovem abandona os *aqui e agora* das operações concretas (tecnologia), para ingressar no *futuro*, nos *possíveis* e nas hipóteses. A ação de real transforma-se em *virtual*, donde dizer-se que "a matemática é a ciência dos possíveis" (do ponto de vista formal, o único obstáculo à coordenação das ações é a compatibilidade e a coerência). É porque é capaz de levantar hipóteses e compreender que "poderia ser de outra forma" que o adolescente *normal* investe contra a *(des)organização social* (justiça social). O adolescente, manejando este tipo de pensamento, torna-se capaz de conceber um mundo (físico ou social) "elegante" que conflita com a "feiúra" e a ilogicidade da organização real... e nisto consiste seu "idealismo" e seu "protesto"! A partir de um "poderia ser de outra forma", o jovem torna-se capaz de elaborar "teorias" (explicações, modelos, sistemas) substitutivas (daí a impressão de que é "subversivo"), atividade que exerce com grande entusiasmo (equivalente ao com que a criança faz o *jogo simbólico* e o pré-adolescente constrói coisas), dando quase a impressão de "paranóia", tal é sua crença no *poder* que o pensamento tem como fator de transformação do real. A linguagem, neste momento, passando a ser o instrumento do pensamento — por oposição ao pensamento simbólico — ganha prestígio exorbitante aos olhos do adolescente, transformando-o em "orador" ou em "escritor". É que, superando o real, passa a trabalhar com uma matéria-prima substitutiva (a linguagem: álgebra das proposições), material que facilita enormemente a formalização (do ponto de vista verbal, todas as operações impossíveis do concreto tornam-se viáveis). A estimulação destas construções é feita pelas *discussões*, uma espécie de jogo logicizador da coerência (na discussão, o adolescente está mais preocupado com a lógica que com os resultados). Se a sociedade reprime a discussão dos jovens sobre a reformulação do mundo (reformulação técnica, moral, jurídica e social), o jovem caminha ou para um processo "esquizofrênico" constituído de *projetos mentais* "clandestinos" (para Piaget, a reflexão mental tem sempre certo aspecto de autismo: quase todo adolescente inteligente tem, mentalmente, projetos "clandestinos" de reforma da sociedade e planos mirabolantes de atuação quando dela participar), ou, simplesmente, enche-se de algum tipo de "entorpecente", real ou simbólico, em protesto contra a resistência à sua participação na reorganização do mundo. De alguma forma, irá manifestar-se, no adolescente normal, a operatividade deste tipo de pensamento nascente, se a sociedade cria mecanismos de repressão. As autoridades pretendem conter (poderão?) o uso dos entorpecentes mediante processos policiais, esquecidas de que a repressão que exercem contra a manifestação de criatividade e contra a participação da juventude nos problemas sociais é que promove este tipo de "degenerescência", algo parecido como o banzo degenerativo dos animais enjaulados... Assim como a representação mental libertou (três/quatro anos) a criança do constrangimento da concretude (inteligência prática), da mesma forma a hipótese e a probabilidade libertam o adolescente da lógica concreta (pode-se quase dizer que a "mentira" — fantasia — própria do pensamento simbólico transforma-se em hipótese, no pensamento operatório). É estranho que jamais se tenha atribuído a esta nova maneira de pensar (pensamento hipotético-dedutivo) a forma bizarra de agir dos adolescentes. Por que as crianças tão cordatas e entusiasmadas pelo processo de imitação, de repente, ao ingressar na adolescência, tornam-se rebeldes, passando a questionar o sistema social, a tradição, a ordem constituída?! Precisamente, porque sua mente tornou-se capaz de conceber hipóteses e calcular as possibilidades (sem estes mecanismos, o homem não escaparia ao real)...

3. Superada a praticidade vivencial do sensório-motor (atividade de sobrevivência do animal), o indivíduo humano passa (se conseguir desenvolver-se plenamente) por três *re-apresentações do mundo*: 1.ª: *assombro* ou *deslumbramento*, próprio do pensamento simbólico-intuitivo (a contemplação das aparências); 2.ª: *organizatória*, própria dos reticulados dos agrupamentos concretos em que o real é inserido em microssistemas operativos; 3.ª: *Superação do real* e passagem para as *hipóteses* e os *possíveis*, criação de uma *super-realidade* a que poucos homens têm acesso, ocasião em que este animal tão cuidadoso com sua sobrevivência, num mundo hostil, perde a inibição e lança-se audaciosamente à transformação do mundo e à organização da sociedade (é este mecanismo psicológico que está por trás dos fenômenos revolucionários, sendo estranho que nunca se tenha perguntado porque alguns homens criticam a ordem constituída e se tornam capazes de "imaginar" novos sistemas). Neste momento, o conflito básico entre a *conservação* (repetição) e a *transformação* (evolução) inclina-se a favor da mudança, mesmo porque a mudança (evolução) é o próprio modelo da sobrevivência (o animal muda para conservar-se, em vista da agressão do meio). Infelizmente, assim como o real limita a ação sensório-motora (ver limitações decorrentes da lei da gravidade, por exemplo) e a inércia dos modelos sociais contém a imaginação (período simbólico-intuitivo), do mesmo modo o possível freia o poder ilimitado da formalização. A total liberdade de operar, virtualmente, distancia os projetos e soluções juvenis das condições históricas reais, de tal modo que o novo é sempre resultado de um conflito em que a inteligência sai vencedora da inércia física, psicológica ou social (a inteligência termina descobrindo que no real estavam contidos

outros "possíveis" que não apareciam sem a utilização da formalização). É a síntese entre a pura *dedutividade* (filosófica, por exemplo) e o *controle experiencial* (probabilidade) que dá o *equilíbrio* (método científico) necessário para que as hipóteses transformem-se em realidade. E aí temos as balizas para estabelecer um processo pedagógico que não privilegie apenas um dos aspectos do desenvolvimento mental.

4. Embora a inteligência (novas soluções, nova construção, transformações, mudanças, etc.) seja o próprio mecanismo da *sobrevivência* (reequilibração), num primeiro momento necessário, é sempre *desagregadora* (ver a solução regressionista e desorganizadora proposta pelos *hippies*), pois só se pode reconstruir iniciando-se pela "destruição" da organização prévia: a evolução (mecanismo de sobrevência dos seres vivos) é permanente alternância entre a "destruição" e a "reconstrução" em nível mais elevado de funcionamento (majorância). Segundo a reflexão moderna, verifica-se que não existe, como pretendem os radicais (revolução), um "ponto zero" inicial absoluto de construção de novos modelos da realidade: toda construção (biológica, psicológica e sociológica) é, de fato, uma reconstrução com o mesmo "material" (uma "mudança de paradigma", como diz Kuhn). Mas, o que é preciso destacar é a importância da *adolescência*, como "motor da história", isto é, como fonte de mudanças, sobretudo considerando-se que a mudança é o próprio mecanismo de sobrevivência. No caso, trata-se da sobrevivência da espécie, em geral, e da sociedade, em particular (a sociedade é um superorganismo, como o formigueiro e a colméia, obedecendo às mesmas leis evolutivas dos organismos vivos). A juventude, com relação às estruturas sociais estabilizadas, tem o mesmo papel da embriologia, nos organismos individuais: a mudança só é possível nos períodos de crescimento (embriologia), ocasião em que há possibilidade de opções homeoréticas.

5. A mente humana é como balão cativo preso ao solo (ao real, ao vivencial) por suas condições biológicas: seu objetivo é impor à realidade (física, biológica, psicológica e social) as elaborações simbólicas (mitos, festa, poesia) e as construções operatórias (lógica, matemática, filosofia), sob pena de estabelecer-se uma "esquizofrenia" entre a vida mental e a realidade (Piaget adverte que, de qualquer forma, a vida mental tem um aspecto autista). O mito de *Prometeu acorrentado* é uma espécie de símbolo desta contingência, em que o pensamento (simbólico e operatório) representa o fogo sagrado dos deuses: o pensamento cria uma realidade nova — virtual —, substitutiva, dublada, simbólica, formal, abstrata, lógica, muitas vezes incompatível com o real (físico, biológico, psicológico e social), embora, ao que parece, termine por sobrepor-se o mental (as viagens espaciais não seriam possíveis sem uma geometria não-euclidiana). A ciên-

cia é o mediador entre a hipótese (teoria) e contingência dos fatos reais (experimentação). A adolescência é o ápice da teorização do real ("idade metafísica" — segundo Piaget), teorização que supera de muito os "possíveis" (cálculo das probabilidades), o que dá a impressão de "esquizofrenia" (de irrealismo, de idealismo, de ficção científica). Mas, da mesma forma que o formalismo da matemática (lembra Piaget) termina por adequar-se ao real, transfigurando-o, assim também a sociedade terminará por receber a contribuição das teorias elaboradas pela inteligência. O homem teórico é um eterno adolescente (matemático puro, filósofo, lógico), da mesma forma como o artista é uma criança (fantasia) que se recusa a enfrentar a realidade, criando um mundo em que todos os *desejos* são possíveis... Sem os artistas não teríamos a "realidade" poética (artes) através da qual se manifesta a afetividade e o vivencial. Sem os adolescentes "metafísicos" (formalização), a realidade (física e sócio-cultural) jamais iria além do nível da *praticidade* (sensório-motora), estritamente subordinada à concretude. Há duas maneiras de superar o real: a) a *fantasia* (imaginação, "jogo simbólico", fábula, estórias, etc.) que se subordina ao "princípio do prazer" (desejabilidades) e serve à afetividade e ao vivencial (pensamento simbólico prélógico) e b) *formalização* (pensamento hipotético-dedutivo ou lógico-matemático) proveniente da "lógica das ações" regido pela necessidade lógica, uma espécie de sublimação do "princípio da realidade" (a fantasia aparecendo como *liturgia* e o formalismo como *tecnologia*, o que mostra a possibilidade de criar *nova realidade* a partir de um processo autista). A "metafísica" (dedutividade) da adolescência está para a operatividade da inteligência como o pensamento simbólico está para a praticidade do vivencial e do afetivo (desejos). Ambas são superações do real em busca de novos *possíveis* (a hipótese é uma espécie de "desejo" de caráter dedutivo). É por isto que se pode dizer que todo processo mental é, em parte, *autista* (o artista, o filósofo, o matemático puro). Mas é deste "autismo" que procedem, por recorrência, a transfiguração e a transformação do real. As "teorias" elaboradas pelos adolescentes (pelos adolescentes que alcançaram a operatividade abstrata) são espécie de "fantasias" de extremo rigor lógico-matemático, embora nem sempre "realizáveis" (é nesta altura que entra, como equilibração final, o método científico, em que a teoria é controlada pela experiência). Enquanto o método experimental não controlou a "metafísica", os próprios sábios (eternos adolescentes) criaram sistemas explicativos ilusórios (ver Piaget: *Sagesse et les ilusions de la philosophie,* PUF) equivalentes, *mutatis mutandis*, às teorias elaboradas pelos adolescentes, o que levou ao exagero da reação empirista-positivista que nega qualquer valor à teoria. Hoje se sabe que sem estas "ilusões" a ciência entraria num beco sem saída (não teríamos, por exemplo, a "teoria da relatividade"), embora os novos "filósofos" tenham, hoje, o cuidado de "operar" a partir de dados científicos para não caírem numa "esquizofrenia" semelhante à do pensamento adolescente... Uma criança normal de dois/três a quatro/cinco anos pensa, estritamente, como um esquizofrênico, movendo-se mentalmente num mundo alucinatório, totalmente desligado do real (fadas, monstros, super-homens, etc.), obedecendo apenas ao impulso dos desejos (afetividade vivencial). Mas, esta "alucinação" é a condição da representação mental da realidade (dublagem da realidade), com o que a ação (agora, pensamento) escapa às contingências da concretude. O mesmo ocorre com o pensamento hipotético-dedutivo do adolescente (uma espécie de alucinação lógica): através deste processo, a ação transforma-se em operação lógico-matemática, escapando às limitações da praticidade e experimentando todos os possíveis (construções formais ou lógico-matemáticas). Quando o formal é controlado pelo experimental (hipótese-experiência) temos o método científico (mas, não há ciência sem hipóteses, como não há arte sem fantasia).

6. Se os adolescentes (por repressão ou por falta de estimulação do meio) não alcançam a operatividade hipotético-dedutiva ou lógico-matemática, a sociedade perde sua *fonte de transformação*, tornando-se estacionária ("o jovem como motor da história")... Por aí se vê que a liberdade (a possibilidade de tentar novas soluções e experimentar novos possíveis) é a própria condição da sobrevivência biológica, psicológica e sociológica (a melhor forma de "segurança" — (individual ou coletiva —; portanto, é a liberdade criativa, mesmo que — aparentemente — incompatível com a realidade). Ora, a liberdade operativa é a própria forma de ser do jovem, normalmente desenvolvido: fazer o jovem criar hipóteses e experimentar possíveis é o próprio mecanismo de segurança do grupo a que pertence... As sociedades que reprimem a juventude, isto é, o desenvolvimento do pensamento hipotético-dedutivo ou lógico-matemático ou formal (sem liberdade de criticar o *status quo* e levantar hipóteses não existe "juventude") entram num processo entrópico, perdendo seus mecanismos de readaptação (equilibração), dando a impressão de não ter *história* (Lévi-Strauss): *sociedades gerontocratas*... Do ponto de vista neodarwinista (que não é o de Piaget), a juventude representa as mutações que oferecem oportunidades de sobrevivência aos organismos pressionados pela *seleção natural* (é através das novas gerações que se dá a reorganização social).

O ÁPICE DO DESENVOLVIMENTO DA INTELIGÊNCIA

Quando o desenvolvimento da inteligência supera as operações concretas e atinge as *operações abstratas* (pensamento hipotético-dedutivo ou lógico-matemático) toma a forma clássica de *lógica* (logística), de *axiomatização* (dedutividade), de *cálculo das probabilidades* (possíveis), de *teoria dos jogos* ou das decisões, teoria de informação, isto é, assume o modelo de *raciocínio*, segundo a forma como é utilizado — desde os gregos até hoje — na filosofia, na matemática (demonstração), na *heurística* (solução de problemas). Piaget criou uma *lógica operatória* para descrever este tipo de inteligência, independentemente destas disciplinas já estruturadas de raciocínio (matemática e lógica), uma espécie de axiomática da inteligência (a lógica seria a axiomática da qual a psicologia seria a "ciência natural"). Nesta altura, o processo pedagógico confunde-se, simplesmente, com o raciocínio em suas dimensões principais: dedução, indução e heurística (a necessidade, o relacionamento, a generalização e o possível), cessando, de certa forma, a contribuição que a psicologia genética vinha dando à pedagogia do desenvolvimento mental (o "estado final" do desenvolvimento da inteligência é o pensamento hipotéticodedutivo ou lógico-matemático). É provável que, no futuro, a conclusão do processo de desenvolvimento da inteligência se faça com disciplinas como as supracitadas e, sobretudo, com a chamada *álgebra das proposições* (lógica operatória) ou *lógica moderna*. Do ponto de vista do real, o ápice do desenvolvimento da inteligência será o manejo do *método científico*, naturalmente, sem o preconceito neopositivista que o reduz à indução e à observação (estatística). "A característica do método experimental é a de tender para um sistema de relações controladas pela experiência (Paul Fraisse, "O Método Experimental", *in Tratado de Psicologia Experimental*, pág. 72). "O fato é nada por si mesmo: não vale senão pela idéia que se lhe liga ou pela prova que fornece" (Cl. Bernard, pág. 93, *id., ibid.*). "Toda análise experimental esclarece, ao mesmo tempo, fatos gerais ou leis e hipóteses explicativas (passagem contínua da pesquisa das leis às hipóteses explicativas)" (J. Piaget, *id., ibid.*). A ciência usa, cada vez mais, para explicação, *modelos abstratos* (como os grupos algébricos e a *teoria dos sistemas*). Mas, do ponto de vista pedagógico, mais que o estudo sistemático destas disciplinas do raciocínio, vale a *discussão planejada* (dinâmica de grupo) em que a *forma de raciocinar* de cada membro do grupo é controlada (coerência) pela crítica de todos os demais: nada "logiciza" mais o pensamento que a *discussão planejada*, seja qual for o tema da discussão (para Piaget "a discussão é uma reflexão em voz alta, da mesma forma como a reflexão é uma discussão em voz baixa"). A didática do período de desenvolvimento das operações abstratas, portanto, é, simplesmente, a *discussão* (existem mil maneiras de pôr um tema em discussão, segundo os manuais de dinâmica de grupo).

Tudo leva a crer que, no futuro, a educação dos adolescentes (entre onze/doze e quinze/dezesseis anos) será, acentuadamente, "humanística" (para usar uma expressão clássica), mas não "literária" (pensamento simbólico). Será, dominantemente, "verbal" (discussão), mas não "artística", passando-se do "literário" para a "álgebra das proposições" (logística). O objeto será treinar o *rigor lógico* (hipotético-dedutivo) do pensamento, acompanhado da experimentação controlada (indução). Será muito menos "técnica" que *científica* (pesquisa pura). É neste momento crucial que nasce o filósofo e o cientista, por oposição ao período anterior (operações concretas: sete/oito a onze/doze anos) em que os interesses eram, estritamente, tecnológicos. A noção de "profissionalização", portanto, tomará novo aspecto, pois a manipulação do real já não tem por objetivo o *êxito* (*réussir*), mas a *verdade* (*comprendre*). Aliás, é esta distinção entre o *prático* e o *científico* (atividades manuais e atividades intelectuais) que falta na análise do *profissional*. O aparecimento da ciência criou um tipo de profissional que, aparentemente, aproxima-se do "intelectual" (no sentido tradicional). Profissional já não é, apenas, quem trabalha com as mãos (atividades manuais), mas também aquele que projeta, mentalmente, a transformação da realidade (a tecnologia situa-se entre estes dois níveis de atividade), de modo que passam a existir várias modalidades de profissionalização (dimensão genética ou evolutiva do conceito de profissão) que, começando nas atividades manuais, termina nos mais altos níveis científicos. Na adolescência, a profissionalização situa-se entre as manualidades e a pesquisa científica pura.

É preciso, contudo, uma condição fundamental: que o desenvolvimento tenha-se processado *normalmente*. Se os adolescentes (por obstáculos apresentados pelos mecanismos sociais) não alcançaram o pensamento hipotético-dedutivo, tudo que se disse sobre esta fase deixa de ter sentido, devendo-se conduzir o processo pedagógico como se os jovens tivessem, apenas, sete/oito a onze/doze anos (operações concretas). É esta condição que, no futuro, determinarão o modelo de trabalho escolar (método psicogenético). É o desenvolvimento da inteligência (e não a idade cronológica, como ocorre atualmente) que irá determinar os conteúdos e os métodos pedagógicos: assim como não se pode ensinar a falar a uma criança que não tem imagens mentais, não se poderá propor situações em que o objetivo é a indução a quem não domina o pensamento hipotético-dedutivo. Foi, talvez, a descoberta dos *estádios de desenvolvimento* a mais espetacular contribuição de Piaget à pedagogia. Não se pode inserir as crianças numa estrutura pedagógica pré-planejada segundo critérios cronológicos (não se pode, por exemplo, alfabetizar crianças que não adquiriram as primeiras *conservações* por serem elas incapazes de manejar o código das combinações silábicas). O projeto pedagógico referir-se-á, no futuro, aos estádios de desenvolvimento, sem nenhuma consideração (salvo as de caráter sociológico) às idades cronológicas. Do ponto de vista pedagógico, os adultos "retardatários" serão tratados, nas escolas, como "crianças" de tal ou qual idade, com os ajustamentos determinados pelo fato de, sócio-culturalmente, os indivíduos não serem, realmente, crianças (há um comportamento sociológico determinado pela idade cronológica, que nada tem a ver com o nível do desenvolvimento mental, fato que se torna evidente na conduta, por exemplo, dos indígenas).

Interdisciplinaridade — Epistemologia Genética

(NOVA TEORIA SOBRE O FENÔMENO VITAL)

1. Sendo a vida um *sistema aberto*, todos os fenômenos vitais (biológicos, psicológicos, sociológicos, etc.) implicam numa relação sujeito-meio ambiente, o que equivale a dizer que todo fenômeno vital exige tomada de posição epistemológica (sujeito-objeto). Ora, as teorias do conhecimento (apesar das variações e das combinações possíveis) recaem, em última análise, em três posições que se tornaram clássicas: *a*) *inatismo* (representado pelo racionalismo) que maximiza a importância do sujeito, 1) quer apareça como pré-formismo absoluto, 2) quer admita processo de atualização; *b*) *empirismo* (representado pela teoria da aprendizagem — *learning* — e pela reflexologia que maximiza a importância do objeto (meio), 1) quer parta da *tábula rasa*, 2) quer admita a maturação de uma *atividade operante*; finalmente, *c*) *interacionismo*, quer apareça na modalidade apriorística da 1) *"gestalt"*; quer se apresente como processo, 2) *construtivista seqüencial*. As teorias biológicas e psicológicas apresentam estas mesmas variações de vez que a vida orgânica e a vida mental, em última análise, não é senão uma relação do indivíduo (eu) com o ambiente.

2. Dispensamo-nos de discutir estas várias posições históricas para adotar como teoria explicadora do desenvolvimento a tese 2 do item *c*: *construtivismo seqüencial* que é a posição de J. Piaget (no desenvolvimento da inteligência) e a dos modernos discípulos de Freud (no desenvolvimento da afetividade). A noção básica desta teoria é o conceito de *estádios que se sucedem*, em determinada seqüência necessária, com maior ou menor aceleração de acordo com a maior ou menor indolência ou atividade do meio físico e social adulto dentro do qual se processa o desenvolvimento. Segundo esta teoria, o desenvolvimento intelectual pode sofrer profundas decalagens, de acordo com a estimulação do meio, mas jamais quebra a ordem seqüencial. Esta teoria aceita que o desenvolvimento é determinado:

I) *pelas maturações internas do organismo* (ligadas à maturação do sistema neurônicu);
II) *pelas aquisições exógenas devidas à experiência* (meio externo):

1 — exercício: A — consolidação e coordenação dos reflexos hereditários com ou sem ultrapassagem "generalizadora" (reflexos condicionados); B — de operações intelectuais aplicadas aos objetos;

2 — experiência física — retirada do conhecimento dos próprios objetos, por abstração simples (noção de peso, p. ex.).

3 — experiência lógico-matemática: conhecimento tirado das ações sobre os objetos (atividade anterior e diferente da dedução: noção de constância, p. ex.);

III) pela estimulação ou imposição do *meio externo social*: a) imposição do nível operatório das regras, valores e signos da sociedade em que a criança cresce; b) interações realizadas entre os indivíduos que constituem o grupo social (dinâmica de grupo);
IV) pelas *equilibrações* que se processam nas reestruturações internas ao longo da construção seqüencial dos estádios (processo organizacional que depende de e influi nos três fatores supra-relacionados. Tanto o desenvolvimento físico, quanto o intelectual, bem como toda a evolução (incluindo os fenômenos sociológicos) devem ser interpretados como uma embriologia constituída de estados e processos ou de estruturas e gêneses, resultantes da interação do sujeito com o meio (sistema aberto), auto-regulados por processos cibernéticos (*feedback*) semelhantes à homeostase (sincronia) e à homeorese (diacronia) dos fenômenos biológicos.

3. A partir dos fenômenos biológicos, verifica-se que a vida (ordem: organismo) é um *sistema aberto* que "funciona" para conservar-se (resistir à entropia). É, portanto, refratário às mudanças e tende à permanente *repetição* para manter-se em equilíbrio (homeostase). Mas o fato mesmo de "funcionar" por repetição, incorporando "alimentos" (sistema aberto), faz com que *aprenda* (isto é, repita) as modificações introduzidas no sistema pelas resistências do meio à assimilação. *Aprender, pois, é a capacidade de repetir as modificações sofridas no exercício da assimilação.* Ora, quanto mais primitivo o organismo, menos passível de rodeios comportamentais (instintos, por exemplo). Quanto mais evoluído, mais capaz de enfrentar perturbações e resistências (situações novas). Assim "aprender", no sentido clássico (fixação de respostas padronizadas — behaviorismo), é o processo mais arcaico de incorporar modificações, próprio dos organismos elementares ou dos primeiros estádios do desenvolvimento (criança nos pri-

meiros meses de idade), *processo este* que, no final da maturação do ser humano, vai ser substituído pelo mobilidade lógico-matemática ou hipotético-dedutiva. A cibernética fornece, hoje, modelo explicativo (reação circular-*feedback*) para este tipo de autoconservação construtiva da organização. Desenvolver-se (ontogênese) e evoluir (filogênese) é, portanto, passar, progressivamente (seqüência de estruturas rígidas como *gestalts*, aprendizagens, instintos), para estruturas (totalidades, estados, sistemas) cada vez mais móveis e mais estáveis: a marcha da evolução (biológica, psicológica, econômica, sociológica) é um processo de *matematização* ou de *logicização*. Não se indaga, pois, se o organismo aprende, mas como se auto-regula diante das perturbações do meio, de vez que aprender (modificar as estruturas do comportamento) é um processo de auto-regulação frente à agressão do meio.

4. A aceitação da noção de *estádios* (momentos sincrônicos) leva às explicações estruturalistas e à idéia de "totalidade", cujo melhor modelo funcional é a concepção cibernética de *auto-regulação*, noção que dispensa o recurso clássico a um "finalismo" mais ou menos mágico. Por outro lado, a aceitação das reestruturações seqüenciais (momentos diacrônicos) leva a um geneticismo construtivista (historicismo) tendente a equilibrações de nível matemático cada vez mais móvel e mais estável. Piaget resume esta posição com a expressão que se tornou um aforismo nas ciências humanas: "*Não há gênese sem estrutura, nem estrutura sem gênese.*" As totalidades podem apresentar níveis diversos de estruturação (matematização) e as seqüências, graus diversos de aceleração ou até de regressão. Por outro lado, dentro de um mesmo processo global (psiquismo — sociedade) pode haver defasagens e decalagens setoriais, o que complica grandemente as interpretações de conjunto. Os animais esgotam, na subordinação total à experiência física, sua capacidade de construção de novas condutas (reflexos condicionados — extensão generalizadora dos reflexos inatos). O ser humano, ao longo da infância, em estádios sucessivos (embriologia da vida mental) constrói um mecanismo de comportamento que pode chegar ao nível hipotético-dedutivo.

5. O fenômeno básico do desenvolvimento psicológico é a *inteligência*, que engloba todos os demais fenômenos atomizados pela psicologia clássica (instintos, memória, imaginação, percepção, etc.), a qual é definida como a *capacidade de adaptação a situações novas*, podendo ser estudada ao longo de sua embriologia, tanto do ponto de vista filogenético (psicologia dos animais, dos primitivos e dos contemporâneos), quanto do ponto de vista ontogenético (desenvolvimento da criança). Sua função, seja em que estádio for, é sempre compreender (assimilar) e inventar (acomodar), alargando o meio para que o indivíduo sobreviva. A inteligência, assim, apresenta-se como prolongamento da pró-

pria função vital. A inteligência, pois, é um *estado* que se reconstrói, seqüencialmente, através de um *processo* de equilibração, tanto filogenética, como ontogeneticamente. A atividade sensorial-motora da criança (com os hábitos que dela resultam) já é inteligência (inteligência curta) sem a mobilidade que alcançará no final do desenvolvimento: tudo que leva à adaptação é inteligência.

6. Para Piaget, enquanto a *inteligência* é a *forma* da ação reconstrutora e adaptativa (donde a expressão piagetiana de "estratégias de comportamento"), a *afetividade* é o motor (energética) que "anima" (interesse, entusiasmo, valores, etc.) a ação, sem, contudo (diz Piaget) modificar as estruturas da inteligência. Como Piaget pesquisou os estádios sucessivos do desenvolvimento da inteligência, Freud procurou determinar as fases do desenvolvimento da afetividade (fase objetal — construção do objeto, em Piaget —, fase oral, anal, etc.). Ambos adotaram uma posição estrutural — geneticista (embriológica), chegando Piaget a acreditar que a *psicologia geral* virá a ser, cedo ou tarde, uma *psicogenética*, de vez que só o acompanhamento do desdobramento embriológico dará explorações suficientes para os estádios finais (pensamento hipotético-dedutivo e lógico-matemático). Os psicanalistas modernos — abandonando o dogmatismo ortodoxo — procuram hoje, também, dar rigor científico às descrições freudianas dos estádios sucessivos do desenvolvimento da afetividade, tomando como ponto de referência os estádios do desenvolvimento das estratégias de comportamento. Como não há atividade sem energia, nem energia sem forma, sendo a inteligência a forma da atividade de que a afetividade é a energética, só se pode "disciplinar" a afetividade por meio da inteligência (amorização da lógica e logicização do amor: equilíbrio da personalidade).

7. Piaget vai buscar, na biologia, o modelo fundamental de ação, de adaptação e de desenvolvimento que é a capacidade do organismo de *assimilar*, isto é, de reduzir o meio ao organismo: "*Quando um coelho come um repolho não se transforma em repolho: transforma o repolho em coelho*" (Piaget). Com isto, reduz a uma improbabilidade o "conhecimento cópia" e a teoria dos "condicionamentos". É preciso notar — diz ele — que só é possível aprender a partir de um esquema já em ação e só são aprendidos os estímulos para os quais o organismo está "sensibilizado": "*A crista do galo é estímulo sexual para a galinha, mas para outro galo é um estímulo de luta...*" (Piaget). Toda conduta aprendida insere-se numa estrutura comportamental preexistente por assimilação da nova conduta a esquemas de ação em exercício. Em outras palavras: toda aquisição nova é uma reconstrução das estruturas anteriores, fixadas pela relação indispensável de meio-fim (funcionalidade). Piaget, portanto, aceita que as aprendizagens supõem uma organização (estrutura) anterior preexistente (não há gênese sem estrutura). Esta posição de Piaget não é

inatista: o *a priori* piagetiano é construído, seqüencialmente, mesmo quando parte das montagens hereditárias (biológicas). Para ele não há começo absoluto: o organismo que aprende (adapta-se) é a "estrutura prévia" que incorpora (reorganização) o novo comportamento.

8. No processo de adaptação promovido pelo organismo através dos *esquemas de assimilação*, nem sempre o indivíduo obtém êxito salvo se tiver bastante plasticidade (mobilidade) para modificar-se em vista das novas situações. A assimilação, pois, é contrabalançada pela *acomodação* que força o organismo a proceder a reestruturações (aprendizagens, em sentido lato). Os constrangimentos (estímulos) não são determinantes absolutos como supõem os behavioristas, de vez que têm de ser assimilados (compreendido) às estruturas preexistentes, produzindo *acomodações* (aprendizagens no sentido lato). Daí indagar-se sempre, em todas as situações, sobre a natureza e a estrutura do estádio de desenvolvimento por que está passando o indivíduo a fim de aquilatar-se o grau de adaptabilidade (mobilidade). Fosse de outro modo, o poder da propaganda e da coação seriam absolutos e o desenvolvimento poderia ser conduzido para qualquer direção. As estruturas de cada estádio resistem à aprendizagem, não só porque são estruturas, mas também em função de sua capacidade de enfrentar determinadas perturbações provocadas pelo meio. Quando a perturbação é de tal natureza que não possa ser enfrentada pela mobilidade do organismo, o indivíduo perece. O organismo não se entrega passivo ao meio; pelo contrário, tenta alargar seu "espaço vital" (fazer cultura), só em última instância (resistência das estruturas) admite a aprendizagem (modificação). Quando supera, porém, os estádios inferiores da inteligência sensorial-motora (hábitos-condicionamentos-subordinação à experiência, percepção, etc.), adquire instrumentos de adaptação (inteligência hipotético-dedutiva) capazes de enfrentar qualquer perturbação do meio (equilibração final): usa, então, *a descoberta* (matemática) e a *invenção* (física) como instrumentos de adaptação do meio a suas necessidades.

9. Biologicamente, a adaptação ao meio visa, fundamentalmente, garantir a sobrevivência, pela *nutrição* (alimentação dos esquemas de assimilação), pela *defesa* (tomada de iniciativa — agressividade — para alargamento do meio), e pela *reprodução* (acoplamento simbiótico). No ser humano, estes fenômenos básicos ganham complexidade muito maior, gerando (derivação resultante das acomodações), por exemplo, os desejos possessivos, a curiosidade exploratória, os sentimentos afetivos, à medida que a atividade motora (inteligência prática) vai se transformando em atividade *simbolizada* (representação mental). Mas, basicamente, a inteligência é um processo de adaptação que age cada vez mais *à distância* do objeto e *com rodeios* cada vez mais com-

plexos (estádios de maturação). Em outras palavras, a inteligência é o instrumento adaptativo construído ao longo da evolução e do desenvolvimento que substitui, progressivamente, os mecanismos inatos (*savoir inné*) próprios dos estádios arcaicos da vida. O *fato* de as primeiras manifestações da inteligência (sensorial-motora) muito se parecerem (hábitos-condicionamentos) com os instintos (*savoir inné*) dos animais, mostra apenas que seu desenvolvimento é uma embriologia rigorosamente gradual. Não há inteligência *a priori* (salvo os mecanismos inatos que Piaget chama "lógica dos órgãos"), mas possibilidades de mobilidade maior ou menor, salvo se admitirmos que os comportamentos inatos já são uma inteligência imanente que, nos animais, não tem elementos que permita um desenvolvimento seqüencial no sentido da equilibração.

10. Na relação indivíduo × meio, várias hipóteses podem ser levantadas do ponto de vista da adaptação: *a*) se o organismo não encontra resistência do meio (hipótese improvável), dar-se-ia mera *assimilação* (incorporação do meio sem acomodação), permanecendo o indivíduo sem modificações (toda evolução e desenvolvimento parariam); *b*) se a resistência ou agressão do meio não pode ser superada pela capacidade de acomodação, o indivíduo ou inibe o esquema ou o organismo morre (extinção das espécies?); *c*) se o meio é modificável, o organismo — através de acomodações de seus esquemas de assimilação — promove a modificação do meio; *d*) se modifica a si próprio, dá-se mera *acomodação* dos esquemas de assimilação (aprendizagem, sentido lato). De fato, o processo é de auto-regulação, sempre vindo a assimilação acompanhada de acomodação e a modificação do indivíduo acompanhada de modificação do meio. Entre aplicar um esquema (assimilação) e não aplicá-lo (inibição — esquema negativo) existe, pois, um *tertium*: modificá-lo (acomodação). Modificar o objeto implica em agir sobre ele de maneira diferente, o que equivale a modificar o esquema (acomodação). Modificar um esquema é sofrer uma "coação" por parte do objeto. A acomodação resulta do *feedback* provocado pelo objeto (auto-regulação). Feita uma acomodação, passa esta aprendizagem a ser um esquema de assimilação que requer alimentação (funcionamento). Daí o interesse pelo já aprendido: os esquemas modificados entram na ciclagem geral de repetição. O organismo não "fixa" novas condutas como pretendem os behavioristas: *modifica as condutas que já possui*. Daí a expressão já clássica: "Não se aprende algo inteiramente novo." Na relação indivíduo × meio, ou o indivíduo ou o meio se modificam para que o organismo sobreviva. A modificação do indivíduo (do ponto de vista psicológico) é uma modificação funcional de seu comportamento. Para que um comportamento se modifique é preciso que exista *antes* e que esteja *em*

funcionamento. Logo, a aprendizagem é uma assimilação de um novo comportamento a um comportamento já existente.

11. Os processos de auto-regulação biológica — a *homeostase* (sincronia) e a *homeorese* (diacronia), que mantêm o organismo em equilíbrio atual e em progressão genética, podem ser invocados para explicar os mecanismos psicológicos do desenvolvimento mental resultante da interação (conhecimento) do indivíduo com o meio. Todas as modificações (carências ou estimulações) do sujeito ou do meio põem todo o sistema em atividade em busca de *reequilibração*. Como os processos mentais são muito plásticos e fluidos, isto é, não têm a rigidez dos comportamentos motores e dos processos biológicos, a equilibração é muito mais ativa e de conseqüências muito mais notáveis no campo psicológico (representação mental). Quanto mais desafiante o meio, mais reequilibrações (e mais complexas) se processam no desenvolvimento mental. A necessidade é o sintoma de desequilíbrio passageiro da organização. No campo cognoscitivo, a necessidade apresenta-se como *curiosidade, dúvida, problema*, etc., fenômenos tanto mais abstratos quanto mais formalizadas as operações mentais (matemática). Daí se deduz a importância fundamental do meio para o desenvolvimento mental: o desenvolvimento se faz por desafios progressivos. Mas, é evidente que "meio" (quando se refere ao ser humano) não é apenas o mundo físico (que pode ser enfrentado com a inteligência prática sensorial-motora). N° mais alto nível, uma teoria científica nova pode ser o único "meio" que desafie as estruturas psicológicas... Mas, nas mais tenras idades da criança, o meio é, p. ex., a mãe, que pode ser um fator de estimulação e desafio ou de inibição e frustração: como se sabe, na adolescência, o meio é o psicogrupo (dinâmica de grupo).

12. As estratégias de ação, através das quais se processa a assimilação, estão ligadas, hereditariamente, às estruturas anatômicas e aos ciclos funcionais (como o ato de "sugar" que se acomoda em "mamar", logo nos primeiros dias de vida do bebê). Não há, pois, *começo absoluto*: toda assimilação supõe um esquema prévio (fisiológico ou psicológico), que, nos mais altos graus de desenvolvimento mental, são os quadros lógico-matemáticos e as teorias científicas através dos quais se processa a compreensão. *Assimilar é integrar em esquemas prévios*. A princípio, "todo esquema tende a assimilar todo objeto" (a criança leva tudo à boca). À medida que aparecem novos esquemas, por maturação, e se combinam e complexificam os esquemas existentes (acomodação), dá-se a especialização progressiva dos esquemas. No homem, os esquemas derivados são muito mais importantes que as condutas hereditárias, a ponto de, por exemplo, tornar-se premente ouvir uma sinfonia ou ler um poema. Todo esquema construído requer alimentação. As condutas que não se incorporam (justaposição — reflexos condicionados) ao nível de maturação atual

do indivíduo, tendem a desaparecer se não forem especificamente alimentadas. Não há aptidões hereditárias (salvo as de caráter anátomo-fisiológicas): tudo no ser humano vai depender de construções sucessivas, a partir de uma infra-estrutura biológica mais ou menos facilitadora do desenvolvimento. Por aí se vê a importância estimuladora do ambiente na construção da inteligência operatória e como é rudimentar centrar o problema de desenvolvimento nas aprendizagens elementares.

13. A inteligência, como um órgão qualquer, desenvolve-se funcionando (a inteligência é um órgão!). O funcionamento biopsicológico implica em: *a) repetição* — que não é senão o funcionamento de uma totalidade organizada; *b) generalização* — que é a capacidade de se adaptar e se reorganizar para incorporar os "objetos" favoráveis ao seu funcionamento; *c) reconhecimento* — que é a capacidade de descriminar as situações e relacioná-las em seu funcionamento (*feedback*). Ora, estes três aspectos correspondem, precisamente, mais tarde, às funções do *conhecimento*: *a) equilibração interna*: repetição — função organizadora; *b) explicação*: generalização — função explicadora — indução; *c) compreensão*: reconhecimento — função implicadora — dedução. "O organismo não tende, por si mesmo, a variar, mas a conservar sua forma por um funcionamento geral que é a assimilação (em sentido lato) do meio à sua própria estrutura" (Piaget). É a resistência do meio que o leva a modificar-se (acomodação). Os esquemas tendem a se assimilarem mutuamente (coordenação). A busca do novo (invenção) resulta das combinações internas dos esquemas (organização) que, produzindo novo esquema, exige alimentação (interesses, necessidade, desejos etc.). A *descoberta* resulta do tateio dos esquemas no esforço de assimilação (com relação às dificuldades apresentadas pelo meio), enquanto a invenção é um processo interno de organização (equilibração) mais ou menos gratuito. A função da inteligência é *inventar* em vista da necessidade de compreender (assimilar) e de explicar (acomodar), assim como a função do organismo (sistema aberto) é reorganizar-se em vista da informação (reconhecimento) e da generalização (extensão do meio). A inteligência é uma forma superior de vida.

14. "Traduzindo-se em termos racionais, pode-se dizer: *a)* que a organização é a 'coerência formal'; *b)* que a *acomodação* é a 'experiência'; *c)* que a assimilação é o 'ato de julgamento (incorporação) que une os conteúdos experimentais à forma lógica' (Piaget). O fato fundamental, pois, é a *assimilação*, sem a qual não se poderia compreender a acomodação e sem a qual a organização permaneceria um sistema fechado. *A assimilação é o próprio funcionamento de um sistema aberto*, do qual a organização é o aspecto estrutural. Julgar, também, é incorporar um dado novo a um esquema anterior. O julgamento assimilador é o ele-

mento ativo de que o conceito organizador é o resultado. Na medida em que o "objeto" novo assemelha-se ao antigo, há *reconhecimento* e, na medida em que deste difere, há *generalização*: "Assimilamos pelas semelhanças e aprendemos pelas diferenças." É, pois, impossível assimilar algo inteiramente novo: não haveria princípio por onde iniciar-se a assimilação donde resultará a acomodação. Vemos a realidade através de nossos esquemas (quadros mentais). Assim, podemos compreender as deformações da realidade feitas pela mente, características das crianças na fase simbólica (*faz-de-conta*). Não só fazemos deformações em vista dos quadros *intelectuais* (ideologias — religião, etc.), como em vista dos *quadros afetivos* (valores). Daí os mecanismos de compensação descritas pela psicanálise. No fundo, estão os quadros internos através dos quais interpretamos a realidade: não há modificação da conduta sem modificação dos quadros de referência, embora possam resistir à mudança condutas arcaicas adquiridas em estádios anteriores, provocando desarmonia entre o comportamento motor e afetivo e o comportamento intelectual (representado). Daí a sociedade produzir estruturas místicas concomitantes a formidáveis estruturas tecnológicas ou vice-versa.

15. "A diferenciação dos esquemas se opera na medida em que os objetos são assimilados por vários esquemas (olhar, pegar, puxar, etc.), de uma só vez, e na medida em que sua diversidade se torna, assim, suficientemente digna de interesse para impor-se à acomodação." É infinita a variedade de combinações possíveis entre esquemas, o que se torna o grande fator de diferenciação. "A assimilação (egocêntrica) é correlata da acomodação (objetivante). Não existe oposição entre a *descoberta* (indução) e a *invenção* (dedução): a inteligência supõe estreita união entre a experiência e a dedução" (Piaget). A vida mental é um processo de adaptação que procede por reorganizações a partir das situações com que se defronta. As combinações suscitam a busca do "novo" e o "novo" suscita acomodações e combinações novas numa reação circular (ver modelos cibernéticos): *a*) pode-se dizer que não há formalização pura independente da experiência; *b*) por outro lado, toda experiência tende a formalizar-se. No final do desenvolvimento da criança, as combinações de esquemas resultam no pensamento hipotético-dedutivo. A mobilidade progressiva dos esquemas leva o indivíduo humano a interessar-se por *tudo*, (consumismo), ao passo que os instintos animais (*savoir inné*) e os hábitos reduzem a área dos interesses. Levar o indivíduo à *automatização* é levá-lo à estagnação por excesso de adequação de seus esquemas rígidos a situações estereotipadas. Nem se deveria buscar a automatização (salvo dos servomecanismos infra-estruturais), nem a padronização do ambiente (desafios)...

16. A noção de assimilação contém em si a noção de motivação (que outras teorias interpretam como caso à parte), de vez

que todo esquema comporta uma estrutura (aspecto cognoscitivo) e uma dinâmica (aspecto afetivo): "A necessidade (desequilíbrio ou tensão momentânea) — diz Piaget — não é senão o aspecto conativo ou afetivo de um esquema que reclama alimentação" isto é, que reclama objetos que ele possa assimilar. "O interesse — diz Claparède — é a relação afetiva entre a *necessidade* e o *objeto capaz de satisfazê-la*." "Dizer que um sujeito se interessa por um resultado ou por um objeto significa que ele assimila ou antecipa uma assimilação e dizer que tem necessidade significa que possui esquemas que exigem sua utilização" (Piaget). Em função da experiência, diante de resistências encontradas, pela assimilação, a criança chega a interessar-se por essas resistências na medida em que representam obstáculos a vencer (experiências exploratórias — curiosidade — quebra-cabeça). A experimentação dos esquemas provocada pelas resistências e obstáculos leva os esquemas a se assimilarem mutuamente, provocando combinações que dão lugar a novos esquemas que reclamam alimentação. A situação-problema é um desafio à descoberta e à invenção (combinações de esquemas) — portanto, *motivadora*. Motivar o indivíduo, pois, é colocá-lo em situação que provoque nele um "desequilíbrio" (fome, dúvida, etc.). Prêmio e castigo é o uso de um desequilíbrio para obter um resultado que não seria o desejado pelo organismo: é colocar a conduta desejada pelo instrutor como condição de equilibração; portanto, uma espécie de engodo: "Faça o que eu quero que lhe dou o que você quer..." Todo organismo, possuindo esquemas de assimilação, é, *ipso facto*, motivado para satisfazê-los. O problema é usar esta motivação intrínseca para obter modificações na conduta, sem o engodo a que nos referimos acima. Talvez a solução esteja na graduaçã' e seqüência dos desafios, a partir do interesse já preexistente. Mas, não se deve confundir no ser humano a satisfação de uma necessidade imediata com motivação: um ideal superior pode ser a grande fonte motivadora que, inclusive, faz o indivíduo transpor situações normalmente indesejáveis. O homem guia-se por *objetivos*, muita vez a longo prazo (sistema simbólico).

17. "Uma reação (R) é reforçada na medida em que leva à redução ou à satisfação de uma necessidade (isto é, refaz o equilíbrio) ou conduz ao sucesso (elimina a tensão momentânea)." Será inibida na medida em que leva ao fracasso. Mas, é preciso considerar dois tipos de reforços: *a*) *externos* — ligados à sanção por parte dos fatos (sucesso, confirmação de uma hipótese ou descoberta; *b*) *internos* — ligados ao prazer funcional resultante da atividade de custeio (coerência, invenção, dedução). O prazer da criatividade (invenção) é uma motivação interna. As motivações internas são, pois, características dos estádios cada vez mais elevados, em que a mobilidade dos esquemas permite a coerência e a criatividade. Os *valores de utilização* (motivação externa) cor-

respondem à satisfação das necessidades primárias, enquanto os *valores de conhecimento ou de compreensão* dizem respeito às necessidades derivadas por efeito da invenção (criatividade). As motivações externas (necessárias nos primeiros estágios do desenvolvimento por falta de capacidade de invenção interna) podem (se nelas insistirmos) viciar o desenvolvimento das equilibrações internas. Na medida que o desenvolvimento prossegue, a motivação deve ser o próprio prazer funcional da coerência e da cooperação. Mas, é preciso que o contexto social não valorize apenas as *performances* (por exemplo, o lucro). Toda a área da atividade artística, em seus *vários níveis, está ligada às motivações internas*, enquanto o jogo (atividade lúdica) terá parcela ponderável da motivação externa (sucesso). Nos animais, a motivação está ligada apenas ao bloqueio ou descarga de tensões momentâneas, por não possuírem eles o sistema simbólico que permite planejamento de objetivo (antecipação) a longo prazo. Daí os modelos de aprendizagem de animais não corresponderem senão a condutas arcaicas (no sentido ontogenético e filogenético) do ser humano.

18. Se o indivíduo é treinado a dar respostas estereotipadas derivadas de aprendizagens de nível arcaico (os chamados condicionamentos), fica inteiramente ao sabor das motivações externas e imediatas, com a agravante de ser desviado de suas necessidades pelo reforço de prêmio e castigo (utilização de uma necessidade ou de um prazer para a obtenção de uma conduta que não "interessa" ao indivíduo). Se, porém, em vez de conservá-lo neste nível, desafiamo-lo a que, em cada situação — em vez de recorrer a um automatismo — escolha a conduta mais adequada, processa-se um jogo interno de "ganhos e perdas" (teoria dos jogos) que o levará a novas combinações e invenções. A motivação, neste caso, decorrerá do próprio exercício funcional de sua capacidade de ação, a qual, no nível final, é um exercício operatório. A motivação, pois, está relacionada com o nível de atividade do indivíduo, como, aliás, todos os fenômenos psicológicos. O grande impasse no desenvolvimento é a fixação de respostas-padrão (estereotipia), que dispensam reelaborações internas. Como se vê, todo sistema escolar vem, há séculos, frenando o desenvolvimento da inteligência com técnicas de memorização (condicionamentos — automatização — reforço externo). Mas, por vezes, não há outro recurso: em cada momento da história é preciso transmitir às novas gerações o *know-how* da comunidade. Todo *know-how* é paralisante da progressão do desenvolvimento e da evolução. Talvez a solução fosse a intensificação das atividades de caráter artístico para dar chance ao desenvolvimento das motivações internas ligadas aos processos organizatórios. As aprendizagens sensório-motoras (hábitos, condicionamentos) podem ser obtidas, mesmo no adulto, por meio de técnicas de reforço ime-

diato (ensino programado), embora conservem-se dependentes de realimentação permanente.

19. Como se viu, as condutas são expressões da própria estrutura do organismo quer sejam inatas, quer derivadas (resultantes de acomodações ou de combinações). Como tais, exigem "alimentação", isto é, provocam desejos, necessidades, interesses (tudo isto que se engloba, hoje, com o nome de *motivação*). Privar os esquemas de sua "alimentação" (esquemas de inibição ou esquemas negativos) pode ter graves conseqüências emocionais, de vez que suas cargas energéticas ficam sem utilização. Por aí se pode avaliar os percalços advindos ao desenvolvimento resultantes de uma ordem social repleta de "proibições", principalmente, quando as inibições se referem a condutas inatas fundamentais (nutrição, proteção e reprodução). Discute-se hoje (Marcuse) se como pensou Freud a civilização exige mesmo a repressão de esquemas de ação ou se o problema não é de equilibração livre e autônoma das relações sociais (regras do jogo: dinâmica de grupo). A repressão, quase sempre, reduz-se a uma estereotipia (uso e costumes) ou à mera proibição que não canaliza as motivações, o que dá origem às neuroses e desequilíbrios emocionais. Não há um dilema: *permitir ou proibir*. A solução é combinar, isto é, criar a "regra do jogo" (dinâmica de grupo): todos podem fazer tudo de acordo com a regra do jogo, isto é, de acordo com a combinação livremente estabelecida. As regras sociais proibitivas podem ter resultado: a) ou de estruturas arcaicas de nível inferior resultantes do grau filogenético do grupo humano que as elaborou; b) ou de necessidades funcionais que perderam o sentido através do tempo (ver, por exemplo, a liberação trazida pelas drogas modernas e a abundância das sociedades de consumo).

20. É verdade que, no ser humano, são raras as condutas hereditárias (talvez, somente as que estão diretamente ligadas ao processo biológico fundamental, assim mesmo passíveis de acomodação e de combinações infinitas). O ser humano vem progredindo continuamente. Seu desenvolvimento é, basicamente, um processo de construção de esquemas de assimilação derivados, principalmente quando o desenvolvimento passa do nível motor para o nível simbólico (vida mental representada). Cada geração tem situações mais complexas a aprender que as gerações anteriores, o que é facilitado pelo fato de as estimulações chegarem às crianças num período em que possuem ampla plasticidade e em que não se formaram ainda quadros mentais rígidos. A discordância entre os parâmetros de conduta dos adultos e a "educação" imposta às crianças deve resultar em graves conflitos, de vez que se constituem esquemas de ação a partir da assimilação da vida social que são impedidos de serem exercidos pelas crianças. O fenômeno, talvez, não seja mais grave porque a assimilação das formas de conduta social não pode ser feita senão

a partir de certos níveis de maturação: muitos estímulos sociais não "sensibilizam" as crianças senão a partir da maturação de determinados esquemas internos. Doutra forma, a "educação" imposta às crianças seria um suplício de Tântalo, como acontece com as proibições determinadas pelo "Código de Menores". A censura é um esquema negativo (inibição) que não leva em conta a motivação provocada por aprendizagens gerais e pela maturação e equilibrações internas. Todo esquema construído e toda conduta inata maturada devem ser alimentados, sob pena de graves transtornos emocionais. A infância existe (com sua plasticidade: possibilidade de tomar caminhos diferentes) para a aprendizagem social: proibir as crianças de participar da vida comunitária (a título de preservar sua "inocência") é frustrar as "intenções" funcionais da infância. O próprio psiquismo possui um dispositivo de entrada que evita os estímulos para os quais a criança não está ainda preparada.

21. Se tomarmos os verbos utilizados na linguagem como expressão simbólica dos *esquemas de ação* do indivíduo (olhar, correr, pegar, seriar, opor-se, desenhar, etc.), podemos avaliar a imensa variedade de esquemas que um indivíduo humano pode vir a utilizar. No mais alto nível, os esquemas se estruturam em amplos conjuntos chamados teorias, doutrinas, ideologias (cosmovisão, *lebensplan*, etc.). Promover a construção de esquemas de assimilação é a grande tarefa educativa ligada ao desenvolvimento infantil. Como os esquemas não se constituem senão por um intercâmbio entre a atividade organizadora interna e a experiência externa (manipulação de realidade), o instrumento educativo por excelência é a criação de situações que promovem reorganizações (jamais meros condicionamentos ou respostas aprendidas que não promovem processos internos de reequilibração). Nisto a educação das crianças diferencia-se fundamentalmente do adestramento animal, em que as possibilidades de reorganização interna são mínimas (*savoir inné*). Entre estas situações educativas sobrelevam a vida grupal e as trocas interindividuais (jogos coletivos, discussão, cooperação). A própria organização familiar e as estratificações sociais dificultam este intercâmbio. Foi a *urbanização*, a *industrialização* e as *comunicações de massas* que modificaram, fundamentalmente, este estado de coisas. O mundo moderno é altamente estimulante para as reequilibrações reorganizadoras: educar é desafiar. A criança moderna (com a fissão nuclear do clã familiar) estabelece relações muito mais cedo e em áreas cada vez mais amplas, sendo desafiada à construção de equilíbrios muito mais móveis e complexos.

22. Compreendido que a inteligência é, fundamentalmente, uma atividade assimiladora (assimilação) com efeitos retroativos (acomodação) cujo objetivo é adaptar o organismo e a mente a novas situações, todo o processo filogenético (evolução da vida)

e todo o processo ontogenético (desenvolvimento do indivíduo) reduz-se ao fenômeno cibernético de auto-regulação. Evoluir e desenvolver-se é encontrar formas cada vez mais móveis e mais estáveis de auto-regulação. Em cada estádio da evolução e de desenvolvimento deve-se indagar sobre a maior ou menor complexidade dos fenômenos de troca entre o indivíduo e o meio e sobre o nível de organização interna do organismo ou da mente. Como o organismo constrói também o meio deve-se, por outro lado, avaliar o nível de organização do contexto dentro do qual se processa a evolução e o desenvolvimento. Pode-se dizer, de maneira geral, que a evolução e o desenvolvimento são um processo de formalização (matematização). Piaget chama a atenção para o fato — que tem passado despercebido — de a matemática (ciência ou formalização) adequar-se à realidade, bem como para o fato de as "totalidades" possuírem graus diversos de estruturação, o que leva a crer que a equilibração é um princípio imanente a toda realidade. Não é outra a concepção que se deduz, hoje, dos processos cibernéticos, usados agora para interpretar fatos biológicos, psicológicos e sociais.

23. É a forma (ou o processo) que determina o grau de desenvolvimento filogenético ou ontogenético: "uma figura geométrica (hexágono, por exemplo) pode ser, assim, o produto de uma construção lógica (concreta ou abstrata), de uma intuição pré-operatória, de uma percepção, de um hábito automatizado e mesmo de um instinto construtor (ver o favo da abelha)" (Piaget). O que se chama, pois, "inteligência" é um fenômeno genético que se estrutura, em cada grau do desenvolvimento e da evolução, de forma diferente, cada vez mais complexa, determinando uma matematização progressiva das "estratégias do comportamento". Com o aparecimento da função semiótica (representação mental), as possibilidades de complexificação das estruturas se tornam, praticamente, infinitas. O desenvolvimento da criança, pois, se faz no sentido de uma logicização progressiva que leva a uma equilibração altamente estável e dinâmica capaz de corrigir todas as perturbações possíveis do sistema. A aprendizagem (resposta aprendida — no sentido behaviorista) é, pois, o mais grave percalço para o desenvolvimento psicológico e para a evolução da humanidade, de vez que fixa e generaliza uma auto-regulação de caráter arcaico porque, fundamentalmente, biológica. Preparar as crianças para comportamentos de alto nível de equilibração é a única maneira de produzir o instrumental para a construção de estruturas sociais (regras, valores e signos) mais equilibradas (isto é, de nível matemático superior). As estruturas sociais não sobem de nível se não possuírem os homens os instrumentos para operacionalizarem-nas (ver computador).

24. No caso da inteligência *reflexiva*, alcançado seu equilíbrio, a "forma" que se constitui consiste num "grupamento" de

operações. No caso do escalonamento entre a *percepção* e o *pensamento intuitivo*, a forma do procedimento é um "ajuste" (regulação). No caso do *comportamento instintivo ou reflexo*, trata-se de um processo relativamente perfeito, funcionando como um todo através de repetições periódicas ou "rítmicas". Os *ritmos* caracterizam os funcionamentos que se situam no ponto de junção entre a vida orgânica e a vida mental. Os *ajustes* se caracterizam pelos "deslocamentos de equilíbrio" (*gestalt*), produzidos por movimentos antagônicos (em sentido contrário), por exemplo: lei da oferta e da procura em economia. As operações são um sistema de transformações coordenadas que se tornam reversíveis, impossíveis de realizar no plano puramente orgânico. Piaget resume esta direção geral da evolução e do desenvolvimento, com o aforismo: "*Tudo caminha para uma equilibração cada vez mais estável e mais móvel.*" Ora, a vida social e os processos de produção podem estar organizados em "totalidades", regidas por *ritmos* (caça, pesca, colheita: *ritmos meteorológicos*), *regulações* (lei da oferta e da procura) ou por *equilibrações* operatórias (planejamento). Pode-se, pois, imaginar os percalços do desenvolvimento psicológico que se processa numa estrutura social arcaica (o filho de um cacique indígena numa civilização adiantada e o filho de um cientista numa tribo na idade da pedra). O nível de organização da comunidade ou da classe em que se desenvolve o indivíduo determina o nível possível de sua maturação e vice-versa (provavelmente...).

25. Do ponto de vista do conhecimento, o desenvolvimento ascende, progressivamente, a estágios de auto-regulação cada vez mais complexos: *a*) *maturação* (*savoir inné*, ligada às funções biológicas de nutrição, defesa e reprodução); *b*) *percepção* (leitura estruturadora da experiência); *c*) *compreensão* imediata pré-operatória (interpretação sensorial-motora não inteiramente dedutiva); *d*) *aprendizagem em sentido estrito* (*learning*, função da experiência sem controle sistemático); *e*) *coerência pré-operatória* (equilibração intuitiva: não função da experiência e sem controle sistemático); *f*) *dedução* e, no limite, *compreensão imediata operatória* (não função da experiência, mas com controle sistemático). Como se vê, o desenvolvimento do conhecimento é uma logicização ou matematização dos instrumentos de assimilação e da mobilidade que permite a acomodação (reorganização). As estruturas sociais acompanham este desdobramento que é também filogenético.

26. Do ponto de vista filogenético, os animais do mais alto nível, como os antropóides (macacos), por ficarem no limiar das funções semióticas, não vão além das aprendizagens em sentido estrito (condicionamentos). As crianças que, até dois anos de idade, têm comportamentos inferiores mesmo aos do macaco, ao dominar a linguagem (aspecto particular da função semiótica)

dão súbito "salto qualitativo" que as coloca num plano infinitamente superior ao dos antropóides. É que a função semiótica (agindo à distância dos objetos) permite formas, primeiro de ajuste (regulação) e, depois, de equilibração operatória, impossíveis no nível sensorial-motor. A vida mental, como se vê, é um caso particular do processo adaptativo geral do fenômeno vital que se torna cada vez mais de nível matemático, na medida que utiliza instrumentos simbólicos. O homem, portanto, porque possui, altamente desenvolvida, a função semiótica é capaz de atingir altos níveis de inteligência, isto é, é capaz de complexas estratégias de comportamento.

27. O processo de desenvolvimento do ser humano, a partir da imitação e da aquisição da linguagem, é um fenômeno de *interiorização-objetivação* que, do ponto de vista interno, caminha para reestruturações de controle lógico-matemático (equilibração); e, do ponto de vista externo, tende a alcançar o controle sistemático da experiência, o que equivale a dizer que é um processo que tende a alcançar o nível indutivo-dedutivo. A medida do desenvolvimento, pois, não é a *performance* (*savoir faire* — *know-how*), mas o grau de auto-regulação cibernética do comportamento, constatação que modifica fundamentalmente o conceito de *quociente intelectual*: o nível inferior de execução pode resultar, simplesmente, de uma desaceleração do desenvolvimento provocada pelas condições do meio ambiente, sem significado do ponto de vista da normalidade (cada ambiente tem seu nível de normalidade) e o nível superior pode resultar de mero condicionamento sem reestruturação geral da conduta, ligado que está aos resíduos arcaicos das adaptações infantis (subordinação à experiência).

28. Embora todo desenvolvimento resulte da relação sujeito-objeto (indivíduo-meio), de vez que as maturações não se processam sem estimulação ("não há uma fronteira nítida entre os eventos experienciais e as reações" — Piaget), há, evidentemente, aquisições cumulativas provindas dominantemente do meio que se incorporam ao organismo e à mente, entre as quais, de maneira geral, poderiam ser incluídos os fenômenos de percepção (leitura da experiência), *insight* (compreensão súbita), *aprendizagem de respostas* (hábitos e memória), *indução* (constatação das regularidades do mundo físico). As mais modernas interpretações do fenômeno atribuem todas estas aquisições a um processo de assimilação — acomodação — representado pela fórmula "S — (AT) — R", em que AT significa assimilação do estímulo S à estrutura T: o organismo e a mente, quando fazem uma aquisição, já estavam em atividade e em determinado grau de organização, vindo a nova aquisição inserir-se nos esquemas preexistentes. "O S (estímulo) é apreendido em função do esquema para o qual R (resposta) é a atualização". Recorrer às estruturas arcaicas

(condicionamentos) é desprezar todo acervo de reorganização construído ao longo do desenvolvimento.

29. Certas correntes psicológicas não só excluem da descrição do desenvolvimento as maturações e equilibrações internas (dedução e equilibração pré-operacional, por exemplo) como só consideram "aquisição" as aprendizagens em sentido estrito, isto é, a) dependentes de repetição; b) sem controle sistemático; c) em função da experiência, o que exclui como aquisição, a leitura da experiência, as compreensões súbitas (*insight*), a dedução e a indução. Considerar como aquisição somente as modificações de conduta do tipo *learning* (que são por natureza instáveis) é remontar às fontes sensório-motoras da inteligência, atitude muito compreensível, que axiomatiza as formas de aprendizagem a partir da observação exclusiva de animais, nos quais aparece até um tipo de aprendizagem não cortical. É mesmo surpreendente que se reduza o desenvolvimento humano a modelos arcaicos que, por serem funcionais, não são suficientes dentro de uma linha evolutiva.

30. Deve-se distinguir no hábito (isto é, na resposta aprendida), a) sua aquisição e b) seu exercício automatizado. A aquisição do hábito insere-se dentro da teoria da assimilação ("um reflexo condicionado só se estabiliza na medida em que é confirmado ou sancionado", isto é, na medida em que se conserva a relação meio-fim). Como tal, está dentro da linha geral do desenvolvimento da inteligência, na medida em que se admite que as acomodações se vão liberando dos sistemas sensório-motores irreversíveis arcaicos. Se um reflexo condicionado é "confirmado", insere-se num esquema mais complexo de relações entre necessidade e satisfação; logo, aparece como um esquema de assimilação. Como todo esquema, tende a conservar-se (automatismo), de vez que é próprio do esquema exercer-se (assimilar). Reduzir as aquisições a este tipo de aprendizagem é supor que o ser humano não consegue usar mecanismos superiores aos de uma criança de menos de um ano de idade e é, portanto, um animal programável sem poder de descoberta e invenção, de vez que não possui conhecimentos inatos (como os animais) que dificultam a programação. Ora, a verdade é que, na medida em que as estruturas de assimilação se complexificam, mais complexas são as aquisições (inserção de um fato, por exemplo, numa teoria científica). Automatismo, pois, não é sinônimo de hábito ou de condicionamento: uma operação mental pode também ser automatizada (disparada a partir de um índice, sinal, símbolo ou signo).

31. Em todos os tempos e em todas as escolas psicológicas foi a *percepção* e não a imitação (função semiótica) que ocupou lugar de destaque na explicação do desenvolvimento da inteligência, sem levar-se em conta que "as estruturas perceptivas são as mesmas na criança e nos adultos, e, sobretudo, nos verte-

brados de qualquer categoria". Por trás da percepção, *tout court*, deve haver, pois, uma atividade que explique a progressão genética das *constâncias perceptivas* e, posteriormente, da *conservação*, esse problema crucial para a passagem da intuição à operação. Daí distinguir-se a percepção *em si* da *atividade perceptiva*. Todos os fenômenos do psiquismo, pois, são passíveis de "logicização". A atividade perceptiva é a lógica imanente da percepção. A percepção seria uma mera "leitura da experiência" sem interpretação, leitura que se conserva estática ontogenética e filogeneticamente, enquanto progride a interpretação de acordo com o desenvolvimento mental.

32. Enquanto a percepção em si caracteriza-se pela contração, a atividade perceptiva denuncia-se pela decentração: "Conforme um menino fixe seu olhar no primeiro ponto visto ou o dirija de modo que envolva o conjunto das relações, quase que podemos julgar sobre seu nível mental." A atividade perceptiva de *transportes e comparações* relaciona-se, evidentemente, às manifestações da própria inteligência sensório-motora, verdadeira fonte da inteligência representada (simbólica). O importante para o desenvolvimento, pois, são as decentrações, os transportes espácio-temporais, as comparações (semelhanças e diferenças), as transposições e as antecipações tendentes para a reversibilidade operatória. A percepção (fato quase biológico) vai sofrer o influxo de todo o processo de desenvolvimento, desde o da inteligência prática, num extremo, até o da inteligência formal, no outro. Por aí se pode deduzir os equívocos dos pedagogos que maximizam a importância dos recursos audiovisuais e a interpretação que se pode dar à tese de McLuhan: "O meio é a mensagem."

33. As estruturas perceptivas são, essencialmente, irreversíveis enquanto repousam num modo de composição probabilística, evidente nos *efeitos de campo* ("lei da prenhez": simplicidade, regularidade, simetria, proximidade, etc.), ao passo que a atividade perceptiva desenvolve-se, progressivamente, sob o efeito da inteligência motora, anunciando os futuros "agrupamentos" operatórios. As leis da *gestalt* — boas para descrever a percepção — são insuficientes para descrever conjuntos ou formas aditivas como os de caráter operatório. A inteligência, pois, não deriva, por abstração, da percepção. Pelo contrário, através dos mecanismos de "ajustes" e "decentrações" interfere, progressivamente, na rigidez "gestáltica" dos efeitos de campo, até dominá-lo, totalmente, através dos processos operatórios (equilibração). A falta de atividade perceptiva é que produz na criança a percepção sincrética global. Em educação, este fato suscita o problema da utilização "inteligente" dos recursos audiovisuais e nova atitude perante os meios de comunicação de massa.

34. Já vimos que o grande problema do desenvolvimento do ser humano é o da *interiorização da ação*, isto é, a passagem

da inteligência sensório-motora para a inteligência simbólica (representada). A criança — enquanto continua a agir através da inteligência prática com progressiva eficiência — leva de cinco a seis anos para transformá-la em processos simbólicos. A partir de dois a dois anos e meio, a criança inicia o processo de interiorização que equivale à aquisição da função semiótica, isto é, à aquisição da capacidade de exprimir alguma coisa por meio de significantes diferenciados. À medida que os significantes despreendem-se dos significados (chegando às convenções dos sinais verbais socializados), as possibilidades operatórias aumentam de vez que permitem total mobilidade dos conjuntos. Todo o desenvolvimento da inteligência humana, pois, depende dos desenvolvimentos das funções semióticas (ver surdos-mudos, cegos, etc.). Toda experiência adquirida no período sensório-motor tem que ser refeita desde o princípio (decalagem) na medida que a maturidade se torna representada: a imagética é a experiência interiorizada, suscitando problemas equivalentes aos enfrentados pela inteligência prática.

35. Os significantes podem ser agrupados em dois conjuntos: I) os que não se diferenciaram ainda, totalmente, dos significados: *a) índice* (aspecto, parte, antecedente temporal, resultado casual do objeto significado) e *b) sinal* (antecedente objetivo num comportamento condicionado — sinal da campainha); II) os que se diferenciam do significado: *a) símbolo* (implicando uma relação de semelhança com o significado) e *b)* o *signo* (arbitrário, repousando numa convenção, como os vários códigos lingüísticos). Os símbolos podem ser construções individuais (como tais altamente motivados: "faz-de-conta" das crianças), enquanto os signos dependem da vida social. As altas operações matemáticas e logísticas, inclusive, exigem signos despojados de conotações dúbias, na mais translúcida pureza denotativa. Mas, ao contrário, os signos podem funcionar no exercício de condutas arcaicas, como nos condicionamentos e para expressar comportamentos simbólicos.

36. A função semiótica inicia-se: *a)* pela *imitação diferida* (ausência do modelo); há depois, *b)* o *jogo simbólico* (o jogo de ficção ou faz-de-conta); *c)* o *desenho* (imagem gráfica predecessora da imagem mental); *d)* a *imagem mental* (que é interpretada como uma "imitação interiorizada") e, finalmente, *e)* a *linguagem* (que é como que o "aspecto sonoro" da imitação e da imagem mental), através da qual são possíveis evocações verbais. A imitação exterior, pois, é uma prefiguração motora da imagem mental, fonte, portanto, de toda vida mental (representação). A linguagem, no final, vem *a ser o resíduo final da função semiótica*, instrumento que a inteligência usará, no futuro, para as operações proposicionais (lógica e logística), até poder dela mesma libertar-se nas operações puramente abstratas. O grande fator

de desenvolvimento não é a percepção, como pensavam os empiristas e os associacionistas, mas a atividade imitativa que eleva-se até o *plano lingüístico*. A linguagem é uma forma particular de imitação da realidade.

37. O desenho da criança mostra que a imagem mental (o desenho é face exterior da imagem mental) obedece a leis mais próximas da conceptualização que da percepção, o que prova que a imagem não é o prolongamento da percepção, fato, aliás, comprovado experimentalmente pelas ondas elétricas corticais (BEG) e musculares (EMG) produzidas pela evocação interior de um movimento. Enquanto a percepção intervém desde o nascimento, não se percebe a presença da imagem mental, *antes de dois a dois anos e meio de idade* (ao contrário do que afirmam certas correntes psicanalíticas: "Se há narcisismo é sem Narciso" — diz Piaget). Mas, a imagem não é o pensamento: juízos e operações são estranhos à imagem, mas não exclui o fato de que esta desempenha um papel, não como elemento do pensamento, mas como auxiliar simbólico complementar da linguagem, como vimos. A imagem está para as operações mentais, como os objetos para a inteligência prática.

38. Enquanto a imitação é uma acomodação quase pura à realidade, o jogo simbólico e o sonho (ambos conseqüência da ausência de controle social externo e operatório interno) são formas de assimilação quase pura, sem coação e sem sanções. Não podendo "brincar com a linguagem" (que é uma imposição social acabada muito complexa para seu nível de desenvolvimento), brinca a criança (e o adulto, no sonho) com as imagens que são construções simbólicas individuais suas (jogo simbólico). Na medida que maturam, o a) *jogo de exercício* (fase sensorial-motora) e b) *jogo simbólico* operacionam-se, fazendo aparecer o c) *jogo de regras,* d) o *jogo de construção,* e) *jogo de palavras* que engendram problemas e criações inteligentes. O jogo, pois, é altamente funcional e gratificador, sendo, por vezes, a única forma de resolver conflitos, como parece ser o sonho, esta forma de "regressão à fase simbólica" ocasionada pela supressão dos controles do pensamento (equilibrações internas e a vida social). O jogo, pois, é uma atividade centrada no ego, seja qual for o nível de maturação em que se desenvolva, estando, portanto, ligado tanto mais às equilibrações internas, quanto menos socializado (regras) possuir. A regra (instrumento de interação entre os indivíduos) transforma o jogo em elemento objetivado.

39. A linguagem é adquirida, precisamente, na época em que o símbolo se constitui: o emprego dos símbolos e dos signos (palavras) supõe a atitude de representar uma coisa por outra. Os signos, como vimos, são um prolongamento diferenciado dos índices, sinais e símbolos. A linguagem, adquirida por imitação, pode iludir sobre o nível de maturação quando a criança está

inserida num contexto culturalmente superior: a lógica não deriva da linguagem, mas da atividade sensório-motora. Seria inútil tentar uma logicização a partir, simplesmente, da linguagem desligada da ação, antes que o desenvolvimento alcance o nível operatório proposicional, o que dá a medida da *dramatização*, no período simbólico e da *verbalização*, no período das operações concretas. Não devemos esquecer que os "construtos" lingüísticos são fornecidos à criança já prontos, não podendo, a princípio, funcionar como sintoma de natureza. Mas, a linguagem não é mero condicionamento como ficou provado no Centro Internacional de Epistemologia Genética de Genebra (psicolingüista Sinclair): fosse assim, a criança a adquiriria muito mais cedo, como adquire outros condicionamentos. Sem o desenvolvimento da função semiótica não é possível à criança aprender a linguagem.

40. Até agora, a memória parecia estar fora de qualquer explicação genética e funcional. Sob este título, aliás, eram englobados vários fenômenos de natureza diferente. Só agora, por exemplo, percebeu-se que "nem toda conservação (o hábito, por exemplo) é memória, pois, um esquema (desde o esquema sensório-motor até o esquema operatório: classificação, seriação, etc.) se conserva pelo próprio funcionamento, independentemente de qualquer "memória"; ou, se se prefere, "*a memória de um esquema é o próprio esquema*" (Piaget). O processo mnemotécnico (ao contrário de tudo que se faz) é, simplesmente, um processo de organização, tanto mais eficiente quanto mais operatório (o que mostra que nas crianças pré-operatórias a memória tem uma natureza bem diferente da do adulto, correspondendo o método de organização ao nível de equilibração alcançado).

41. A memória de *reconhecimento* existe mesmo nos invertebrados e está ligada aos esquemas de ação (hábitos), de vez que estes só se ativam mediante um índice ou sinal (início da ação ou implicação da ação). A memória de evocação está estritamente ligada à função semiótica (imagem mental, linguagem, etc.). Ora, sendo a imagem mental uma imitação interior, pode-se dizer que a memória evocativa é o aspecto figurativo de sua esquematização (codificação), o que faz a interpretação cair no caso anterior: a memória de um esquema é o próprio esquema. A memória, pois, faz predominar o esquema correspondente ao nível de desenvolvimento da criança, tanto que os progressos intelectuais dos esquemas acarretam progressos nas lembranças. Como no caso de percepção, a memória é influenciada pelo desenvolvimento.

42. A evocação, portanto, funciona como uma decodificação, tendo a mesma natureza da codificação, o que equivale a dizer que a lembrança é uma reconstituição. Existe, pois, uma memória (decodificação) para cada nível de desenvolvimento, desde os hábitos motores, passando pela imagem e a instituição até as operações concretas e abstratas. Não há, pois, um problema de

mnemotécnica, mas, um problema de esquematização (codificação) que é tanto mais lógico-matemático quanto mais desenvolvido for o pensamento do indivíduo que "memoriza". O drama da memorização nas escolas, por exemplo, consiste em que memorizar equivale a rebaixamento do nível de organização mental: aplicam-se a um indivíduo operatório esquemas de estruturação próprios de crianças na primeira infância.

43. O desenvolvimento do ser humano apresenta diferenças flagrantes quando comparado com o de um animal. Apesar de hoje aceitar-se a flexibilidade dos "instintos" (ver aprendizagens de labirinto), o comportamento dos animais é hereditariamente programado, o que equivale a dizer que o animal não tem mecanismos que possibilitem uma mobilidade progressiva dos esquemas de assimilação. Ora, observa-se na criança, desde os primeiros meses, uma capacidade enorme de combinação de esquemas e uma alta flexibilidade na adaptação às situações, os quais só não se desenvolvem mais pela falta de estimulação representada pela padronização paupérrima dos métodos de educação dos recém-nascidos. As possibilidades de combinação e de adaptação às situações estão inseridas na complexa organização hereditária de seu sistema nervoso (milhões e milhões de neurônios à espera de que se processem conexões). É a partir desta infra-estrutura neurônica (como possibilidade e não como "necessidade") que se deve avaliar o desenvolvimento.

44. Antes que se interiorize a ação (função semiótica: imagem mental, linguagem, jogo simbólico), a criança desenvolve a *inteligência-motora*, que a acompanhará pelo resto da vida e que, sobretudo, atende às situações práticas enquanto se organiza a vida mental em nível suficiente para dirigir a ação. Percebe-se que a inteligência prática não é muito superior, no homem, à dos antropóides, donde as diferenças entre estes e aquele acentuaram-se, justamente, no nível da aquisição semiótica. Muitas das aquisições feitas ao longo do desenvolvimento e mesmo durante a vida adulta são do nível da inteligência prática (pequenos circuitos — inteligência curta — reflexos condicionados — condicionamentos), apesar de nelas começar, desde cedo, a interferir a função semiótica (linguagem e imagens).

45. Como vimos, as primeiras ações dirigidas com os recursos das funções semióticas são a imitação, o jogo simbólico, a linguagem infantil, o desenho e a atividade lúdica geral da criança. O primeiro limiar decisivo do desenvolvimento mental, pois, situa-se por volta de dois anos de idade, em que se processa a interiorização da ação (imagem mental) e a criança adquire o equipamento lingüístico de seu grupo social. Esta fase, pois, é decisiva, de vez que se torna evidente a importância do meio social em que a criança vive. Enquanto, na fase anterior, o comportamento era sensório-motor, cuja motivação independe, necessaria-

mente, do nível cultural do grupo em que a criança se insere, nesta fase os *conteúdos culturais* vão ter profunda influência, sobretudo através da linguagem. Como se sabe, pode-se também medir, do ponto de vista do desenvolvimento da operacionalidade, o nível de uma comunidade (em certas zonas da África, as fases de desenvolvimento das crianças, por exemplo, apresentam-se com uma decalagem de até quatro anos).

46. À medida que a criança se aproxima dos sete/oito anos, apresenta-se uma nova barreira decisiva para seu desenvolvimento, que muitos não transpõem: aquisição do pensamento operatório (idade do uso da razão, como se dizia antigamente). Tudo se passa como se tudo devesse recomeçar, reproduzindo-se os modelos seguidos pelo desenvolvimento da inteligência prática, dos primeiros anos da infância. Lá pelos quatro/cinco anos, tendo dominado suficientemente a linguagem e brincado, egocentricamente, com as imagens mentais, a criança começa a procurar adaptar-se ao universo social que a rodeia (idade dos "porquês"), mas não conquistou ainda a flexibilidade operatória necessária às operações mentais.

47. "A indicação mais clara deste nível pré-operatório é a ausência, até cerca de sete/oito anos, de noções de *conservação*. As crianças parecem raciocinar sobre *estados* ou *configurações*, desprezando as *transformações*. As mudanças de estado ou de figura não são reversíveis, isto é, não levam à operação inversa (desfazer a ação para comprovar a constância)". Do ponto de vista do relacionamento com outras pessoas, esta falta de reversibilidade implica em falta de *reciprocidade*, por isto a criança ainda não se agrupa (monólogo coletivo). É pelo aumento e variação das decentrações e de contatos com outras crianças que a criança vai superando esta fase decisiva para sua maturação. Daí Piaget dizer que o desenvolvimento é "uma revolução copernicana do *eu*": na medida que aceita o ponto de vista do outro (decentração provocada pelo relacionamento) e que supera a centração originária da percepção, torna-se capaz das operações que não admitem fixidez num ponto de vista. O geocentrismo pré-galilaico, com relação ao nível de evolução da humanidade, é um fato muito parecido com o egocentrismo das crianças nesta fase...

48. A partir de sete/oito anos, inicia-se o pensamento operatório, mas até cerca de onze/doze anos, seu desenvolvimento não dispensa a manipulação real ou imagética (falta de abstração). A manipulação inicia-se pela *seriação* e a *classificação* (fase das coleções), dando azo à constituição da noção de número (não se trata da verbalização dos números), de espaço, de tempo, de velocidade, de causalidade (superação do animismo, vitalismo, artificialismo do período pré-operatório). Do ponto de vista social, a criança começa a exercitar-se nos "jogos com regras" e se torna extremamente legalista, embora compreenda a regra como

imposta de fora e quase sempre garantida pela presença física do chefe (bando-tropa). É a fase da *moral do dever* (baseada na lei e no regulamento) e da centração no clã familiar. No fim desta fase, a representação imagética que substitui a manipulação direta, permite intensa atividade criadora de cunho concreto (ver *"A Reforma da Natureza"* de Monteiro Lobato).

49. De onze/doze a cerca de quatorze/quinze anos constroem-se, no pré-adolescente, as operações abstratas: é a *idade metafísica* — segundo Piaget. O jovem se interessa pelas teorias e pelos sistemas. É capaz de desprender-se da manipulação e, posteriormente, das imagens e realizar um pensamento algébrico com proposições. Começando pelas combinações e permutações, permitidas pelo "desengate do pensamento dos objetos", chega ao pensamento hipotético-dedutivo e à lógica simbólica (implicação, disjunção, exclusão, incompatibilidade, implicação recíproca, etc.). Ao alcançar o pensamento formal, constrói, finalmente, os "agrupamentos" (operações de reversibilidade — ver "teoria dos conjuntos"), as operações formais, as noções probabilísticas, a indução de leis e dissociação de fatores. Nesta fase, a socialização e a transmissão cultural se tornam dominantes, aparecendo o "psicogrupo" em que domina a discussão ("a lógica é a moral do pensamento" — diz Piaget).

50. Finalmente, na adolescência (quinze/dezoito anos), o jovem ensaia sua inserção no corpo social, fenômeno que é cada vez mais difícil e demorado (aumento da escolaridade obrigatória, complexificação da habilitação para o trabalho, aumento da duração da vida (gerontocracia), diminuição dos empregos (automação); ultra-especialização, etc.). Por outro lado, a urbanização (concentração das inter-relações), a industrialização (concentração da produção) e os meios de comunicação de massa (tribalização, segundo McLuhan) aumentam as possibilidades de maturação precoce do adolescente sem que abram oportunidades de participar da vida social. Capaz de compreender os sistemas e as teorias (justiça social, patriotismo, filosofia, ideais estéticos religiosos e sociais, etc.) o adolescente entrega-se a intensa atividade criativa que é denominada "rebelião da juventude", mesmo porque suas "fantasias" não são assim tão improváveis diante da tecnologia e das ciências, exigindo dele uma previsão a curto e a longo prazo sobre sua posição numa sociedade que muda a olhos vistos.

NÃO HÁ ESTRUTURA SEM GÉNESE. NEM GÉNESE SEM ESTRUTURA

O processo vital (em todos os níveis — do protozoário aos primatas superiores) consiste numa *estruturação* (sistema aberto) *auto-regulada* através de sistemas de *feedback* (de que a homeostase é o mecanismo biológico). Esta estrutura (organismo) apresenta fenômenos bioquímicos, biológicos, psicológicos (comportamentos) e sociológicos (interação com outros organismos da mesma espécie). As funções que apresenta são, sempre, as mesmas (assimilação — acomodação) em todos os níveis, embora com capacidade de produzir modelos progressivamente mais complexos, mais móveis e mais estáveis (equilibração majorante). Sendo um *sistema aberto*, isto é, alimentando-se (ver o processo de combustão: fogo) de elementos do meio e tendo de resistir à entropia (tendência para a desorganização), a auto-regulação mantenedora da estrutura tem que, não só, aumentar a *organização* interna, como a *adaptação* ao meio (responder às agressões do meio, aumentando: *a*) o espaço vital e *b*) o nível de segurança). A auto-regulação, portanto, é *majorante*: cada regulação coloca o organismo num nível superior de organização e de adaptação, até alcançar a *precorreção* e a *antecipação* (equilibração cada vez mais complexa, mais móvel e mais estável). As regulações começam como meramente bioquímicas, passando, sucessivamente, às regulações biológicas, psicológicas e sociológicas. A vida, como diz T. Chardin, é uma improbabilidade... desenvolver-se e evoluir é sua condição de *sobrevivência*.

Você Fala Porque Pensa (Não Pensa Porque Fala) — a Aprendizagem da Linguagem e a Linguagem como Instrumento de Aprendizagem

Ao lingüista cabe desvendar a estrutura da linguagem, quer em seus aspectos sincrônicos, quer diacrônicos. Ao pedagogo incumbe quer descobrir como a linguagem surge no desenvolvimento da criança, quer como a linguagem influi neste mesmo desenvolvimento.

Apesar de Jean Piaget ter demonstrado que o desenvolvimento da inteligência não está adstrito, necessariamente, *à utilização da linguagem* (pelo menos até que o desenvolvimento alcance sua fase terminal com as operações abstratas), existe ainda convicção generalizada entre os educadores de que o ensino, ou *a)* é ensino de "linguagens" (nomenclaturas, códigos, etc.), ou *b)* só se faz por intermédio da linguagem. O sistema escolar assemelha-se a imenso auditório, como se tudo pudesse ser ensinado através da descrição oral (não nos referimos ao pouco uso que se faz da linguagem escrita, pois este detalhe torna ainda mais obsoleto o sistema escolar). Mas, não é só: não só é tudo ensinado através da linguagem, como os próprios fenômenos físicos são transformados em linguagem, a ponto de os professores de ciências substituírem a *observação* e a *experimentação*, características deste tipo de conhecimento, por meras descrições verbais. Não nos referimos aos recursos visuais porque estes instrumentos didáticos, constituindo uma *pré-linguagem,* rebaixam ainda mais o nível da informação, dando a falsa impressão de que se trata de um avanço didático (Piaget mostra como o progresso do desenvolvimento da inteligência implica em conceptualização e, portanto, em "degenerescência" da percepção). Mas, esta convicção didática difusa sobre a função da linguagem não foi suficiente para que os educadores considerassem *o problema da relação da linguagem com a inteligência* em geral e com o pensamento em particular, como ponto central de suas pesquisas pedagógicas. De fato. Se todo ensino, é *a)* ou ensino da "linguagem", ou *b)* só se faz através da linguagem, o problema fundamental da didática é saber como a linguagem se transforma em pensamento e conecta-se com a inteligência e como a inteligência e pensamento se utilizam da linguagem. Razoável seria que se educadores que alimentam estas convicções tivessem pleno domínio de como a linguagem modifica os fatos de consciência e o comportamento, de como a linguagem se situa no complexo da vida mental. Sem pretender retomar a discussão secular sobre *as relações da linguagem com o pensamento*, podemos dizer que algumas constatações se tornaram pacíficas para comunidade dos cientistas que tratam do problema, embora muito se tenha a pesquisar ainda sobre os mecanismos internos tanto sincrônicos, quanto discrônicos das relações entre dois fenômenos. Entre estes postulados, podemos citar os seguintes:

1.º — O pensamento não é a linguagem ou a linguagem não é o pensamento.

2.º — A linguagem e o pensamento não formam uma totalidade indissociável.

3.º — A linguagem e o pensamento não são dois fenômenos totalmente autônomos.

4.º — Há uma relação de interação dialética entre a linguagem e o pensamento.

Para se compreender este processo dialético em que duas funções são originariamente autônomas, chegando ao final a constituir uma estrutura compositiva, poderíamos lembrar o desenvolvimento dos "espaços" (bucal, auditivo, motor, etc.), na criança: iniciando-se o desenvolvimento de cada "espaço" de forma autônoma, tende a constituir uma estrutura espacial integrada no final do desenvolvimento da inteligência sensório-motora. Aliás, pode-se dizer que o desenvolvimento da inteligência ou a maturação (se quisermos usar um termo frouxo e desgastado) é um processo combinatório progressivo tendente à maior organização e à melhor adaptação: a linguagem não poderia escapar a esta linha evolutiva geral (o desenvolvimento geral tende para uma matematização).

Somente para exemplificar, podemos citar dois estádios extremos na maturação das relações da linguagem com o pensamento. O estádio da *inteligência sensório-motora* da criança (que se estende até cerca de vinte e quatro meses a partir do nascimento), independe totalmente da linguagem, se por linguagem entendemos um sistema de signos articulados, convencionais, de forma linear, já a *inteligência operatória abstrata* do adolescente (que inicia seu desenvolvimento depois de onze/doze anos de idade) não pode constituir-se como estrutura sem recorrer aos instrumentos lingüísticos (linguagem articulada), donde ser dificílimo um surdo-mudo alcançar, em seu desenvolvimento, este nível. Entre estes dois extremos do processo de desenvolvimento da criança (e o mesmo se pode dizer da evolução da humanidade) todas as combinações são possíveis na interação da linguagem com o pensamento. A partir do final da inteligência sensório-motora até o início da inteligência operatória abstrata, a linguagem quase nada tem a ver com os processos de desenvolvimento da inteligência, estando muito mais conectada com os mecanismos afetivos (jogo simbólico, linguagem egocêntrica, monólogo coletivo, etc.), apesar de desenvolver-se através de imposição sócio-cultural pelo processo imitativo (considerando que a linguagem tem sua própria lógica inerente, muita vez, percebe-se que a criança faz verdadeiras "deduções", inventando formas lingüísticas que não têm uso social). Esta é a doutrina piagentina que se vem impondo, cada vez mais, como a *psicolingüística oficial*. Aliás, podemos dizer que esta descoberta é a mais formidável contribuição de Piaget com relação ao comportamento humano. Embora Piaget reconheça (e ele mais que todos os demais psicólogos) que todo comportamento é um esforço de adaptação (e a linguagem não é senão um comportamento como outro qualquer), procura ele demonstrar que a linguagem só se torna um comportamento *substitutivo fundamental* quando a atividade alcança uma estrutura formal. Neste sentido, a linguagem passará a funcionar como um instrumento (o telescópio, por exemplo) que cria novas possibilidades para o pensamento sem afetar sua natureza. Como, então, explicar a falta de conexão da linguagem com a ação durante um período tão longo (estende-se por quase dez anos)? Existiria, por acaso, uma função com finalidade adaptativa? Já lembramos que, neste período, a linguagem está ligada aos fenômenos afetivos (portanto, à energética do organismo) ficando, portanto, à disposição dos desejos (estes projetos de ação formulados simbolicamente). É por isto que a linguagem nesta fase se presta tão bem para a "fabulação" e para os tipos de pensamento denominados "simbólicos" (artificialismo, animismo, finalismo, nominalismo, etc.). A "fabulação" é uma espécie superior de "jogo simbólico" que funciona como "razão", antes de a razão adquirir instrumentos operacionais (função da linguagem com a inteligência abstrata): são as explicações pré-científicas, o reino da magia, o domínio dos mitos, esta imensa *corrente de constructos mentais* que vem desembocar na poesia, na arte e na literatura. Neste sentido, a filogênese e a ontogênese revelam que funcionam através de um mesmo mecanismo de *construção seqüencial*.

  Piaget descobriu que a inteligência gera-se da ação (Goethe já dizia que "no começo está a ação"), contrariando a afirmação bíblica de que "no princípio está a palavra": é explicável, que, para o escritor sagrado, a palavra fosse o "início de tudo", uma vez que a explicação bíblica é uma explicação "simbólica", com todas as características do pensamento pré-operatório (animismo, finalismo, nominalismo, etc.); também a criança, neste período, tem confiança absoluta no "poder mágico" da palavra, como se a palavra fosse parte intrínseca do fenômeno: ao se explicar a um camponês que o homem tinha conseguido medir a distância das estrelas, replicou que isto não era extraordinário; incrível para ele era que tivessem "descoberto" o nome das estrelas... Para Piaget a inteligência é, essencialmente, *a capacidade de combinar as ações*, de modo que, durante os dois primeiros meses de desenvolvimento, a inteligência da criança atinge seus mais altos parâmetros sem necessitar do uso da linguagem, mesmo que por linguagem entendêssemos, por exemplo, a comunicação dos surdos-mudos (uma criança de dois anos, normalmente desenvolvida, é, ainda assim, o animal mais inteligente do reino animal, muito mais inteligente, por exemplo, que qualquer primata adulto). Como todas as funções são basicamente filiadas à função básica da *assimilação* (isto é, em última análise, um organismo e uma estrutura com capacidade de assimilação), mesmo na ação mais primitiva há um *mecanismo informacional* (que configura um processo cibernético), embora não se fosse chamar isto de linguagem sob pena de generalizar de tal modo o termo a ponto de transformar tudo em linguagem (como, aliás, pretendem alguns lingüistas). Piaget filia a linguagem aos mecanismos de retroalimentação (*feedback*) dos primeiros estádios do processo sensório-motor (índices e sinais), o que faz tudo, no final de contas, proceder de um processo básico. Filogeneticamente, pois, podemos imaginar uma humanidade pré-lingüista que já tem todas as características básicas da espécie humana, se o indicador das espécies for o grau de inteligência do animal. Quando a inteligência se interioriza, isto é, quando a ação se transforma em pensamento (pensamento é apenas a atividade interiorizada, como a atividade é o pensamento exteriorizado: não há incompatibilidade genética entre comportamento e consciência como pretendem os psicólogos clássicos), quando o pensamento se interioriza, a atividade passa a exigir um *suporte semiótico*, suporte que, a princípio, é imagético (isto é, figurativo, individualizado e motivado), para logo em seguida ser um código artificial de signos, até alcançar a abstração pura que consiste numa combinatória da ação mental que não se refere, estritamente, a nenhum objeto. Algo como, no sensório-motor, quando uma dançarina dança com as próprias ações sem utilizar para agir objeto algum. Poder-se-ia alegar — contra Piaget — que, sendo a atividade uma interação, implica numa comunicação e toda comunicação implica numa linguagem. Em primeiro lugar, é preciso denunciar a confusão que se faz, desnecessariamente, entre "informação" e "comunicação". A "informação" é a leitura que o organismo faz do seio ao longo de sua atividade: é um processo cibernético de retroalimentação (*feedback*) que regulariza a ação, tornando-a eficiente (é por isto que a cibernética é a ciência que trata da eficácia da ação nos organismos e nas máquinas). É por isto que se diz que não é alguém que informa alguém: *alguém se informa*, simplesmente, isto é, lê, através dos sentidos, e que ocorre no ambiente (é por isto que o ruído de um avião, para quem ouve, é uma informação). A "comunicação" é o fenômeno de informação entre dois seres (provavelmente, a "comunicação" só se pode fazer entre *dois seres do mesmo nível de organização*, donde ser tão difícil a comunicação entre os seres humanos, sabendo-se que o desenvolvimento humano depende das mais variadas circunstâncias, entre as quais a mais trágica é a "privação cultural", para não falar numa muito mais vasta e catastrófica que é a "privação econômica". Os equívocos de comunicação gerados pelo desnível intelectual dos seres humanos é que levam os entusiastas da *contracultura* a não entenderem que existem níveis superiores de comunicação, fazendo-os lamentar que os homens superiores não se beneficiem das "delícias" das culturas do nível inferior... Por aí se pode aquilatar a balbúrdia que reina entre os pedagogos com relação às nomenclaturas oficiais de currículo quando se trata de dar forma pedagógica às atividades de "expressão" e "comunicação": pelo texto oficial, ao que parece, a "expressão" se opõe ou contrapõe à "comunicação", quando, em última análise, tudo é interação. *Expressão* é um tipo de atividade em que não há *controle cibernético* de "outro", portanto, um comportamento egocêntrico, ao passo que a *comunicação* é uma estrutura bipolar em que o processo de auto-regulação abrange vários elementos autônomos (é, pois, um processo de socialização). Assim, em primeiro lugar, é preciso distinguir a interação do organismo com um objeto, da interação do organismo com outro organismo do mesmo nível (não esqueçamos que podemos usar o "outro" como objeto, caso em que não se pode falar de comunicação). A interação do organismo com outro organismo do mesmo nível supõe a "linguagem", isto é, um código convencional comum aos dois organismos. Já a interação com o objeto, sendo uma atividade unilateral, exige do organismo apenas a capacidade de "leitura da experiência" (é por isto que "linguagem", para Piaget, tem um sentido muito específico, exigindo ele que, para que algo se denomine "linguagem", tenha caráter socializado, isto é, convencional). Assim, quando Piaget estuda o fenômeno da linguagem, começa por colocar este fenômeno dentro de um contexto muito maior que é a *função semiótica*. Para ele, a linguagem articulada e codificada é apenas um aspecto parcial, nem sempre relevante, da função semiótica. Assim, não há problema de contradição que possa ser invocado contra Piaget.

Realmente, sempre que há interação, há algum aspecto da função semiótica em jogo, embora não seja a linguagem necessariamente este aspecto. A linguagem aparece quando o indivíduo se socializa, isto é, quando é capaz de cooperar. Além de englobar, na função semiótica, a construção da *imagem mental* (o que é uma novidade revolucionária), a expressão corporal, o desenho, etc., Piaget compreendia como parte da função semiótica (isto é, como *significantes* que se referem a determinados significados), os *índices* e *sinais*, fazendo, assim, a função semiótica recuar para o nível do sensório-motor (embora sem nunca confundir a atividade do organismo (= inteligência = pensamento) com seus suportes semióticos). As interações com o objeto (mesmo que este objeto seja, circunstancialmente, um outro indivíduo) utilizam-se de uma semiótica elementar que são os *índices* e os *sinais* (os índices e sinais são a parte dos instrumentos semióticos que estão diretamente ligados à ação em seu aspecto "sensório"). Só muito depois, através da *imitação*, constroem-se os *símbolos* (uma imitação mental do objeto) e, a partir dos símbolos (que são fenômenos estritamente individuais e altamente inativos), inicia-se a codificação através de *signos*, estes, sim, a verdadeira matéria-prima da linguagem, segundo o conceito comum que dela temos. Que a seqüência é esta fica evidente se atentarmos para o fato de a criança, nos primeiros dezoito meses, ser incapaz de articular palavras e aprender a linguagem, apesar de, anátomo-fisiologicamente, nada impedir que o fizesse: a linguagem articulada e codificada, portanto, é a ponta do *iceberg* de um fenômeno muito mais geral e importante que é a *função semiótica*. Assim, pode-se dizer que, nos primeiros anos de vida da criança, não há uma articulação perfeita entre seu "pensamento" (onde se estão gerando os instrumentos semióticos superiores: símbolos e signos) e sua ação, embora a atividade não dispense certos instrumentos semióticos (índices e sinais). Evidentemente, isto não quer dizer que o desenvolvimento da função semiótica seja menos relevante que o desenvolvimento da inteligência sensório-motora, sobretudo porque a interiorização da atividade não se faz sem um suporte semiótico, da mesma forma como não há comunicação sem linguagem. O desenvolvimento paralelo das duas linhas de desenvolvimento visa levar o organismo a uma adaptação mais perfeita (e é clássica a forma de adaptação simbólica da criança através do "jogo simbólico", embora seja uma adaptação deformante, pois os níveis de adaptação vão-se aperfeiçoando ao longo do desenvolvimento até eliminar os "erros sistemáticos" que estão presentes nas adaptações geneticamente mais primitivas, como é o caso flagrante nas "ilusões de ótica"). O processo *adaptativo* constrói-se ao longo do desenvolvimento da criança (o mesmo podendo-se dizer do processo histórico da organização da sociedade), de modo que também a linguagem, a princípio, é um instrumento adaptador deformante (animismo, artificialismo, etc.). Quando a ação (inteligência prática) já alcançou mais altos parâmetros adaptativos no final do ciclo, a linguagem passa a ser um instrumento de nível infinitamente superior de adaptação como mostram, por exemplo, a matemática e a teoria da relatividade de Einstein. Estas constatações deveriam ter levado os pedagogos a reformular, totalmente, suas convicções sobre a *aprendizagem da linguagem* e sobre a *aprendizagem através da linguagem*. Quanto à aprendizagem através da linguagem (problema que interessa a todos os professores, sobretudo aos professores de matemática e de ciências físicas e naturais), fica evidente, nas experiências de laboratório, que não é possível ensinar através da linguagem *estruturas lógicas* (não há meio de convencer a uma criança pré-operatória de que a deformação da massa não influi em sua quantidade ou peso, por exemplo). Mas, este problema (que está detalhadamente esmiuçado nas publicações dos últimos dez anos do Centro Internacional de Epistemologia Genética) não interessa aqui, pois este seminário pretende ser uma reflexão sobre a lingüística, embora um psicolingüista não possa descartar-se desta evidência brutal. (No fundo, um professor, seja qual for a disciplina que ensine, é um especialista em psicolingüística, na medida em que insiste em ensinar através da linguagem: a maioria dos professores de matemática e de ciências físicas e naturais nem de longe suspeitam que quase nada que dizem em classe chega à mente dos alunos, não só pelo problema já levantado de a linguagem não ser o instrumento de aprendizagem de estruturas lógicas (indutivas e dedutivas), mas, também, pelo fato de não atentarem para os estádios de desenvolvimento (cada estrutura matemática ou científica corresponde a um estádio de desenvolvimento, tanto do ponto de vista ontogenético (criança), como do ponto de vista filogenético (humanidade como um todo). Neste sentido, o desenvolvimento da criança é uma recapitulação da filogênese. Deixemos de lado, pois, o problema da "aprendizagem" e procuremos refletir, apenas, na *aprendizagem da linguagem*.

A primeira revolução pedagógica que os dados da psicolingüística exigem é que a expressão "aprendizagem da linguagem" seja substituída por "desenvolvimento da função semiótica" (neste sentido, a denominação oficial do currículo — *Comunicação e Expressão* — não só é de uma pobreza franciscana, como leva a equívocos lamentáveis). Tomando o fenômeno semiótico como uma função ampla e diversificável ao longo do desenvolvimento. A função é sempre a mesma, o que se diversifica são as estruturas — diz Piaget, teríamos que distinguir, em primeiro lugar, *a)* os significantes diretamente ligados à ação, e *b)* os significantes que se distanciam da ação (de um lado os *índices* e *sinais* e, do outro, os *símbolos* e *signos*). Este problema não se tornou agudo até agora porque a humanidade teve o cuidado de só iniciar a educação sistemática das crianças quando a linguagem articulada e codificada, num sistema linear, já se tornou um instrumento ponderavelmente importante no desenvolvimento (a idade de escolarização tradicional é de sete/oito anos, precisamente quando as operações concretas começam a articular a linguagem convencional com a atividade realmente produtiva da criança). Se a educação (sistemática — perdoem-me que chame assistemática a educação que os pais dão às crianças — o que, talvez, explique a lentidão do desenvolvimento da humanidade), se iniciasse desde os primeiros dias do nascimento, os educadores já teriam percebido que a linguagem só é um instrumento didático quando a função semiótica fornece meios ao pensamento abstrato. Teriam também percebido que — para conformar-se ao pensamento simbólico da criança escolarizável — teriam que baixar para a fantasia as explicações da fenomenologia. Realmente, se observarmos uma criança entre dois anos e outra de nove/dez anos, facilmente perceberemos que não existe correlação (salvo, talvez, no "jogo simbólico" — afetividade) entre a forma de ação da criança e sua verbalização (fato, aliás, que confirma a teoria piagetiana de que a inteligência não está, necessariamente, conectada com a linguagem e de que existem tipos de pensamentos que não são úteis à ação prática — o pensamento mítico, o pensamento mágico, etc.), embora não deixem de ser formas substitutivas e primitivas de adaptação (ver a teoria do "erro sistemático" e a da "equilibração progressiva" na adaptação). Muito psicólogo desavisado estudou a "linguagem infantil" como *modelo de sua inteligência* quando, de fato, esta linguagem mede apenas o nível da função semiótica, função que, na história da humanidade, já teve função adaptadora relevante (mitos, fábulas, etc.) mas que, no momento atual do desenvolvimento da humanidade, é um obstáculo ao engajamento num mundo orientado — cada vez mais — por modelos científicos. É por isto que a humanidade levou tantos milênios (antes de Piaget) para descobrir que uma criança, até sete/oito anos, não tem *coerência lógica*, fato que se pode constatar com as provas mais elementares, como um copo de água comum e uma bolinha de massa. Para os educadores que hoje trabalham com pré-escolares (pré-escolares no sentido tradicional de escolaridade) o problema tornou-se, de repente, relevante, como quando os órgãos oficiais (e até os congressos de educação pré-escolar internacionais) falam em programas de *Comunicação e Expressão*, termo que não tem sentido nesta fase do desenvolvimento infantil. Ora, a substituição da expressão que se propõe é, simplesmente, uma exigência de um novo dogma de pedagogia: *todo processo de aprendizagem tem uma forma genética seqüencial* (muita vez, o pedagogo tem que voltar às origens do fenômeno para refazer uma seqüência que não foi respeitada cronologicamente: a supra-estrutura da linguagem articulada supõe um desenvolvimento adequado da base da pirâmide semiótica). Mas, independentemente desta "busca do tempo perdido" e desta seqüencialização, é preciso não esquecer que a linguagem é um "epifenômeno" cuja base é a função semiótica geral. Só para exemplificar, sabendo-se que a linguagem de um povo é a expressão de sua cultura, isto é, sabendo-se que a estrutura da linguagem de um povo só se explica por seus usos e costumes, é um absurdo pedagógico ensinar uma língua estrangeira sem impregnar o aprendiz da cultura do povo cuja língua se quer ensinar, o que modifica totalmente a metodologia behaviorista em voga, *urbi et orbi*. Mas, mesmo restringindo-nos à aprendizagem da língua materna, se estivermos convictos de que a linguagem é um "epifenômeno" da função semiótica geral, o programa também se modifica totalmente, passando a incluir "disciplinas" que só uma epistemologia genética do conhecimento demonstraria terem afinidades. Falta ainda um reestudo das disciplinas do currículo clássico (por mais novos que sejam os meios recentes que lhes são atribuídos) através de critérios epistemológicos (ver o "currículo das ciências" de Piaget). Num estudo destas coisas que parecem antagônicas apareceriam como afins (leitura e escrita, por exemplo) coisas que aparecem como antagônicas. Se incluíssemos, por outro lado, na reflexão pedagógica, o fato de que *a linguagem é um comportamento* ("a linguagem é uma conduta, isto é, uma ação" — P. Janet e Miller, Skinner, Newrer, etc.) e que todo comportamento é uma tentativa de adaptação (equilibração com o meio), toda metodologia da aprendizagem da língua teria que se modificar drasticamente. Se não esquecêssemos que a comunicação é sempre uma interação entre dois ou mais organismos de nosso nível (é por isto que as crianças só se comunicam, realmente, com os indivíduos de sua faixa etária), já teríamos implantado a dinâmica de grupo como o único processo pedagógico de aprender a comunicação. Os lingüistas — a lua-de-mel com a descoberta das estruturas lingüísticas e, muitas vezes, esquecidos das seqüências genéticas destas mesmas estruturas: a confusão entre sincronia e discronia, dimensões tão bem postas por Sassure — dão, às vezes, a impressão de que descobriram um "método pedagógico", quando de fato estão estudando o "estádio final da estruturação da linguagem no adulto civilizado, ocidental e cristão... É o mesmo fenômeno que ocorre com os lógicos (aliás, há muita afinidade entre católicos e os lingüistas): os lógicos se recusam, também, a estudar sua especialidade geneticamente, levando Piaget a construir uma nova lógica, a *lógica operacional*. O lingüista que estuda apenas a estrutura atual da língua (e nisto os estruturalistas são mestres), nada acrescenta à didática da aprendizagem da linguagem, assim como o lógico nada sabe sobre a "logicização", este longo processo que exige mais de dez anos no desenvolvimento da criança. Mas, o mais grave é que, mesmo os estruturalistas, nada modificaram nos métodos de aprendizagem da linguagem, salvo a forma como o conteúdo é apresentado, o que nada tem a ver com a didática propriamente dita (a didática é a arte de fazer um conteúdo ser aprendido e um conteúdo não é aprendido porque sua forma de apresentação é modificada, mas descobrindo-se como este conteúdo se construiu, geneticamente). É mesmo possível que a forma final de estruturação de um fenômeno (a lógica, por exemplo) seja a pior forma pedagógica de apresentá-lo à aprendizagem do aluno, conforme a lei epistemológica, segundo a qual "o que primeiro aparece na ordem genética é o último de que se toma consciência na ordem da aprendizagem". Um psicolingüista soviético, em seu livro *Linguagem e Pensamento*, coloca com muita precisão este problema: "A psicologia associacionista opinava que o pensamento e a palavra estavam unidos por laços exteriores similares aos que existem entre duas sílabas sem sentido. A psicologia da *gestalt* (donde provêm os estruturalistas) introduz o conceito de vínculos estruturais, mas da mesma forma que a antiga teoria não considerou as relações específicas entre o pensamento e a palavra. Todas as outras teorias se agrupam em torno de dois pólos: *a*) seja a teoria behaviorista de 'pensamento como linguagem sem estruturas geradoras *a priori*, *b*) seja a teoria sustentada pela escola alemã e por Bergson de que o pensamento poderia ser 'puro', sem relações com a linguagem e que ele (o pensamento) até poderia ser distorcido pelas palavras. A frase de Tjutchev — 'um pensamento expresso é uma mentira' — podia servir, muito bem, de epígrafe do último grupo. Quer estejam inclinados para o *naturalismo puro*, *a*) ou para o idealismo extremo, *b*) todas estas teorias têm um aspecto comum: suas tendências anti-históricas: estudam o pensamento e a linguagem sem nenhuma referência à história de seu desenvolvimento". Lev S. Vygotsky (pág. 164). Mas, o mais grave é que, mesmo os estruturalistas comportam-se, didaticamente, como se fossem behavioristas (ou professores de línguas estrangeiras que pretendem que estruturas podem ser aprendidas através de reflexos condicionados, levando a repetição e o reforço ao extremo da saciedade). Voltar a refutar a teoria dos reflexos condicionados é voltar a "matar o cavalo morto", como diz A. Keestler. Os mais elementares fatos da linguagem demonstram que a linguagem tem uma lógica imanente (e os estruturalistas sabem disto mais que ninguém) e a psicologia genética já demonstrou à saciedade que não se ensina lógica através de "respostas aprendidas". Todo mundo conhece este fato elementar: uma criança ouve, a todo momento, a forma *fiz* do verbo *fazer*; pela teoria dos reflexos condicionados, é evidente que aprendesse a dizer *fiz*. Mas, o que acontece, porém? A criança — por um mecanismo lógico subjacente — diz *fazi*, voltando ao paradigma regular dos verbos em *er* (comer, bater, etc.). Este simples fato de observação corriqueiro modificaria a didática da aprendizagem das línguas, drasticamente. Mais: como a criança aprenderia, por exemplo, a palavra *primo de* por reflexos condicionados, se para atribuir esta denominação a determinado indivíduo é preciso um processo mental de "análise das relações"? Como a criança aprenderia as palavras que envolvem inclusão de classe como *ser vivo — animal — vertebrado — gato?* A linguagem comporta uma lógica imanente incompatível com a explicação behaviorista. É por isto que o estudo da língua, do ponto de vista didático, hoje se volta totalmente para o *sentido* (não se deve confundir o sentido com *significado*, que é uma relação restritiva entre um sentido e o signo). "Uma criança tem dificuldade em aprender uma nova palavra, não por causa de sua pronúncia, mas por causa do conceito a que a palavra se refere" e não devemos esquecer que todo conceito é sempre uma generalização (deste ponto de vista, a didática da linguagem é totalmente diferentes se se refere a crianças (que não têm ainda capacidade de formar conceitos) ou adultos (que trabalham mentalmente com generalizações). Os partidários do behaviorismo esquecem um princípio elementar da psicogenética: "Só se imita aquilo que se compreende", o que poderá levar os futuros pedagogos a revisar totalmente os métodos de ensino de línguas estrangeiras. Tolstoi já dizia que "é impossível, simplesmente, transmitir um conceito a um aluno": cada palavra usada para explicar envolve uma teia de significados tão densa que levaria o mestre a usar o dicionário todo para explicar um sentido determinado (o sentido é sempre uma vasta generalização psicológica). Por aí se vê como a "impregnação" (se é que se pode chamar assim a penetração na globalidade de fenômeno lingüístico) é muito mais importante na didática da linguagem que a atomização das estruturas lingüísticas feita pelos pedagogos da linguagem num esforço de encontrar os "elementos" constitutivos da totalidade (que não quer dizer que não se deva analisar a estrutura, tornando-a consciente para o aprendiz: neste sentido, talvez, tenhamos que voltar atrás em muita condenação .pedagógica que fizemos, nós todos, com relação aos processos clássicos). Estas considerações tangenciais (que mostram como está atrasado o estudo da psicolingüística) não são relevantes. O relevante é determinar mesmo *qual o objetivo que se tem em mira quando se ensina linguagem às crianças.* Todo mundo sabe que um método é simplesmente uma forma econômica e eficiente de se alcançar um objetivo. Assim, não se pode determinar um método se não se tem bem claro o objetivo que se quer atingir. Pode-se dizer que os mestres estão confusos com relação aos objetivos da linguagem. Basicamente, a linguagem é uma forma de comportamento, como outra qualquer. Mas, o comportamento lingüístico é sempre substitutivo de um comportamento sensório-motor (donde a denominação de função semiótica). Já vimos que em certos níveis de desenvolvimento (tanto filogenético, como ontogenético) a linguagem não está conectada com a ação prática (produtiva), tomando rumos próprios (independentemente de se constituir como um objeto cultural autônomo com suas próprias leis, como é o estudo pelos lingüistas). Assim, pode-se ver o fenômeno lingüístico em duas dimensões: a) uma, *clássica*, que está ligada à produção "literária" (fenômeno que corresponde a uma separação nítida entre a linguagem e a ação) e b) outra *mais recente* que revela a linguagem como suporte de pensamento abstrato e científico. Os pedagogos só têm dado importância até hoje ao primeiro aspecto da linguagem, tanto assim que a base do estudo da língua é a literatura. Mas, o objetivo final da evolução do fenômeno lingüístico é levar a linguagem a tal ponto que sirva de suporte ao pensamento (álgebra das proposições), quer como forma de pensar a "sabedoria", quer como instrumento de construção do pensamento científico (pelo menos, é isto que ocorre no desenvolvimento da criança, e o desenvolvimento da criança é um contraponto do desenvolvimento da humanidade). Já tentamos orientar (com êxito, diga-se de passagem) uma antologia (a gente não consegue se livrar das antologias!) neste sentido, escolhendo os textos de tal forma que todas as etapas do desenvolvimento da criança estivessem representadas. É um preconceito cujas explicações históricas são evidentes) supor que toda aprendizagem da linguagem se deve apoiar na literatura, como é um preconceito supor que a arte é uma forma geral de educação (o estudo epistemológico da arte revela que esta atividade representa apenas uma etapa de desenvolvimento da criança e da humanidade, sem querer com isto dizer que é uma atividade perecível ao longo da evolução). Mesmo para as crianças mais jovens, os textos devem ter dois objetivos: a) o desenvolvimento da função semiótica em si, caso em que a fantasia é a mola propulsora e b) o desenvolvimento da linguagem com suporte da ação interiorizada (estudo das palavras, por exemplo, como representação de encaixes de classes, como séries genéticas, etc.). Neste sentido, o professor de vernáculo, é, de fato, um professor de *pensamento*, devendo conhecer, como o de matemática, minuciosamente, como se desenvolve a criança. Um erro de intensidade na dosagem destas duas linhas fundamentais da linguagem pode levar a um *autismo* (quer o autismo se revele na linguagem articulada de caráter egocêntrico, quer se apresente como uma linguagem interior obsessiva: a psicologia verificou que o autismo é comum ao primitivo, à criança e ao esquizofrênico). No fundo, a literatura (em seu aspecto de anti-realidade) é um autismo socialmente estimulado e culturalmente valorizado, da mesma forma como o jogo é um fenômeno cultural apesar de seu "irrealismo" e sua falta de praticidade (é, talvez, por isto que a antipsiquiatria fala em "realidade de esquizofrênico": é uma realidade interior que nenhuma contribuição traz para a solução dos problemas sociais: e o problema mesmo é construir uma sociedade para o homem se tornar feliz). Mas, se o aspecto prático da linguagem for exagerado (e como é, por vezes, exagerado!), a vida se transformaria num "processo logístico", sem afetividade e sem nuances (o pensamento pré-lógico capta, precisamente, do fenômeno vital aquela parte que não pode — nem deve — ser logicizada: a poesia). A afetividade (que é a energética da ação) é um projeto de ação (desejo) e, como tal, não pode ser "logicizada", devendo sua expressão ser mais compatível com a linguagem pré-lógica (leis do pensamento simbólico). Como nem se pode viver só de lógica e eficiência, nem de poesia e autismo, o processo educativo deve dar estas duas formas de viver, de modo que a eficiência da ação esteja plena de amorização (é preciso logicizar o amor e amorizar a lógica).

APÊNDICE
DOIS ARTIGOS DO PROF. J. REIS SOBRE PIAGET

Inteligência, Assunto Ainda Cheio de Dúvidas[*]

J. REIS

Não é a primeira vez que tratamos aqui da inteligência humana, assunto complexo e enganador. Por isso mesmo é bom voltar de vez em quando, seja para retificar as linhas, seja para contar a eventual abertura de caminhos novos. Uma das mais abalizadas opiniões nesse terreno é a do prof. Philip E. Vernon, por isso mesmo escolhido no simpósio que cuidou, sob os auspícios da Eugenićs Society, da influência dos fatores hereditários e ambientais na inteligência, para apresentar esboço geral da posição que parece ser a da média dos psicólogos. Do trabalho de Vernon, que pertence ao Instituto de Educação da Universidade de Londres, retiramos os dados e as informações que apresentaremos aos leitores. Ver-se-á que muita coisa que parece assentada de pedra e cal assim não é. E ter-se-á, quanto a alguns problemas sempre palpitantes (Têm valor os testes de inteligência? A criatividade importa mesmo?) uma visão crítica.

TENDÊNCIAS

De saída Vernon faz algumas afirmações que é bom anotar, sobre tendências da psicologia atual. 1. Tem-se fugido à concepção de inteligência como qualidade hereditária e mesurável, com a qual o indivíduo nasce e fica, apenas sofrendo ela os efeitos do amadurecimento, a despeito da educação e das condições de criação. 2. Todos os tipos de capacidade se desenvolvem mediante interação do meio e do indivíduo que vai amadurecendo, o que põe em dúvida o valor do Q.I. como índice de previsão a longo prazo. 3. As idéias de Piaget, sobre a necessidade de examinar a natureza dos conceitos infantis em diferentes idades, para conhecer melhor os processos psicológicos que servem de base à realização intelectual, têm sido cada vez mais aceitas, da mesma

---

* "Folha de São Paulo", 19-10-67. (Reproduzido com autorização.)

forma que se têm procurado modelos baseados na teoria da informação e nos computadores para estudar o funcionamento cerebral.
4. Embora haja pendor para dividir a inteligência em fatores ou capacidades parcialmente distintos, não se tem conseguido muito êxito em criar testes que distingam perfeitamente esses fatores.
5. Os testes de múltiplas escolhas têm caído em descrédito, verificando-se que a habilidade em resolvê-los depende muito de treinamento para essa técnica. O uso de máquinas para verificar o desempenho nos testes não melhorou a situação. 6. Tem-se criticado muito os testes, um tanto ingênuos (a expressão é de Vernon), baseados nas concepções de medição da inteligência vigentes por volta de 1920, o que todavia não tem impedido que eles continuem largamente usados (decidindo por vezes o destino das pessoas!), consumindo enormes verbas para sua aplicação e mobilizando repartições inteiras.

UNIDADE OU NÃO?

O que se acaba de dizer é, segundo o próprio Vernon, um panorama das tendências manifestadas nos trinta últimos anos. Muita controvérsia ainda existe entre os psicólogos, não só em relação ao que Vernon acrescentou (este último procurou dar o pensamento médio dos não-radicais) mas também sobre as relações da inteligência com a genética e o meio ambiente. E disso é que cuidaremos a seguir, sempre pelas mãos de Vernon.

A coisa nada tem de simples. Pelo menos não tão simples como alguns têm pensado, vendo na inteligência, como problema genético, alguma semelhança com, digamos, cor de olhos, lóbulo de orelha, língua enrolada ou não, isto é, qualidade que a genética identifica facilmente e cuja maneira de transmissão hereditária ela explica com relativa simplicidade.

Nem se sabe ao certo o que é inteligência, podendo-se seguramente afirmar que não é uma entidade unitária, mas apenas um nome com que se procura designar a eficiência geral e o nível de complexidade dos processos de conhecimento de uma pessoa. São palavras quase literais de Vernon. Para afastar as aparentes implicações mecanicistas de palavras como conexões, associações, ou ligações, destinadas a referir as estruturas mentais básicas, a psicologia moderna prefere utilizar vocábulos como *schemata* ou "planos". Em seu desenvolvimento o indivíduo constrói enorme quantidade de conceitos e habilidades, que vai guardando ou armazenando. Deles se vale para interpretar o mundo e manobrá-lo, sendo esses elementos (planos, habilidades, etc.) desenvolvidos com o uso, à medida que o organismo reage ao ambiente. Essas noções baseiam-se em pesquisas de Piaget, Hebb, Bartlett, Miller, Galanter e Pribram. Fundamental, para essa linha de pensamento, é saber que, excetuados alguns dos mais simples reflexos, as habilidades ou os planos não existem no sistema nervoso por nenhuma arte genética e nem amadurecem no vazio, como decorrência das mesmas artes. Pelo contrário, temos de aprender a perceber, imaginar, raciocinar, da mesma forma que aprendemos a andar de bicicleta ou a resolver um problema aritmético.

E A GENÉTICA?

Mas então, onde vai parar a genética? É natural que perguntem e até estranhem os leitores as afirmações acima. O indivíduo é todo ele um produto genético, resulta da ação dos genes, graças a eles forma seus órgãos e define suas características de indivíduo de uma determinada espécie. Há de, naturalmente, haver uma base genética que nos permita realizar as operações intelectuais e até mesmo assegure que em algumas pessoas seja maior a capacidade para adquirir certos *schemata* ou "planos". Alguns nascem com uma base que lhes permite aprender melhor a música, enquanto outros têm base mais favorável à matemática ou aos números. Mas a inteligência geral, assim como as habilidades mais específicas, desenvolve-se pela interação como meio. A conseqüência desse modo de pensar é esta: não se pode por nenhum tipo de testes revelar os componentes inatos das aptidões mentais.

Hebb distingue uma inteligência A que representa a potencialidade genética e não pode ser medida nem observada, e uma inteligência B, que representa o produto da interação de A com o meio. Essa inteligência B é a que observamos no comportamento do indivíduo, e procuramos medir. Vernon ainda admite uma terceira inteligência, a C, que é a parte da B que pode ser medida; na realidade, os testes que aplicamos para medir a inteligência B não nos dão necessariamente todas as capacidades encerradas nesse tipo de inteligência. Medirão, mais ou menos, a inteligência como um todo, ou determinados aspectos dessa inteligência, mas nunca deixarão de ser meras amostras incompletas.

INTELIGÊNCIA POTENCIAL

Existem muitos indícios para justificar a idéia de uma inteligência potencial, genética, a designada pela letra A. Não desenvolveremos esta questão aqui, por falta de espaço. Podemos dizer que as razões de Vernon, em particular, são muito convincentes. Somente a teoria genética poderia, por exemplo, explicar por que um pai inteligente tem um filho "burro", eventualmente, e uma pessoa atrasada e sem educação por vezes gera um filho talentoso. Mas não há teste que meça essa potencialidade genética. Os especialistas têm entretanto arriscado palpites, em vista de suas observações, a respeito da quantidade de inteligência hereditária que determinados testes revelariam. Burt chega a afirmar que, em determinadas condições, mediante cautelas especiais, pode conseguir medidas da inteligência infantil que correspondem a noventa por cento do componente genético. Vernon é cético a esse respeito, especialmente depois de observações que fez em condições de eliminar a influência do meio ao máximo.

Um dos mais discutidos problemas a respeito da inteligência, ainda é o de saber se devemos acreditar nela como uma capacidade geral e unitária, ou como um mosaico de capacidades mais ou menos específicas. Na primeira hipótese, estaremos com Spearman e sua qualidade g.

Na segunda estaremos com os fatorialistas, que dominam a psicologia norte-americana, ou, pelo menos, a psicometria norte-americana, como Thurstone, Guilford e muitos outros. Vernon acha simples o problema, desde que não consideremos os fatores como coisas perfeitamente definidas (por exemplo, estruturas químicas específicas) mas antes como agregados de habilidades semelhantes, que podem até imbricar-se. Ele utiliza um exemplo muito bom, que é o da maneira de classificar os alunos. O mestre pode dar um nota geral que exprima o valor do aluno em geral, mas também pode basear a classificação na soma de uma série de notas dadas a atividades distintas do aluno. A separação dessas atividades pode ser em grandes atividades, e então as notas distintas seriam relativamente poucas, mas pode atingir uma infinidade, por assim dizer, de atividades.

FATORES

A dificuldade da análise fatorial (inteligência considerada como fatores distintos, cada qual determinável separadamente) reside mais nas diferenças de técnica dos vários experimentadores do que na idéia fatorial em si mesma. Isso, até certo ponto, porque quando a gente fica sabendo que já se dissecaram sessenta ou mais capacidades na inteligência, e cada psicometrista se afana em caracterizar novas capacidades, é evidente que as coisas se complicam, ocorrendo a "fragmentação da capacidade em número cada vez maior de fatores de importância cada vez menor", segundo já disse alguém. Não devemos entretanto maldizer essa fúria dissecante da inteligência, pois esse trabalho de análise existe necessariamente antes de toda síntese. Pelo conhecimento assim adquirido é que se chega, depois, a idéias mais sólidas e menos atomizantes.

Clamam entretanto alguns por um retorno, e rápido, a concepções mais simples, como são as que dominam na Inglaterra, em que se considera um grande e forte fator fundamental de inteligência geral, ao qual se ajustam grupos de fatores subsidiários, que representam habilidades mais especializadas.

VOLTA AO Q.I.?

Seja lá como for, parece que ninguém deseja um retorno ao vago Q.I. mais ou menos indeterminado que, segundo alguns fatorialistas mais importantes, nem de longe poderia refletir a extrema riqueza da vida mental. Mas, como sair desse emaranhado? A inteligência B, que é a que realmente se pode medir (em termos!), depende muito da ação do meio, variando muito as faculdades medidas quanto a sua submissão à medida.

Além disso, o resultado dos testes reflete numerosos outros processos que fogem ao nosso controle, entre eles a prática de responder a testes. Vernon assim resume o problema: "Em suma, a inteligência C e os vários fatores estatísticos em que ela é dividida podem ser um pobre reflexo das capacidades intelectuais do tipo B, que a pessoa costuma utilizar nas situações reais da vida."

Grave questão é a da criatividade que, representando o pensamento convergente. Estaria em jogo o destino mesmo do sistema educacional, baseado em grande parte no emprego de testes verbais de Q.I., os quais até ameaçariam estrangular as capacidades criativas das novas gerações. Vernon, baseado em outros pesquisadores, duvida do valor efetivo dos testes de criatividade comumente usados. É difícil imaginar como possam os testes de pensamento divergente permitir a identificação de fatores semelhantes aos apontados na inteligência B. O que se tem feito para medir a criatividade não comporta um paralelismo entre Capacidade Divergente C — Criatividade B, de um lado, e Inteligência C — Inteligência B.

QUE MEDEM OS TESTES

Vernon considera ainda uma questão fundamental: que é que os testes de inteligência medem? Na opinião dele, apenas a capacidade do aluno em enfrentar os tipos de problemas que o testador inclui no teste. Não existe diferença essencial entre os testes de inteligência e os de realização (leitura, aritmética, ciência, etc.), porque a inteligência B é uma espécie ou classe de realizações. Mas o teste de inteligência envolve capacidades mais gerais de compreensão, que podem ser transferidas para muitas outras situações, ao passo que os testes de realização geralmente refletem *schemata* mais restritos.

É preciso não esquecer, entretanto, que o desenvolvimento de capacidades gerais, intelectuais, sendo influenciado pela escola e pelo meio, reflete muito da vida do aluno fora da escola. O teste de inteligência, aplicado a crianças, serve até certo ponto de elemento de previsão do potencial educativo, não porque seja reflexo da inteligência A, mas porque reflete a posse, pela criança, de *schemata* que serão úteis também na escola. Enfim, a criança reflete nos seus testes em grande parte a classe ou o ambiente de que provém. E isso ocorre mais com os testes de realização que com os testes de inteligência, motivo pelo qual Vernon acha que a abolição dos testes de inteligência em favor daqueles outros tende a aumentar o desvio do processo a favor dos alunos socialmente mais favorecidos. Por outras palavras, menos lugares para as crianças brilhantes das classes pobres. Seria este, pois, um dos grandes papéis dos testes de inteligência: manter verdadeira isenção nos exames de seleção, não porque efetivamente meçam capacidade ou fatores definidos, mas porque asseguram aos menos favorecidos pela ação do meio situações de maior igualdade, que em geral nem os testes de realização nem as notas dos professores costumam reconhecer. Há um trabalho de Elisabeth Fraser que mostra a tendência das notas dos professores ou dos testes de realização para manter maior associação do que os testes de inteligência com a classe social e as atitudes paternas em relação à educação.

PIAGET — Revolução Intelectual Talvez Comparável à de Freud[*]

J. REIS

Por trás de muitos esforços de aperfeiçoamento de currículos escolares em todo o mundo acha-se a obra de um suíço, Jean Piaget, que, todavia, é muito menos conhecido e citado do que pesquisadores de menor valor. Coisas da vida. Mesmo aqueles, entretanto, que talvez por falta de compreensão não deram importância à obra fundamental desse homem sobre a formação de conceitos pela criança, não puderam fugir à aceitação de algumas de suas idéias básicas sobre o aprendizado e a inteligência, entre as quais os *schemata*, ou esquemas, de que falamos em nossa conversa de 29 de outubro, nesta página. Vamos cuidar agora da obra como um todo, valendo-nos, além de vários livros do próprio Piaget, de contribuições de Keneth Lovell, da Universidade de Leeds, de F. G. Jannings, da New World Foundation, e dos livros de seu grande divulgador nos Estados Unidos, Jerome S. Bruner, da Harvard.

O HABITAT

Obra de integração de várias ciências, conseguiu realizá-la Piaget tranqüilamente, porque na Universidade de Genebra encontrou apoio de Claparéde, que ali ensinava psicologia experimental. Meditara profundamente Bergson e queria mobilizar a biologia para o estudo do aprendizado. A ponte de que precisava para isso, encontrou-a no estudo do desenvolvimento da inteligência. Era o meio de unir biologia e epistemologia. Assim construiu a sua Epistemologia Genética, ou teoria do conhecimento científico baseada na análise do desenvolvimento daquele conhecimento. (Seu livro de *Epistemologia Genética* é feito de três volumes, subordinados àquele título e dedicados ao pensamento em vários campos.)

---

* "Folha de São Paulo", 19-11-67. (Reproduzido com autorização.)

Quatro anos, não mais do que isso, imaginava Piaget utilizar em suas experiências destinadas a conhecer a lógica das crianças. Ficou trinta anos nessa tarefa, que o levou a penetrar vários terrenos entre os quais o da percepção dos julgamentos morais, sempre porém com a preocupação dominante de analisar o desenvolvimento da inteligência.

Não olhou as crianças através de vidros, ou pelo buraco da fechadura, mas entrou em direto contato com elas. Jogando gude, aprendeu muita coisa das reações dos pequeninos e adolescentes.

Os seres vivos adaptam-se ao meio e para isso devem possuir uma organização. O funcionamento intelectual é caso especial do funcionamento biológico e, por isso, raciocinou Piaget, deve haver uma adaptação e uma organização adequadas a esse fim. Na adaptação distingue duas divisões, que entretanto se relacionam intimamente entre si: assimilação e acomodação. A primeira é a modificação no meio (alimentos, experiências, etc.), de modo que os elementos possam incorporar-se ao organismo. A segunda significa modificação no próprio organismo, para que este possa adaptar-se ao ambiente.

Essas duas propriedades exercem-se naturalmente quando o organismo procura adaptar-se. Todo ato inteligente pressupõe alguma organização intelectual, cujo funcionamento é caracterizado por assimilação e acomodação.

O crescimento intelectual depende, ainda, essencialmente, das ações da criança. Por outro lado, o processo de adaptação ao ambiente e de organização da experiência dá como resultado uma série de seqüências de ação física ou mental, dotada de estrutura definida. São os *schemata* ou esquemas, que servem de instrumento para que a pessoa aja satisfatoriamente em face de seus novos encontros com o ambiente.

Piaget estudou pacientemente esses *schemata*. Quis ver como eles crescem. Estabeleceu, entre vários outros pontos, a relativa fixidez dessas estruturas, que não podem ser substituídas ou modificadas drasticamente. A criança só pode incorporar a experiência que sua organização, que se vai desenvolvendo, pode assimilar normalmente. Isso quer dizer que o crescimento intelectual é processo gradual, feito passo a passo, construindo o novo a partir do velho.

À proporção que a criança assimila novas experiências, seus esquemas complicam-se, ensejando maiores acomodações. Não se imagine, porém, que essas ampliações dos esquemas deixem de fazer-se quando a criança não esteja em meio que não lhe apresente nenhum estímulo. Os esquemas naturalmente se modificam como decorrência de recombinação dos significados das coisas, que se vão assim ligando a novos significados. De dentro da criança mesma é que saem, de acordo com Jean Piaget, as mais fortes motivações em face de novos encontros como o ambiente.

Os esquemas têm, por assim dizer, fome de contato com o meio exterior.

AS FASES

Não ficou Piaget, com as várias equipes que comandou, nos aspectos gerais da epistemologia genética (a palavra *genética*, aqui, deve ser entendida, no sentido de desenvolvimento, isto é, de noções ou idéias que se vão desdobrando em outras, com o crescimento). Acabou dividindo o comportamento intelectual da criança em fases, que se vão substituindo até a adolescência, correspondendo cada uma delas a esquemas intelectuais diferentes.

Desde que nasce até os dois anos, a criança se encontra na fase da inteligência sensório-motora. Todos os seus esquemas dependem estritamente daquilo que os sentidos captam. Não dispondo de linguagem nem imaginação, a criança não pode representar-se situações que não estejam presentes. Durante esse período, entretanto, ela vai enriquecendo aos poucos sua informação e seus esquemas, cujos elementos só entram em ação quando o meio proporciona aspectos outros que os suportem. A criança que se fixava num brinquedo colocado diante dela, transfere essa fixação para a almofada que passa a encobri-lo. E chega, por volta dos dez meses, a retirar a almofada para libertar o brinquedo.

Depois dessa fase implantam-se outros esquemas, que asseguram, por volta dos dois anos, o aparecimento do pensamento *pré-operacional*. A criança pode distinguir o *significador* do *significado*. Significador é, por exemplo, a imagem ou a palavra. Significado é aquilo a que o significador se aplica, isto é, o objeto representado pela imagem ou pela palavra. Aqui entra, possivelmente como primeira função fornecedora de significadores, a imitação. A criança pode usar o nome de um bicho para designar esse animal, ou pode fazer um ruído semelhante ao do objeto a que ela se refere, mas não está vendo (o barulho do motor de um automóvel, por exemplo).

PENSAMENTO E LINGUAGEM

Até os quatro anos a atividade intelectual da criança consiste em acumular imagens e exercer atividades representativas, assim como em diferenciar de maneira cada vez mais perfeita a imagem e a linguagem da ação e da realidade. Os esquemas da época sensório-motora apresentam agora modificações já muito grandes, e a linguagem (que para Piaget vem *depois* do pensamento e é *encaixada* nele) por assim dizer os submete a um remanejamento completo. A criança continua entretanto a ver as coisas sensorialmente, sendo seu pensamento dominado por determinadas características da situação, como por exemplo altura e largura.

Não utiliza quase imagens abstratas, mas sim as que têm caráter concreto. Parece irreversivamente, o que significa que ela não é capaz de voltar à origem do pensamento que desenvolve. Só consegue encarar as coisas de um ponto de vista, que é o dela. E se acha que o refresco que recebeu é igual, qualitativamente, ao de seu amiguinho, porque colocado numa garrafa igual, passa a achar que ganhou mais porque ele foi colocado num recipiente mais alto, ou mais largo. Não consegue, ainda, a criança distinguir classes. O vento feito pelo ventilador não é por ela diferenciado do que agita as folhas lá fora.

Por volta dos quatro anos, nota-se outra modificação. De início a criança pode concentrar-se mais numa tarefa, adaptar a inteligência a ela. Isso vai até aos cinco anos. Mas depois e até aos sete, as rígidas estruturas intelectuais começam a atenuar-se. É a fase do pensamento *intuitivo*, usada a expressão intuitivo, aqui, para significar ações isoladas, não sistemáticas, que ainda não se fundem num pensamento integrado.

NORMAS

Aos sete anos, a criança já revela um pensamento que estabelece certas regras, tornando-se lógico e consistente. É o período do pensamento operacional concreto, que pode instalar-se dos sete anos aos oito anos e vai até aos onze ou quatorze, conforme os indivíduos. A criança consegue separar-se das suas próprias experiências. O pensamento sistematiza-se. É operacional. Percebendo a criança agora, claramente, a parte que ela desempenha na ordenação de suas experiências, e podendo identificar os meios que usa para esse fim, a criança pode formar os conceitos, que estabelecem relações de primeira classe (coordenação de ações com os objetos). A criança pode formar idéia de classe, série, números naturais, tempo, área, etc., à medida que os anos vão passando.

Daí por diante, dos quatorze aos quinze anos nas crianças normais, ou dos onze aos doze nas altamente capazes, vem o período do pensamento *operacional formal*. Baseia-se este na capacidade de elaborar relações de segunda ordem: a pessoa pode estruturar e coordenar a ação baseada em relações de primeira classe, que, por sua vez, resultam, como dissemos antes, da coordenação de ações com o objeto.

Pode o jovem raciocinar em termos do simplesmente possível, formulando hipótese, cujo grau de maturidade depende naturalmente de cada pessoa e do estado de desenvolvimento em que se encontra. Perguntando-se a um adolescente se Calabar foi traidor, um jovem poderá responder prontamente que foi, porque se passou para o lado dos holandeses que invadiam o país. Um outro poderá dizer que depende do conceito de traidor e da posição que se adote em relação à situação em que se encontrava o país, que não era ainda independente, motivo pelo qual a posição de Calabar poderia ser entendida diversamente por portugueses e brasileiros.

HISTÓRIA

Acompanhando o desenvolvimento histórico de certas idéias, Piaget conseguiu aplicar a sua filosofia do crescimento intelectual à Epistemologia Genética, seu alvo final. Comparou o desenvolvimento do conceito na ciência e no indivíduo. Sempre há um progresso de um conceito mais egocêntrico (por exemplo, a força encarada como esforço feito pelo corpo) para um outro mais objetivo, independente do indivíduo. Em face do meio, o indivíduo primeiramente apenas tem consciência do que lhe é imediatamente apresentado, sem se dar conta de quanto a sua própria perspectiva afeta o modo pelo qual a situação lhe aparece. Depois é que ele penetra mais profundamente o objeto de sua consciência, submete-o a reexame, adquire consciência mais elevada e reflete de maneira crítica nos postulados que ele inicialmente estabelecera em face dos aspectos do objeto.

MÉTODO CLÍNICO

Poucas pessoas, fora do campo especializado, têm noção da quantidade de trabalho realizado por Piaget, em seu esforço de estudar a inteligência humana e a maneira pela qual ela se desenvolve e age. Explorou uma infinidade de campos, pelo método que ele chama de clínico, que consiste em enfrentar diretamente as crianças e fazer-lhes perguntas ou provocar-lhes reações, tudo isso dentro de normas que evitem influenciar a criança. O número de livros por ele publicados é muito grande, devendo-se lembrar que recentemente começou um *Tratado de Psicologia*, em colaboração com Paul Fraisse.

No curso de suas observações e experiências, o sábio suíço examinou com muita penetração o papel da linguagem, em relação ao desenvolvimento intelectual. Atribui-lhe Piaget importância inferior à que vários psicólogos lhe dão. Não seria suficiente para a elaboração de *schemata*. Na verdade não passaria de um veículo simbólico para o pensamento, permitindo também à criança utilizar uma classe ou relação como sistema de referência, o que possibilitaria guardar e achar a informação, além das óbvias funções no esclarecimento de conceitos.

O MUNDO E NÓS

É difícil imaginar possa alguém, no decurso de sua carreira, chegar a generalizações tão amplas e reunir tão grande número de fatos. A formação dos conceitos na criança, a história das idéias, a linguagem e o pensamento, o julgamento moral, o pensamento matemático e físico, a lógica, o tempo, a velocidade, o acaso, a percepção, tudo isso foi objeto de experiências destinadas a esclarecer a formação do raciocínio.

Deve-se recordar que a obra de Piaget teve impacto relativamente tardio. Só quatorze anos depois de publicados em livros seus trabalhos sobre linguagem e pensamento da criança é que suas idéias penetraram os Estados Unidos e ali ganharam terreno. Mas ainda se levantam muitas objeções a seus pontos de vista e seus métodos. Entre os educadores, em particular, houve um certo rebuliço contra Piaget e a influência que ele foi ganhando. Alguns sem dúvida não lhe compreenderam o sentido da obra, nele enxergando um psicólogo frio, indiferente aos problemas motivacionais, sem preocupações pedagógicas, e, em particular, um pesquisador que utilizava crianças *erradas*, ou melhor, um tipo de crianças propensas a aceitar o mundo como algo em que elas possam confiar e que as recebe de braços abertos.

Frio e desdenhoso do mundo afetivo, Piaget certamente não é. Tem, de fato, uma filosofia muito bem definida a respeito da relação do homem com o mundo: este último só poderá ser conduzido satisfatoriamente na medida em que a inteligência ordenada puder exercer-se sobre as relações que cada um de nós é forçado a manter com seus semelhantes. De sua filosofia pedagógica ainda haveria muito que viver. Mas... e o espaço?

NOVAS BUSCAS EM EDUCAÇÃO
VOLUMES PUBLICADOS

1 — *Linguagem Total* — Francisco Gutiérrez.
2 — *O Jogo Dramático Infantil* — Peter Slade.
3 — *Problemas da Literatura Infantil* — Cecília Meireles.
4 — *Diário de um Educastrador* — Jules Celma.
5 — *Comunicação Não-Verbal* — Flora Davis.
6 — *Mentiras que Parecem Verdades* — Umberto Eco e Marisa Bonazzi.
7 — *O Imaginário no Poder* — Jacqueline Held.
8 — *Piaget para Principiantes* — Lauro de Oliveira Lima.
9 — *Quando Eu Voltar a Ser Criança* — Janusz Korczak.
10 — *O Sadismo de Nossa Infância* — Org. Fanny Abramovich.
11 — *Gramática da Fantasia* — Gianni Rodari.
12 — *Educação Artística — Luxo ou necessidade* — Louis Porcher.
13 — *O Estranho Mundo que se Mostra às Crianças* — Fanny Abramovich.
14 — *Os Teledependentes* — M. Alfonso Erausquin, Luiz Matilla e Miguel Vásquez.
15 — *Dança, Experiência de Vida* — Maria Fux.
16 — *O Mito da Infância Feliz* — Org. Fanny Abramovich.
17 — *Reflexões: A Criança — O Brinquedo — A Educação* — Walter Benjamim.
18 — *A Construção do Homem Segundo Piaget — Uma teoria da Educação* — Lauro de Oliveira Lima.
19 — *A Música e a Criança* — Walter Howard.
20 — *Gestaltpedagogia* — Olaf-Axel Burow e Karlheinz Scherpp.
21 — *A Deseducação Sexual* — Marcello Bernardi.
22 — *Quem Educa Quem?* — Fanny Abramovich.
23 — *A Afetividade do Educador* — Max Marchand.
24 — *Ritos de Passagem de nossa Infância e Adolescência* — Org. Fanny Abramovich.
25 — *A Redenção do Robô* — Herbert Read.
26 — *O Professor que não Ensina* — Guido de Almeida.
27 — *Educação de Adultos em Cuba* — Raúl Ferrer Pérez.
28 — *O Direito da Criança ao Respeito* — Dalmo de Abreu Dallari e Janusz Korczak.
29 — *O Jogo e a Criança* — Jean Chateau.
30 — *Expressão Corporal na Pré-Escola* — Patrícia Stokoe e Ruth Harf.
31 — *Estudos de Psicopedagogia Musical* — Violeta Hemsy de Gainza.
32 — *O Desenvolvimento do Raciocínio na Era da Eletrônica — Os Efeitos da TV, Computadores e "Videogames"* — Patrícia Marks Greenfield.
33 — *A Educação pela Dança* — Paulina Ossona.
34 — *Educação como Práxis Política* — Francisco Gutiérrez.
35 — *A Violência na Escola* — Claire Colombier e outros.
36 — *Linguagem do Silêncio — Expressão Corporal* — Claude Pujade-Renaud.

37 — *O Professor não Duvida! Duvida!* — Fanny Abramovich.
38 — *Confinamento cultural, infância e leitura* — Edmir Perrotti.
39 — *A filosofia vai à escola* — Matthew Lipman.
40 — *De corpo e alma — O discurso da motricidade* — João Batista Freire.
41 — *A causa dos alunos* — Marguerite Gentzbittel.
42 — *Confrontos.na sala de aula* — Julio Groppa Aquino.

------------------ dobre aqui ------------------

CARTA RESPOSTA
NÃO É NECESSÁRIO SELAR

O SELO SERÁ PAGO POR

AC AVENIDA DUQUE DE CAXIAS
01214-999 São Paulo/SP

------------------ dobre aqui ------------------

PIAGET PARA PRINCIPIANTES

---- recorte aqui ----

CADASTRO PARA MALA-DIRETA

Recorte ou reproduza esta ficha de cadastro, envie completamente preenchida por correio ou fax, e receba informações atualizadas sobre nossos livros.

Nome: _____ Empresa: _____

Endereço: ☐ Res. ☐ Coml. _____ Bairro: _____

CEP: _____-_____ Cidade: _____ Estado: _____ Tel.: ( ) _____

Fax: ( ) _____ E-mail: _____ Data de nascimento: _____

Profissão: _____ Professor? ☐ Sim ☐ Não Disciplina: _____

1. Você compra livros:
☐ Livrarias ☐ Feiras
☐ Telefone ☐ Correios
☐ Internet ☐ Outros. Especificar: _____

2. Onde você comprou este livro? _____

3. Você busca informações para adquirir livros:
☐ Jornais ☐ Amigos
☐ Revistas ☐ Internet
☐ Professores ☐ Outros. Especificar: _____

4. Áreas de interesse:
☐ Educação ☐ Administração, RH
☐ Psicologia ☐ Comunicação
☐ Corpo, Movimento, Saúde ☐ Literatura, Poesia, Ensaios
☐ Comportamento ☐ Viagens, Hobby, Lazer
☐ PNL (Programação Neurolinguística)

5. Nestas áreas, alguma sugestão para novos títulos? _____

6. Gostaria de receber o catálogo da editora? ☐ Sim ☐ Não

7. Gostaria de receber o Informativo Summus? ☐ Sim ☐ Não

Indique um amigo que gostaria de receber a nossa mala direta

Nome: _____ Empresa: _____

Endereço: ☐ Res. ☐ Coml. _____ Bairro: _____

CEP: _____-_____ Cidade: _____ Estado: _____ Tel.: ( ) _____

Fax: ( ) _____ E-mail: _____ Data de nascimento: _____

Profissão: _____ Professor? ☐ Sim ☐ Não Disciplina: _____

Summus Editorial
Rua Itapicuru, 613 7º andar 05006-000 São Paulo - SP Brasil Tel. (11) 3872-3322 Fax (11) 3872-7476
Internet: http://www.summus.com.br e-mail: summus@summus.com.br

cole aqui